社会发展与志愿服务研究丛书

仁爱遇上效率
中国语境下的志愿过程

罗 婧 / 著

Benevolence Meets Efficiency
The Process of Volunteering
in Chinese Context

社会科学文献出版社
SOCIAL SCIENCES ACADEMIC PRESS (CHINA)

本书出版获中国志愿服务研究中心资助

社会发展与志愿服务

（代序）

如果把社会发展视为持续不断的社会转型过程的话，那么，改革开放以来，中国社会发生了从农业社会向工业社会、从村落社会向城镇社会、从计划经济向市场经济、从短缺经济向过剩经济、从定居社会向迁居社会、从熟人社会向陌生人社会、从现实社会向网络社会、从生产者社会向消费者社会的大转型。可以说，最近四十多年的社会发展与社会转型，是中国历史上自有文字记载以来最迅猛、最宏大的社会转型，也是最能体现从生产方式、交换方式、消费方式到整个生活方式本质变化的转型。在这个转型过程中，中国社会的组织方式也发生了从"单位制"社会向"市场化"社会的重大变迁。原来存在的那种个体—家庭—单位的社会组织方式，或者以街居社会为特征的"个人与机构"之间的社会认同方式，转变为"后单位"的新的社会认同方式。

一方面，原有的"单位制"转型为"新单位制"，即在"单位"的"非主要功能"逐渐消解过程中，强劲地保留了某些依附其上的旧功能：比如单位不再办学校了，却通过购买服务的方式"联合办学"，以此解决"单位人"的教育需求问题。单位虽然转变为功能相对单一的运行主体，但绝大多数单位都办有内部食堂，以此解决职工的吃饭问题。诸如此类的旧功能，在新的"单位"与"市场"关系中，通过各种渠道，达到单位人福利最大化的目标。如果难以将福利最大化，则退而求其次，追求福利"次大化"目标。甚至于各种形式的招工活动，也在劳动力市场化中，嵌入了这样或者那样的"内部"渠道，以招收职工子弟入门。总而言之，原有的"单位"，如果没有在市场化中走下历史舞台，就会通过各种形式的纵向一体化或横向一体化，将"单位"改造为多元存在主体，满足其主要功能之外的其他功能之需。

另一方面，那些新生成的社会存在主体，或者市场化程度较强的社会存在主体，尤其是在外资企业、民营企业等市场主体中，"单位制"的特征相对较弱，盈利与否成为最大考量标准。人作为劳动者与企业发生的关系，就被仅仅限定为职场关系。离开职场之后的生活世界，完全由"家庭"和"社会"所承担。对于以农民工为主体的流动人口而言，他们很少与"单位"签订"有固定期限的劳动合同"，更谈不上"无固定期限的劳动合同"。这就是说，这部分劳动者离开企业，就只能在其他企业搜寻就业机会。在这些劳动者身上，很难开发出与就业相联系的其他社会支持体系。在以户籍为基础配置的基本公共服务供给体系中，有户籍的"后单位制"机构工作人员能够获得较多支持，那些没有本地户籍的流动人口很难公平地获得基本公共服务的支持。

在传统社会，或者在定居化社会，家庭以家庭成员的团结与利他主义的伦理规范成员之间的关系，形成亲缘与姻缘网络，化解来自自然与社会的风险，发挥个体的栖息安全功能。子代家庭与原生家庭所形成的家庭结构，构成传统社会差序格局的脉络，并由此架起熟人社会"社区"意义的支持体系与治理体系。社会个体与个体、家庭与家庭、亲缘网络与村落的生产与再生产关系，缔结为相对稳定的团结纽带，形成社会个体的保护网，并以家庭之间的联姻模式，扩大社会资源配置渠道，生成中国传统社会特有的那种"强关系"结构。在这种结构中，成员之间的社会交换关系，并不完全以市场化方式去"结算"，而可能以社会化方式去"记账"。家族内部某些成员的服务需求，很可能通过有声望的"乡党"或"族长"就可以配置到位。因此，在定居化熟人社区，或者在"类单位社会"和"后单位社会"，其内部成员的服务需求，既可以通过家族网络完成供给配置过程，也可以通过单位资源满足供给配置过程。邻里之间的守望相助，是其基本特征。

但传统社会向现代社会的转型，人口流动与社会流动的多元化，改变了原有的那种熟人社会的空间结构，形成了"流动社会"所具有的陌生人空间结构。社会个体在"离土又离乡"的流动中逐渐衍生出现代社会的特征。传统的情感性、血缘性、姻缘性"社区"正在消失,或者在市场化冲击之下难以维持原有系统的正常运转。老年人的经验不再居于支配地位,年轻人所学的科学知识与市场知识,成为主宰社区经济与社会的主要逻辑:一句话,传统社区社会化了。非单位的企业结构,尤其是在市场化程度较高的中小企业就业的人口,既难以通过就业机构满足其社会服务需求,也难以在社会化的"社会社区"满足其社会服务需求。邻里之间老死不相往来的特征正在逐步强化。

人口的区域流动与社会阶层流动交织在一起,猛烈解构着传统社会的互助架构。资本下乡增加了乡土社会的经济特征,并借此冲击了原有的社会纽带,这使乡土社会的社区,或者使乡土社会的熟人社会正经受市场化改造。在城市社区,那种街坊邻居型的熟人社会社区结构不见了,而代之以陌生人社会所支撑的"物业小区":人们仍然居住在一起,却没有形成命运共同体。社区人口的异质性迫切需要建构新的社区共同体——有限契约关系的利益结构正在代替原有无限责任关系的利益结构。涂尔干所说的"有机团结"正在代替原有的"机械团结"。

社会结构之变化迫切需要新功能建设以满足其变迁后的体系运转。在基层社会,像族长那样的"义务"治理几乎不复存在。在新治理结构中,不管是在乡土社会还是在城镇社会,逐渐建构起以财政支付工资的社区工作人员,并以此弥补社区服务的缺失——这在形式上体现着很强的政府购买服务特征。工资的高低在一定程度上决定社区工作人员的工作积极性,当然也在某种程度上决定其提供的社会治理的服务质量。因为政府赋予社区很多职能,社区又承担很强的自治职能,所以,社区工作人员的扩张、社区工作人员工资的提升、社区居委会或社区村委会的科层化就成为常态。在很多地方,村委会主任和居委会主任被当作"副科级"对待。社区的变化与社区职能的多元化,逐渐扩大了社区购买服务的范围,比如社区日照中心、老年长者食堂、社区服务站、党群服务中心、社区图书馆,如此等等,只要资金允许,就会不断被生产出来,并不断增加当地财政的负担。在财政收入有保障的地方,社区的治理质量就比较高,在地方财政收入无保障的地方,社区的治理质量就比较低。这就是说,社区机构——不管是居委会还是村委会,本来是自治组织,却被改造为政府在基层的各种

"腿",并越来越强地体现着"半政府"特征。

在城镇化趋势中,"社会社区"的结构越来越趋于复杂化。有些社区有1000户到3000户居民,有些人口稠密社区的居民会超过10000户。加之流动人口频繁搬迁,人户分离现象严重,客观上存在工作压力问题。在网格化治理中,有些小区的网格数量会达到十几个,有些特殊社区的网格数量甚至会超过二十个。在如此庞大的巨型社区居委会,机关事业单位、国有企业和城市中心区成熟小区的资源相对丰富,人员配备较强,工作基础较厚实。但在城市新区、城乡接合部、很多城市的老旧小区、流动人口积聚较多的居民区,社区资源相对薄弱,人员配备不齐,工作基础较差。在这种情况下,这些社区的工作人员只能应对日常治理之需,而很难应对重大疫情所引发的应急治理之需。

因此,社会发展与社会转型所造成的基层社会的变迁,迫切需要现代志愿服务功能的介入。党的十九届四中全会提出:"社会治理是国家治理的重要方面。必须加强和创新社会治理,完善党委领导、政府负责、民主协商、社会协同、公众参与、法治保障、科技支撑的社会治理体系,建设人人有责、人人尽责、人人享有的社会治理共同体。"如果说社会治理是国家治理的重要方面的话,那么,志愿服务就应该是社会治理的重要方面。在新发展阶段的现代化新征程中,志愿服务在健全社会治理格局,拓宽社会治理路径,传递社会治理理念,维护改革稳定发展上能够发挥非常重要的作用。

在志愿理念中,人人皆可为志愿服务者,人人皆可为服务接受者。正是这种互动式的现代志愿服务,在培养志愿者本人"奉献、友爱、互助、进步"精神的同时,也共建了社区的有机协作和价值共享机制,促进了社区成员的利益融合,增强了社会核心价值观的凝聚力和向心力,能够将功能单一的生活共同体建设成为功能复合的治理共同体。在2020年新冠肺炎疫情防治中,社区志愿者主动组织起来,记录人员流动信息、排查安全隐患、按时消毒公共场所、分类生活垃圾、上门测量体温、分类代购蔬菜、张贴宣传材料、沟通消除寂寥等,既维护了家园安全,也联结了生活纽带,显示了社区这个生活共同体转变为治理共同体的特征,部分填补了社区居委会和村委会的管理功能。

当前，我国注册志愿团体已超过68万个。其中，机关单位、企业主管的团体占总数的43.51%，在民政部门登记注册与挂靠在社区的团体分别占总数的17.69%和16.18%，社会自发组织的志愿服务团体占总数的8.58%，其余为高校团体和社会组织团体。在组织化的同时，志愿服务的区域联合与跨区域联合也渐成趋势：从全国和各地的整体状况看，全国已有中国志愿服务联合会、中华志愿者协会等全国性志愿服务行业组织和重点领域志愿服务行业组织。与此同时，我国在23个省份成立了省级跨领域的枢纽型志愿服务组织，在大多数市级区域成立了地区性志愿服务组织，完善了志愿服务的行业化组织过程。在现代化过程中，民间的、以个人为单元的志愿服务是需要的，但只有将千千万万的志愿者组织起来，才能万涓成流，汇集起澎湃的建设力量，通过供给侧结构性改革，通过对服务优质、运转高效的志愿服务组织机制的构建，切实解决社区服务谁来做、做什么、怎样做的问题。

改革开放以来，伴随收入水平的提升，城乡居民的生活方式也变化了，中国居民家庭的恩格尔系数下降到28.2%（其中城镇居民为27.6%，农村居民为30.0%），这加快了整个社会消费升级的步伐，人们开始将越来越多的收入用于人力资本的提升、安全舒适居家环境的改造、身心健康的维护、社会交往方式的改变等方面。总之，中国人的消费方式已从模仿型波浪式阶段向个性化多样化阶段转变。在这个转变过程中，伴随人民对美好生活需求的提升，其对志愿服务质量与志愿服务的专业化要求也提高了。因此，志愿服务需要适应时代变化而与时俱进地改革；志愿者需要及时提升自己的智能化、多样化服务能力；志愿服务组织需要以项目为抓手，调动志愿者的学习积极性，构建丰富多彩的专业队伍，针对需求侧的变化而促进志愿服务的供给侧改革，以高质量的志愿服务队伍建设达到高质量的志愿服务供给目的。这就要求志愿服务从单纯打扫卫生、扶弱助残、大型会议秩序维护等向教育、科技、文化、卫生、治安、环保、养老等专业化领域转型，从零星分散、突击性、节日性、仪式性向日常性、社区性、多样性转型。

现在，在省级和市级都建立了文明办，成立了领导志愿服务的机构。县（区）一级也在新时代文明实践中心挂牌成立了志愿服务促进中心。乡镇（街道）新时代文明实践所和村（社区）新时代文明实践站专门安排了专业人员负责本地志愿服务工作，从组织建设上保障了志愿服务的体系化。县级层面建立的党政一把手担任总队长的新时代文明实践志愿服务总队，乡镇（街道）和村（社区）建立的志愿服务队伍，成为志愿服务的常设机构。志愿服务的体系化，使志愿服务组织既有天线，也有地线，保障了志愿服务的属地化和社区化，使志愿服务能够在社区落地生根，成为社区治理体系的重要组成力量。

党的十九届五中全会进一步强化了志愿服务在社会发展与社会建设中的重要作用，明确提出要健全志愿服务体系，广泛开展志愿服务关爱行动，畅通志愿者参与社会治理渠道，为志愿服务的常态化和治理化发展提供了制度保障，这就要求志愿服务从供给侧强化结构性改革，将居民需求与志愿服务供给密切结合，充分满足城乡居民随时代变化而产生的新需要。这还需要将志愿服务从治理体系建设阶段推进到治理结构协调阶段，进而以新发展理念为指导，形成与两个一百年奋斗目标相一致的志愿服务格局，激发出更为丰富的志愿服务的社会治理潜力。当前工作的一个重点，就是通过属地化管理的统筹与协调，将来自"条"或"块"的各个群团组织的志愿服务、来自属地机关企事业单位的志愿服务、社会组织自身建立的志愿服务等与社区治理相结合，努力推动志愿服务向基层向城乡社区下沉，满足城乡群众的个性化、类型化、差别化需要。

在新发展阶段，志愿服务还需要通过数字治理平台精准化对接不同居民，尤其是老年居民和低收入人群的需要。与此同时，在激活存量志愿者广泛展开服务的同时，还需要通过各种形式的培训，提高志愿者的服务能力。当然，现代志愿服务既与慈善捐赠等公益活动相区别，也与社区职业化社工队伍不同，更与企业组织的公共关系型公益活动有分别。志愿服务是自我奉献、满足他人的无偿性自愿性服务，是立足新时代、展现新作为，以奉献友爱互助进步精神为己任的。法治化要求志愿服务组织必须厘清志愿服务与其他服务的关系，明晰记录志愿者的服务生涯，杜绝志愿服务过程的违法现象，保障现代志愿服务的纯洁性。

要完善基层民主协商制度，实现政府治理同社会调节、居民自治良性互动，建设共建共治共享的社会治理共同体，就必须将志愿者作为新生力量纳入社会治理体系，使其成为社会治理共同体的重要组成部分。在全面建设社会主义现代化国家的新征程中，中等收入群体的持续扩大与共同富裕程度的不断提升将为志愿服务的迅速发展奠定坚实的社会基础。畅通志愿者参与社会治理渠道的过程，必将丰富社区居民自治的内涵，调动和激发社区群众的参与热情，发挥社区居民的积极性和能动性，将社区建设成为和谐宜居的快乐家园，让人民切实感受到实实在在的获得感、幸福感和安全感。只要我们继续积极开拓创新、努力奋进，就必将在社会主义现代化国家建设新征程中，走出一条具有中国特色的、蓬勃向上的志愿服务发展之路。

志愿服务实践的现时代推进，为志愿服务理论研究提供了广阔的社会舞台。这使中国学人可以结合自己的专业背景，亲身参与志愿服务的整个过程，或者就近观察和研究志愿服务的转型趋势，拿出一份具有时代特征的、与社会主义现代化国家建设密切联系的志愿服务理论答卷。

中国社会科学院中国志愿服务研究中心有志于推进中国志愿服务研究，也有志于系统化提炼和总结具有中国特色的志愿服务的话语体系、学科体系和学术体系。中国志愿服务研究中心也希望与各位悉心钻研志愿服务研究的同仁，通过调查研究、携手共进，为中国志愿服务的研究事业，做出自己应有的贡献。

张　翼

2020 年 12 月 31 日

自　序

在《说苑·臣术》中有这样一则故事：

> 子路为蒲令，备水灾，与民春修沟渎，为人烦苦，故予人一箪食，一壶浆，孔子闻之，使子贡复之，子路忿然不悦，往见夫子曰："由也以暴雨将至，恐有水灾，故与人修沟渎以备之，而民多匮于食，故与人一箪食一壶浆，而夫子使赐止之，何也？夫子止由之行仁也，夫子以仁教而禁其行仁也，由也不受。"子曰："尔以民为饿，何不告于君，发仓廪以给食之；而以尔私馈之，是汝不明君之惠，见汝之德义也，速已则可矣，否则尔之受罪不久矣。"子路心服而退也。

子路想要救民于烦苦，孔子却派子贡去阻挡。因为在孔子看来，相比于"私馈"，子路更应当"告于君"，让国君施予恩惠，而不是自顾自地展示自己的德行。也就是说，行善确是好事一桩，但也要遵从规范、得体而为。而在我国传统社会中，这种规范即"礼"。自古以来，尽管民众自发提供公共福利的行为不在少数，比如济贫扶弱、助婚助丧等，但都要遵照人伦秩序、合乎社会道德。公共福利要如何推进、由谁主导、怎样进行，不同的时期、不同的文化中自有一套逻辑。

"仁爱"常被用来阐释这种源自"民"的公共福利行为。其一方面具有基于共情的利他追求，另一方面也具有维系等级的底色。而明清以来，贫富观念发生变化，这使得"仁爱"的思想内涵亦随之转变。尤其是从善堂善会的运行来看，大量的贫士是被救助的对象，而贫士又可以通过科举改变命运，成为广施善行之人。譬如，《迪吉录》中就广传郅子善不羞于饱餐富人施舍的餐食，日后还做了高官的故事。于是，除却"上"对"下"的接济，"上""下"之间还可以形成一种基于循环的互助，受助中"低人一等"的意涵也就有所松动，"仁爱"就有了等级之外的"生"和"报"的思想。

近代以来，西方的志愿思想流入我国，与传统中日益丰富的"仁爱"思想相汇，成为民间自发的公共福利行为的内在动力。新中国成立后，党和国家不断推动志愿服务的发展，号召广大人民群众通过志愿服务力所能及地服务社会、奉献社会。在时代的变迁中，民众自发的公共福利行为不仅注重出发点上的"心甘情愿"，还强调结果上的"卓有成效"；既在参与上走向普遍化，又在体系上走向专业化。2008年，"5·12汶川地震"发生后，有超过1000万名志愿者开展救援和灾后重建工作；同样是2008年，北京奥运会在7万多名志愿者的助力下成功举办。这两大事件尤其激发了社会公众对志愿服务的关注和热情，各类志愿服务随之遍地兴起。

* * *

也正是在这年，我走入清华园，开始了学业、人生上的自主探索。大一暑期，学校号召学生们参与暑期"三下乡"实践活动。而按照培养方案，我所在的学院要求学生在暑期修习实践学分，参与暑期"三下乡"实践正好可以作为修习内容。寝室中来自河南的同学来找我合计，她的老家在固始县，可以联系到那边的小学开展支教服务，而支教也是当时最热点的实践项目。我们就此一拍即合，通过同学们之间的互相带动，组织了一支由各个院系大一学生组成的支队，进行了小两个月的认真准备，风风火火地到达了固始县，在当地一所小学开展了10天的教学活动。

支教的行程安排得满满当当。对于刚刚进入大学校园的同学们来说，一切都因为未知而新鲜，而一切又都因为未知而忐忑。既要担负起作为"老师"的责任，又要维系作为"哥哥姐姐"的情感关联，这让所有同学都诚惶诚恐。为了让活动更顺畅、更有成效地进行，支队每天晚上都要聚在一起交流一下当天的进展和感受，讨论一下第二天的安排。因为准备充分，活动进行得很顺利。所以在前几天，同学们都信心满满，在讨论中分享了自己"初为人师"的喜悦，觉得自己的所作所为确实能够带来肉眼可见的变化：孩子们非常享受课程内容，也愿意与我们交心，分享他们的秘密，并且想要努力学习，和我们一样进入大学校园。而几天之后，离别将近，同学们在分享中也越来越多地表达了担忧：作为"过客"，我们只是非常偶然又非常短暂地与孩子们相处了10天，这10天究竟能给他们留下些什么？相比于这种不确定，同学们却对自己的成长和收获无比确定：在此之前，我们从未如此设身处地，为他人去谋划、付出；也从未如此"用力"，想要给他人带来改变。这趟实践，让我们既为自己的成长而感到充实，也为自己的局限而感到缺憾。

实践过后，我回到了自己的"轨道"中，但这种肯定与怀疑交织、充满张力的感受却让我难以忘怀，一直推动着我再去继续做些什么。支队还有几个同学也有着相同的想法。我们商量过后，没有选择继续投身到支教的实践中，而是想要了解其他的大学生支教组织、支教团队、支教者是否也和我们一样，遇到了这样的境况，有着这样的感触。这就是本书研究的缘起。

* * *

在探索的过程中，母校给了我巨大的帮助，她对一个刚刚进入社会学系、尚且不知学问为何物的本科生给予了无限的宽容和支持。研究团队不断搜集北京各高校学生开展支教项目的情况，并且通过学校的星火计划、本科生研究训练项目、"挑战杯"比赛等培养渠道，努力让一个散发着青涩气息的调查成为一个逻辑明晰的学术研究。彼时，我们的进展很是缓慢，不论是滚雪球式的调查，还是对学术门路的摸索。但在这个大家随时都想要放弃的过程中，却总是有人不吝鼓励，推我们一把。这其中，让我最受触动的是过勇老师。他在"挑战杯"答辩过程中鼓舞研究团队要继续做下去，尤其是要将调查工作和学术研究区分开来，在社会学的学科视角下进行更深入的反思。

他指出的正是当时研究团队所遇到的瓶颈。作为一个本科生研究团队，我们在社会学中的摸爬滚打才刚刚开始，尽管拿到了大量的分析资料，却不知所措、难以下手。但在他的鼓舞下，团队也不再焦虑和心急，决定在慢慢积累中历练。2011年，阿克苏诺贝尔公司计划设立"中国大学生社会公益奖"。筹备奖项的组织者找到我们，希望我们基于已有的研究，开展一个能够呈现当时大学生实践情况的调查。基于这一推动，一方面研究团队获得了资助，开始筹划在北京、成都两地的10所高校开展问卷调查；另一方面王天夫老师成为研究团队的指导老师，给我们走出摸索困境、走向学术研究带来了转机。他也成了我后来的博士生导师。

在这为期半年的调查和研究中，我似乎对学术研究有了"开窍"的迹象，找到了从社会学视角去看待社会现象的"感觉"。基于社会学理论的学习以及对志愿服务领域研究的梳理，我开始懂得如何从所了解到的支教现状中寻找、归纳研究问题。也是从这段时间开始，我真正将对支教的调查转变成了以支教为例的志愿服务研究。这一主题覆盖了我的本科毕业论文、硕士毕业论文，以及博士在读期间甚至工作后发表的论文。对支教的研究，我进行了整整10年，从一个"初生牛犊不怕虎"的学生，成长为一个对学问充满敬畏的青年学者。

* * *

在天夫老师的鼓励下，我在2015年时写作了此书的初稿。伴随持续的学习与研究，我对支教、对志愿服务都有了很不一样的认识。尤其是在博士在读期间，我对中西传统的福利实践历史有了了解和接触，在看待志愿服务时，就不再只是将其视为特定时间和空间中的产物，而是将其视为一项折射社会变迁进程、反映不同社会基础的"行动"，或者说"视角"。初稿几经修改，已面目全非。本书的初衷既在于为读者提供最前沿的、最具解释力的理论视角，也在于为读者呈现支教中丰富多彩的人、事、物。所以，我在志愿过程的框架下，着力将两个目标融合起来。而限于目前的学力和笔力，我并不能完全实现这一愿景。不过，我已尽了最大的努力，力求无愧于本书中那些令人钦佩的志愿者，以及支持这项研究的人们。

长期以来，学术界、实践界对于志愿服务究竟是否可以"自上而下"地推动，或者说，是否只有"自下而上"参与其中的志愿者才是"真正"的志愿者存在争议。实际上，"自上而下"和"自下而上"的论争本就是一个由西方中心主义而带来的伪命题。志愿服务事业、志愿部门在西方发源时，有着与国家、市场相区别的对立色彩，"志愿主义"实际上指的就是区别于国家"自上而下"、区别于市场机制,通过社会独立的、自发的行动去提供公共福利的一种理念。所以一提到志愿服务,人们就必然会认为其是"自下而上"的。但"志愿主义"并非对现实的描述,而是一种理想架构。实际上在西方,志愿服务事业、志愿部门的发展很多时候依托了国家"自上而下"的"手",甚至市场这只看不见的"手",并没有真正把国家、市场、社会独立开来。比如我们可以在很多对英国友谊会的研究中看到,友谊会作为西方志愿主义发源时最典型的志愿主体,其在发展中很多时候都在寻求国家的支持,也借助了很多市场的工具,比如保险精算体系。所以,国外志愿服务的"自下而上"实际上是理念中的,而非实际情况。具体来说,在国外的志愿服务领域,不论是大学生还是其他群体,都有很多"自上而下"的制度性的动员或者平台性的资源支持,本书第一章也对此悉数呈现。当然,这并不是说中西不存在差别。尽管"自上而下"和"自下而上"都存在于中西方,但差别在于,在我国,不论是理念中还是实践中,"自上而下"与"自下而上"都不是相互对立的,志愿组织本就是在国家的认同和支持中去发挥自身能力的。所以唯有跳出"自上而下"和"自下而上"的窠臼,才能真正从我国的现实出发,去探讨我国志愿服务应当何去何从。而这也正是本书最大的"野心"。

* * *

在本书的研究和写作过程中,我得到了诸多师长、同仁的鼓励。2011年所搜集的 10 所高校的支教资料构成了本书的核心分析素材,团中央的李骥老师帮助我们对接了各个高校,而过勇老师曾亲自去往成都帮助研究团队进行协调,让调研进展得十分顺利。我于 2010 年被选入了学校的"星火班",在这一平台上得到了全方位的学术培养和支持,史宗恺老师、邴浩老师,以及"星火班"的同学们给予了我及时而充分的肯定,我对此心怀感恩。在调查中,邢楚秦、赵梦瑶、张晓理、黄鼎、纪洪超、卓子涵等同学倾力参与,我们一起观察、讨论,一起进步、成长。当然,清华大学社会学系是本书得以孕育的源头。10 多年来,天夫老师亦师亦父亦友,是我走向学术的授业者,也是驱使我放下胆怯写作本书又拿起敬畏完善本书的解惑人。除此之外,沈原老师、晋军老师不嫌不弃,在本研究的开端提供了力挽狂澜般的支持。我的同学泽华、师弟小智也在本书的写作过程中提供了多样的帮助。最后,感谢我的工作单位中国社会科学院社会发展战略研究院,其对本书的出版给予了决定性的支持,这是对我的极大信任和鼓舞。

学问的探寻从不是冒险,而是徘徊又绵延、可望而不可即、孤单而灿烂的旅程。只有放弃了掘金、探宝的功成之心,才能一点点地靠近。感谢我的家人和朋友一直诚挚地爱护、守候我,让我在面对这条路上不时出现的迷惑和虚妄时,仍然可以努力去保持一份从容。

罗　婧

2021 年 3 月

目 录

导论 "土特产",还是"舶来品"?——中国语境下的志愿服务事业 / 001

    一 发展的困扰:以支教为例 / 009

    二 启动、落地和再生产 / 018

第一章 受教育的教育者 / 024

    一 国际视域下的支教 / 025

    二 我国的支教项目 / 029

    三 支教者的"双重身份" / 034

第二章 志愿的解读视角 / 040

    一 "制度-组织-个体"框架下的志愿机制 / 041

    二 视角整合:过程与结构 / 051

    三 研究历程与方法设计 / 055

第三章 如何"动"起来 / 060

    一 资源动员的机制 / 061

    二 可塑的志愿动机 / 077

    三 "共同体"的形成 / 097

第四章　志愿落地的始末　/ 117

一　互动模式：支教者与服务对象的关系 / 118

二　各显身手：多样的内容和形式 / 122

三　多重体验：志愿者在"异乡"的生活境况 / 131

四　面对困难：动力、能力与反思 / 136

第五章　行动与价值的再生产　/ 140

一　集体的省思 / 141

二　行动的继续 / 163

三　使命的养成 / 188

四　揭秘常态化 / 215

第六章　多方的合力　/ 227

一　多元力量的支持 / 228

二　合作关系的建立 / 239

第七章　仁爱遇上效率　/ 263

一　技术之辩的盲区 / 265

二　重任的相承与分割 / 269

三　盘根错节的志愿过程 / 270

四　走向效率 / 273

参考文献　/ 277

导 论

"土特产",还是"舶来品"?
——中国语境下的志愿服务事业

"志愿"(volunteering)是近代以后才在国际上流行开来的概念,不过,其包含的以仁爱(benevolence)为基底的思想、倡导的互助行动却早已存在。这在不同的时代、社会、文化中都有迹可循。在我国传统社会中,仁爱、乐善、慈悲等是儒、释、道等学说共同推崇的,不论是君王还是平民,社会成员的施善、行义等事迹被广为传颂。这样来看,若是抛开概念的外壳,"志愿"并非西方的发明。"志愿"在我国也就不能被笼统地归结为舶来品。

但不可否认,传统的仁爱、善行等与当今的志愿在"名""实"上皆有差异。志愿不仅强调仁爱、慈善、奉献等,还十分强调对效率的追求。这与志愿这一概念在西方社会中的发源脱不开干系。伴随着西方近代早期以来福利思想的多样化,各类志愿组织应运而生。这些志愿组织试图从世俗的、非政府的、非营利的角度来应对多元的福利需求,从补充(supplementary)、互补(complementary)的角色,成长为与国家、市场并驾齐驱的理念内核和运行机制。[①]志愿主义的支持者提出,在福利提供上志愿部门比国家和市场更有效率。因为其具备重建社会道德的功能,能够促使社会运转,

---

① Michael J. D. Roberts, "Head versus Heart? Voluntary Associations and Charity Organization in England, c. 1700 – 1850", In Hugh Cunningham and Joanna Innes (eds.), *Chartiy, Philanthropy and Reform: From the 1690s to 1850*, New York: St. Martin's Press, 1998, pp. 66 – 87.

形成良性循环,从根本上增进福利。① 可见,效率是福利提供主体的合法性来源,是其能否在福利体系中占据一席之地的根本。

自近代以来,以西方社会为土壤的志愿思潮广泛传播,流入我国,深刻地影响着我国慈善精神、互助活动等的发展走向。在这样的背景下,我国以志愿为名的事业生长而出。伴随着新中国的成立,志愿服务事业得到了党和国家的重视与支持,蓬勃发展起来。改革开放前,志愿的理念蕴藏在各类义务运动中,比如爱国卫生运动、学雷锋运动、全民义务植树运动等。② 这些义务运动将爱国、服务人民、团结、友爱等结合起来,成为建设社会主义新道德的平台。改革开放后,志愿服务事业作为动员社会力量提供公共服务、参与社会治理的渠道,获得了更为广阔的发展空间③,覆盖了教育、文化、环保、扶贫、救灾等多个领域。志愿者、志愿组织等既进行了因地制宜的尝试和创新,又不断吸收国外经验,借鉴国外的理论和方法,试图提升服务的效率。党的十八大以来,我国志愿服务事业更是飞速发展。到 2018 年,我国志愿者总数约为 1.98 亿人,志愿者组织总量达到 143.30 万个④,它们对我国社会的良性运行发挥了不可小觑的作用。

可见,不论中西,志愿的扎根、成长本质上都是在力图兼顾对仁爱的传承和对效率的追求。当然,基于中西社会基础、文化机理的不同,传统的仁爱的内涵不同,仁爱与效率的相遇也呈现不同的张力。这进而形塑了中西志愿各自的形态,以及志愿者、志愿组织、志愿服务领域等在各自福利格局、治理体系中的角色。

以英国为例,西方社会中仁爱理念的转型和作为一种福利理想的志愿主义的产生,是以批判国家、教会的福利实践为基础的。一方面,从 14 世纪起,英国教会内贪污腐败的现象十分严重,教会慈善成了神职人员敛财

---

① 大卫·G. 格林:《再造市民社会——重新发现没有政治介入的福利》,邹晓燕译,陕西人民出版社,2011。
② 张萍、杨祖婵:《中国志愿服务事业的发展历程》,《当代中国史研究》2013 年第 3 期,第 42 页。
③ 杨团:《推进社区公共服务的经验研究——导入新制度因素的两种方式》,《管理世界》2001 年第 4 期,第 29 页。
④ 翟雁、辛华、张杨:《2018 年中国志愿服务发展指数报告》,载杨团主编《中国慈善发展报告(2019)》,社会科学文献出版社,2019,第 54 页。

的途径①，这使教会失去了捐赠者的信任；另一方面，17世纪颁布的《济贫法》遭到了越来越多的质疑，让贫困者"既安于现状又自甘堕落"②，并且很多穷人不愿意接受救济，认为这是耻辱的、遭鄙视的③。从而，志愿的、世俗的、具有福利功能的组织大量出现。在这样的背景下诞生的西方志愿部门，本就怀有替代国家、教会去提供福利的初衷。它们认为传统教会、国家的仁爱理念是父爱主义的，在对此展开批判的基础上寻找新的福利实践途径，力图避免"制造穷人"的后果。不过，志愿组织的尝试并非另起炉灶，其在理念上没有脱离宗教慈善的思想和传统的互助习惯，在实践上也并未完全与教会和国家割裂开来。有学者就认为，志愿组织对仁爱理念的重塑实际上是形成了一种"新父爱主义"④。可见，学者、实践者、政治家等基于自身的理解和立场，围绕究竟谁的理念更符合启蒙后的新道德、谁来提供福利更有效展开了辩论。这些辩论也推动了各个福利提供主体进一步在理念和实践上重塑、理顺了仁爱和效率，进而各自都建构出一套以自身为中心的福利理想模式。于是，在18、19世纪的英国，多元的福利提供主体争相以自己的方式参与福利事业，在显露出各自优势的同时，也都遭遇了不同程度的失灵问题。这使得各个志愿部门意识到，单一主体之间需要合作和协同。"政府失灵""市场失灵""志愿失灵"⑤等理论就以不同的主体为中心，寻求不同主体"分而治之"——在福利提供、社会治理中进行分工合作的方法。由此，围绕如何理解各福利提供主体之间的关系就出现了不同的"措辞"⑥，比如自由主义、改良主义、激进主义⑦等。由此可见，西方语境中的

---

① 赵文洪：《中世纪英国公地共同体与穷人》，《安徽史学》2016年第1期，第116~117页。
② William Lecky, *A History of England in the Eighteenth Century*, London: Longmans, Green and Co., 1898, pp.126.
③ Bentley B. Gilbert, "The Decay of Nineteenth-Century Provident Institutions and the Coming of Old Age Pensions in Great Britain", *The Economic History Review*, New Series, Vol.17, No.3, 1965, pp.556.
④ Lewis Hyde, *Imagination and the Erotic Life of Property*, New York: Vintage, 1979.
⑤ 参见莱特斯·M.萨拉蒙《公共服务中的伙伴——现代福利国家中政府与非营利组织的关系》，田凯译，商务印书馆，2008。
⑥ 柯文·M.布朗、苏珊·珂尼、布雷恩·特讷、约翰·K.普林斯：《福利的措辞：不确定性、选择和志愿结社》，王小章、范晓光译，浙江大学出版社，2010，第1页。
⑦ 熊跃根：《论国家、市场与福利之间的关系：西方社会政策理念发展及其反思》，《社会学研究》1999年第3期，第60~65页。

志愿服务事业不仅是福利工具和治理手段，还是自成体系的理念和思想。其对仁爱和效率的建构与国家、市场等其他福利提供主体是区别开来的。

但中国则不同。在传统社会中，各个福利提供主体，比如宗族、朝廷、寺庙、明末出现的善堂善会等在解读包含仁爱在内的一系列福利思想时融合了各家学说，形成了共享、相融的理念。这使得，在近代和当代的福利体系转型中，各个福利提供主体在对仁爱等福利思想的重塑和解读上也就有着相同的基础。所以，在志愿这一概念得以引入后，其虽然用来指代政府组织、市场组织之外的福利提供者，具有区别于其他福利提供主体的知识和机制，但其并没有独立地去构建对仁爱和效率的理解，而是在与其他主体的相互影响下着力塑造共同的认知，将福利的目标、思路、功能整合在一起。所以在我国，志愿组织是重要的社会治理主体，是国家治理的参与者之一。尤其是单位制社会转型后，志愿服务事业不仅是精神文明建设的重要途径，还在党和政府的引导下，成为满足社会成员多元需求的福利提供渠道和促进多方参与的社会治理平台。也就是说，我国并不存在以提供方来划分的，对于走什么样的福利道路的争议和分歧。这也就是为何西方的志愿研究通常绑定讨论的独立性和自主性在中国是分割开来的。[1] 因而，相对于西方社会，中国的志愿服务事业于整个国家福利格局、治理体系而言，不是具有替代性理念的对立体系或合作伙伴，而是纳入其中的、参与福利提供和社会治理的、促进社会整合的治理技术。

通过这些简明的回顾和比较可以看出，中西的志愿服务事业既有共通之处，也有本质的差别。一言以蔽之，中西志愿的理念和实践都是在理顺、调和、建构仁爱和效率中不断发展的。但仁爱的内涵不同，与效率碰撞出各异的火花，这使得中西的志愿服务事业在根系、表征上皆有各自的特点。当然，不论是西方自成体系的志愿，还是在我国作为技术手段的志愿，在建构福利思想的进程中需要理顺的不单是仁爱和效率，还有伴随社会转型而来的一系列逻辑变化。本书在开头以仁爱和效率的相遇为线索，实际上是以仁爱来折射不同时代、文化下的社会理想，而追求效率则是近代以来

---

[1] 王诗宗、宋程成：《独立抑或自主：中国社会组织特征问题重思》，《中国社会科学》2013年第5期，第50~66页。

关于如何实现社会理想中最广为人们接受的原则。两者是有关志愿的理念和实践得以萌生、发展的背景中，林林总总的变迁的缩影。透过两者相遇的线索，我们得以厘清志愿服务事业在中国有哪些普遍性和特殊性。

我国的志愿服务事业既不是"土特产"，也不是"舶来品"，而是在本土和国际的双重影响下不断推进的。所以在发展中，我国的志愿服务事业也遇到了很多与其他社会类似的发展困境。尤其是当其在试图寻找高效的通往仁爱之路时，势必要面对在转型中张力愈益凸显的利他与利己、自愿与义务等一系列理念的冲突。这就导致志愿服务事业在定义服务的专业性、探讨自身的可持续性等发展议题时遇到诸多的迷思。可在当前，我国志愿服务事业日益被赋予了越来越重要的治理职责，那么被寄予厚望的志愿服务能否卓有成效地承担起这些重任，就成为最紧要的研究问题。

在研究和应对这一问题时，以往的思路倾向于套用国外的理论进行分析，凭借其他社会的经验提供解决方案。但我国志愿服务事业有着自己的发展脉络，其遇到的发展问题与西方志愿服务事业的情况形同质异。正如前文所分析的，在西方，各个福利提供主体之间的合作是在福利道路上搁置争议、寻求共识的"和解"和协同；而在中国，各个福利提供主体之间是基于相同目标和理念的共建共治共享。所以在分析志愿服务事业能否奏效、为何失灵时，西方的理论倾向于将根源归结到各个福利提供主体的关系上。但这样的分析显然难以套用到我国的情况中。比如，有学者借鉴西方的研究，使用了萨拉蒙的"志愿失灵说"来分析我国志愿服务工作在开展活动、发挥作用时遇到的问题，他们很快发现，我国所遭遇的"志愿失灵"与"志愿失灵说"中的"失灵"意涵相去甚远。[1]

---

[1] 具体而言，在"志愿失灵说"下，政府的干预应当是在志愿部门供给不足、不平衡、偏离目标、效率低的时候进行的，其所指涉的通常是避免政府过度干预，但在我国的情况下志愿部门"失灵"的原因却常常是政府引导、支持不足而带来的。参见顾敏燕《汶川大地震中的"志愿失灵"》，《社会福利》2009年第2期；孙婷：《志愿失灵及其校正中的政府责任》，《中国行政管理》2010年第7期；魏承帅：《志愿失灵理论视角下高校志愿者组织失灵的成因及对策分析——以驻保高校为例》，《法制与社会》2010年第24期；董文琪：《乡村文化建设中的精英动员与志愿失灵——以"屈原乡村图书馆"为例》，《中国非营利评论》2011年第1期；孙婷：《中国式"志愿失灵"表象剖析——以北京志愿服务为例》，《中国青年研究》2011年第10期；潘修华、孙玉明：《我国志愿服务中的"失灵现象"探析》，《北京工业大学学报》（社会科学版）2012年第5期；唐德龙、高阳、首一荢：《"志愿失灵"与社会组织管理体制改革》，《中国民政》2013年第10期。

这是因为"志愿失灵说"是在将福利提供主体相互分割甚至对立的社会基础上提出的,其所提供的解读、对策与我国的语境不相契合。① 所以,在分析我国志愿服务事业现有的实践困境和发展障碍、探讨其能否承担重任时,首先要回归到我国自身的语境中,定位志愿服务事业有哪些使命和任务。

全面、历史地来看,当前我国的志愿服务有三项重任,即参与新时代精神文明建设、参与社会治理和促进社会健康转型。首先,志愿服务是我国新时代精神文明建设的着力点,能否通过志愿活动的普及让志愿精神走向常态化,是社会文明进步的重要渠道。传统的仁爱元素转化为奉献、友爱、互助、进步的价值,经由志愿服务的平台呈现为邻里守望互助、关心困难群体、热心公益事业等各个层面。其次,志愿服务是公众参与社会治理的重要平台,通过志愿服务的制度化、专业化来满足公众日益多元的需求,是坚持和完善共建共治共享的社会治理制度所要求的。最后,志愿服务是促进社会健康转型的关键纽带,在社会急速转型的背景下,通过志愿服务促进不同阶层、不同代际、不同地域的群体有机整合、形成共识,是塑造社会信任的重要机制。

在发展中,我国的志愿服务越发成熟,不同程度地肩负起了三项重任。但整体上而言,各类志愿服务工作仍在不断地遭遇各种困境。这种"失灵"的情况有些是时段性的,有些则是结构性的。具体而言,在本土创新和借鉴国际经验的过程中,我国志愿服务组织仍在寻找灵活且高效的工作机制,以求适应各地、各领域的需求。在这个探索过程中,作为治理技术的志愿服务如何进行顶层设计、如何形成具体的制度、采用怎样的策略落地等都在调整中,所以出现"失灵"是发展的必经阶段,这是所谓的时段性"失灵"。但与此同时,我国志愿服务的三项重任,即参与新时代精神文明建设、参与社会治理和促进社会健康转型,对志愿服务发展方向的引导和要求并不总是一致的,这就导致了志愿服务的结构性"失灵"。

新时代精神文明建设期望以志愿服务为平台,传播奉献、友爱、互助、

---

① 杨帆、王诗宗:《志愿失灵的治理:一种反思》,《公共管理与政策评论》2017年第6期,第48页。

进步的理念，注重在志愿服务中培育社会成员利他的、和睦的、团结的、积极的精神。所以，志愿服务的普及化很重要，如此才能让社会成员在共同的经历中、在认同的基础上建立起对彼此的关怀和对整个社会的关切。并且，志愿服务的动员策略、激励机制、组织制度等都应当以精神培育为目标，注重长期的影响和效果。

而作为参与社会治理的主体，志愿服务应当从自身的知识体系出发，动员社会成员参与治理，既为社会成员提供表达诉求的平台，也促使社会成员力所能及地以非营利的方式提供公共服务，实现共建共治共享。在这样的目标下，志愿服务应当追求专业化的发展，从而提升志愿服务的效率和效果。并且，志愿服务应当关注个体当下的需求，并以此为依据追求多元的组织形态、覆盖更多的领域、采取多样的激励方式，从而更广泛地激发参与、满足需求。

志愿服务为广大人民群众在社区、单位等各个生活和生产的组织中提供了交流情感、建立认同、协同行动的平台，为社会整合提供了有效的机制，进而得以促进社会的健康转型。因而，若以促进社会健康转型为目标，志愿服务应当重点关注行动和组织过程中如何化解矛盾、培育信任，继而塑造和谐的社会关系，在基层防范社会风险、解决社会问题。

这三项重任内在上本是相得益彰、相互促进的。精神文明是共建共治共享社会治理格局形成、社会顺利健康转型的基础。社会治理形成的良性的运转机制则会进一步促进新时代精神文明建设，并且可以防范和抑制社会矛盾，有益于社会健康转型。而不同阶层、不同代际、不同地域的社会成员得以整合，既反映了新时代精神文明建设的成果，又与社会治理的目标一脉相承。但是由于三项重任在短期和长期所强调的目标和价值存在张力，对志愿服务在理念层面和实践层面上的要求和期待就有所不同。

在理念层面上，三项重任对志愿服务价值中利他与利己、义务和自愿的偏好取向是不同的。志愿者的参与动机是多样的，或基于利他动机，或基于利己动机，或两种兼有，或动机模糊，而志愿服务在结果上既是利他也是利己的——对于志愿者和服务对象都有益。于参与新时代精神文明建设而言，其内核强调志愿服务的利他性，由此弘扬奉献、乐于助人和团结友爱的精神；于参与社会治理而言，其关注个体的需求，更倾向于通过志愿服务中利己的一面来调动资源、吸引社会成员的参与；于促进社会健康转型而言，其并不强调志愿服务的利他性或利己性，而强调社会成员对两者的兼容，尤其是尊重和接纳他人和自己对两者的认同差异。此外，在各个国家和地区，志愿服务的发展既强调参与者的自愿，也从国家层面强调动员和号召的义务性质。于参与新时代精神文明建设而言，其强调志愿服务参与者发于本心的自愿性，只有这样才能形成正向循环的精神培育机制；于参与社会治理而言，其从制度上强调对志愿服务的义务性塑造，从而保障社会治理的动员和激励效率，让志愿组织具有稳定而充足的人力资本；于促进社会健康转型而言，其兼容志愿服务的自愿性和义务性，但强调基于两者的制度设计在面向社会成员时是公平的。

在实践层面上，三项重任对专业化还是普及化、物质提供还是精神培育、制度化还是常态化的强调程度也是不同的。首先，新时代精神文明建设尤其强调志愿服务要普及化发展，只有这样才能在规模和范围更广的社会成员中培育和塑造精神；社会治理强调形成可持续的服务供需机制，这要求志愿服务走向专业化；促进社会健康转型的目标要求兼顾专业化和普及化，但在专业化和普及化的进程中，要通过与社会成员的充分沟通，让不同的理解、价值和方法在人们的交流中得以碰撞。其次，尽管志愿服务既有物质资源的流动，也有精神的培育和交流，但显然新时代精神文明建设更重精神，而社会治理更重实质的服务，社会健康转型则要求资源的带入和精神的激发都要避免激发矛盾。最后，制度化和常态化是志愿服务发展所必须实现的：新时代精神文明建设更重常态化，试图让志愿服务化为社会成员的日常生活习惯；社会治理更重制度化，期望让志愿服务建立完整的组织机制从而保障服务的延续和治理格局的稳定；社会健康转型则要求对两者的同步追求，以期社会成员能够在稳定的机制下将志愿服务变为生活的一部分。

可见，这三项重任不论是在理念层面还是实践层面，都对志愿服务发展的首要目标有着不同的强调。这使得在我国，志愿服务体现的"失灵"不仅是与"奏效"相伴的时段性结果，也是基于三项重任而必然经历的结构性结果。但这种结构性不是出于志愿部门与其他部门在理念体系上的分异，而是出于其多重的、具有内在张力的任务导向。所以，中国语境下的志愿服务"失灵"是异常复杂的,因为志愿服务的发展受到了来自各方的影响,肩负了多重任务,需要同时解决很多急迫的问题:其在既有社会基础的影响下吸纳了来自其他文化的思想;其在社会快速转型的背景下力求建立可持续的、稳定的、能够正向循环的机制;其作为一项治理技术嵌入在国家治理体系当中,既要在国家的引导下开展工作,又要不断完善自身的知识体系;其还要在兼顾利他和利己、义务与自愿中,注重专业化和普及化的共同发展,协调物质和精神的双重收获,实现志愿服务的制度化和常态化。所以,急需寻找契合我国本土特色的理论工具和恰当的剖析角度,来探索让志愿服务发挥成效、走出"失灵"的道路。

本书正是带着这样的旨趣,关注了青年支教这样一个特殊的志愿服务领域。一方面,选择支教作为研究对象主要是出于笔者在资料获得上的便利性;另一方面,支教实质上是一种教育和公益的结合形态,而这种结合形态本就是学者们在我国语境下研究福利事业时常用到的分析对象。像梁其姿就以义学为研究对象来分析我国明清、近代社会中福利实践的变迁,进而探讨我国社会的机理。她认为,教育和施善是时代激变中社会各方融合新旧价值、应对新的社会问题等谋求稳定的主要着力点,而且两者往往并肩而行。[1] 和传统的义学一样,支教在社会的转型中既发挥了传播社会价值观的作用,也有更切合实际的功能,即让社会成员获得学业或职业技能上的支持。这显示出支教所承载的参与新时代精神文明建设、参与社会治理、促进社会健康转型的重任,与义学在明清、近代所承担的功能有相通之处。这就使得,本书虽不是历史研究著作,也并非要解读当代支教在发展中的来龙去脉,但与以往的此类研究具有一定的连贯性,在讨论上也就能够有所比对和延展。因而,本书在回顾以往中西研究的基础上,以青年支教为分析对象,在我国的语境下对志愿服务展开分析。

一 发展的困扰:以支教为例

在各类志愿服务领域中,青年支教是极为典型的,其覆盖了青年群体

---

[1] 梁其姿:《变中谋稳:明清至近代的启蒙教育与施善济贫》,上海人民出版社,2017。

这一志愿主力[1]，并且，青年支教起步早、规模大，在组织上相对成熟。尤其是1996年中共中央宣传部、中央文明办、教育部、共青团中央等14部委联合开展的大学生"三下乡"——"文化、科技、卫生"下乡（以下简称暑期"三下乡"），即各高校在暑期开展的一系列旨在提高大学生综合素质的社会实践活动，这为短期支教的出现、发展提供了平台。自此，支教不再是少数个人的志愿行为，而成为以青年群体为主导，各个社会成员广泛组织、参与的活动。

青年支教旨在为我国的欠发达地区补充、引入多样的教育资源，受到了社会各方的好评。但与此同时，青年支教的成效也饱受争议，引发了不少讨论。一方面，很多参与支教的志愿者都缺乏专业的教学能力，这严重削弱了支教在达成"支持教育"这一关键目标上的能力；另一方面，支教中陆续出现"被支教""旅游化""娱乐化"的现象[2]，这使得支教组织和支教者（参与支教的志愿者，下同）的动机也受到了公众的质疑。但是这两方面争议的出现似乎又是"情有可原"的：一来，很大一部分青年支教是纳入大学生培养、实践体系之中的，而大学生培养、实践的定位本就是"受教育、长才干、做贡献"，更关注青年志愿者本身的成长和收获；二来，部分青年支教项目与志愿者的学业成长、个人发展紧密结合，比如通过参与支教项目，志愿者方可完成专业培养计划，或者志愿者可以由此获得研究生推免资格等，这些外在的引导、支持政策都使得志愿者的动机在公众眼中变得"不再单纯"。

可见，青年支教活动具有其内在的张力。这种内在张力一方面源自青年支教本身赋予志愿者的双重身份的冲突，他们一面要作为教师给服务的学生带去积极影响，促进社会平衡发展，一面又要作为学生了解社会、增长才干。另一方面，这种内在张力也源自志愿服务在多重任务下难以平衡的两重理论张力——志愿服务究竟以利他为先，还是以利己为先；志愿服务能否以义务性的方式"强制"推动。这两重理论张力实质上是一致的，

---

[1] 据统计，中国志愿者以青年群体为主，18～34岁的青年志愿者占56.7%。参见翟雁、辛华、张杨《2018年中国志愿服务发展指数报告》，载杨团主编《中国慈善发展报告（2019）》，社会科学文献出版社，2019，第67页。

[2] 富晓星、刘上、陈玉佩：《"主位诉求"的志愿服务模式探究——以流动儿童为例》，《社会学研究》2014年第4期，第197页。

前者既是后者的具体表现形式,也让后者所蕴含的"利他"与"利己"、"自发"和"强制"这两对关系越发充满对立色彩。这种内在的张力为支教者带来了困扰,引发了舆论对支教"失灵"的讨论。

从公众、媒体、专家等的质疑中可以发现,支教"失灵"这一论断往往与志愿者"利己"或"被迫"的支教动机相挂钩。具体来说,当志愿者显露出与"利他""自发"相悖的动机时,支教"失灵"的责任就被归结到了"错误的"志愿动机上。这是因为,支教在进入公众的视野时,一方面被赋予了极强的"利他"色彩,其承担了通过提供教育支持来提升农村教育资源质量、改善欠发达地区学生的教育情况的重任;另一方面,基于志愿活动的定位,志愿者应当是自发、无偿地参与到支教中的。所以,"利他""自发"的支教动机才符合社会舆论的预期。

而伴随着支教的发展与普及,尤其是支教在高校中的流行,其形式和含义都逐渐多元起来:支教成了高校实践教育的主要形式之一,有些高校通过奖学金、荣誉等激励大学生参与支教活动;而有些高校将大学生实践列入培养方案,支教则是大学生实践最主要的形式之一。高校的初衷都在于更有效地宣传和推进支教,但与此同时,也让志愿者的参与动机更为多样,让支教的内涵日益复杂。具体来说,支教究竟是出于帮助欠发达地区学生的利他行为,还是为了丰富自身经历、提升个人能力的自利行为?而志愿者究竟是为了获得实践学分、顺利毕业而"强制"参与的,还是基于自身的兴趣自发参与的?这都让支教是否"失灵",以及为何"失灵"莫衷一是、众说纷纭。

(一)利己还是利他:动机与收获

志愿者的实践行为以提供服务为目标,学习也是其目标之一。在活动中,青年要反思成长、应用所学,最终收获责任感和实践能力。从而,青年参与支教活动究竟是利己还是利他,成了社会舆论所热议的话题。

从志愿活动的"功效"来看,志愿者既能通过志愿服务提升公共利益,也能在活动中提升自我价值、收获社会认同。[①] 而这些认识、感知、价值等

---

① 柯文·M. 布朗、苏珊·珂尼、布雷恩·特纳、约翰·K. 普林斯:《福利的措辞:不确定性、选择和志愿结社》,王小章、范晓光译,浙江大学出版社,2010,第142~144页。

又激励着大众加入到志愿活动中来，促使基层社会良性运转。所以，志愿者应当抱有何种动机（motivation to volunteer）就引发了学者们的争相探讨。志愿所内含的奉献理念指向了其无偿性的特征。这就使得"利他"成为公众理解志愿活动的最普遍的出发点。既然志愿者在支教活动中并不会要求与付出对等的报酬，那么他们进行支教就理所应当地出于利他的目的。然而，志愿也是发扬友爱、敦促互助的平台。支教者虽不会在经济、物质方面有所收获，但他们可以在人际、视野方面获得拓展，也能在精神上得到一定的满足。也就是说，支教者可以通过关爱、服务他人来实现自身价值，基于拓宽社会支持网络等自身的需求参与志愿活动。从这个角度来看，志愿者具有利己的想法也是无可厚非的。

可见，"利他-利己"是志愿动机分类研究中最为经典的划分维度。巴特森（Batson）就将志愿动机区分为利他和利己两种，利他动机以身份认同感为驱动，而利己动机则是以个体责任为标志。[①] 中西方古典文化中也都有关于两者的讨论。

在儒家文化中，《论语》谈及"知言""知人""知命"，认为人应当将自身与他人和社会联系起来，也就是将"以民为本，天人合一"贯穿到社会关系中，寻求和谐共处，而前提是"与人为善"。《孟子·公孙丑上》中写道："取诸人以为善，是与人为善者也。故君子莫大乎与人为善。"这说明，为他人着想、站在他人的立场上帮助他人是儒家文化中所定义的美德之一，而"与人为善"也就是利他的诠释之一。利他是我国传统文化所推崇的行为指导理念，但其并未否定利己，而是强调不只是从一己的私利出发，将个人价值与社会、集体的价值有效地联结起来，实现"义利合一"，通过利他实现利己。

在西方文化中，利他主要是从基督教义中的类似概念发展而来的，也就是"上帝之爱"（agape，divine love），指的是无条件的、施予者毫无个人动机的情感或行为[②]。而亚里士多德在《尼各马可伦理学》（Nichomachean

---

① C. Daniel Batson, "Prosocial Motivation: Is It Ever Truly Altruistic?", Advances in Experimental Social Psychology, Vol. 20, 1987, pp. 65.

② Robert Wuthnow, "Altruism and Sociological Theory", The Social Service Review, Vol. 67, No. 3, 1993, pp. 346.

Ethics）中则赋予了利他另一个层面的含义，即源自"体谅"（magnanimity）的一种公民道德。而利他的概念也在历史演进和不同的学科发展过程中不断变化。18世纪，亚当·斯密、大卫·休谟、杰里米·边沁等基于理性选择的理论，认为个体利己的行为会促进"公共善"（collective good）的实现。

对于利他和利己的探讨由来已久，并且不论是哲学思辨还是基于心理学实验的证明，二者都是紧密联系在一起的。那么志愿行为究竟是利他的还是利己的呢？诸多对于亲社会行为的研究都试图以利他这一概念来解读，认为帮助行为、"做善事"是出于利他的目的。但伍斯诺（Wuthnow）基于对利他这一概念演进的梳理则认为，志愿行为等亲社会行为只是对利他这一理念的追求。[1] 并且伴随着学术界对于志愿行为的进一步分析，学者们也开始分析志愿者的利己动机，例如提升自身的福利[2]、减轻他人不幸给自身带来的不适[3]、获得工作经验或遇到相同兴趣的人[4]、提升能力以获得更多的工作机会[5]、获得赞扬[6]等。

进而，有学者将志愿活动划分为不同类型，试图探讨不同的志愿活动与志愿动机的关系。例如，雷贝格（Rehberg）就将志愿行为划分为"集体性志愿"（collective form of volunteering）和"反思性志愿"（reflective form of volunteering）。[7] 前者即集体性参与的、一定规模的志愿服务，例如社区、

---

[1] Robert Wuthnow, "Altruism and Sociological Theory", *The Social Service Review*, Vol. 67, No. 3, 1993.

[2] Mike Martin, *Virtuous Giving: Philanthropy, Voluntary Service, and Caring*, Bloomington: Indiana University Press, 1994.

[3] Jane Piliavin, Jean A. Grube and Peter L. Callero, "Role as Resource for Action in Public Service", *Journal of Social Issues*, Vol. 58, No. 3, 2002, pp. 469–485.

[4] Nicole Aydt Klein, K. Ann Sondag and Judy C. Dorlet, "Understanding Volunteer Peer Health Educators' Motivations: Applying Social Learning Theory", *Journal of American College Health*, Vol. 43, No. 3, 1994, pp. 126–130.

[5] J. Keith Murnighan, Jae Wook Kim and A. Richard Metzger, "The Volunteer Dilemma", *Administrative Science Quarterly*, Vol. 38, No. 4, 1993, pp. 515–538.

[6] C. Daniel Batson, Janine L. Dyck, J. Randall Brandt, Judy G. Batson, Anne L. Powell, M. Rosalie McMaster, and C. A. Griffitt, "Five Studies Testing Two New Egoistic Alternatives to the Empathy-altruistic Hypothesis", *Journal of Personality and Social Psychology*, Vol. 55, No. 1, 1988, pp. 52–77.

[7] Walter Rehberg, "Altruistic Individualists: Motivations for International Volunteering Among Young Adults in Switzerland", *Voluntas: International Journal of Voluntary and Nonprofit Organizations*, Vol. 16, No. 2, 2005, pp. 109–122.

学校等组织的志愿活动，志愿者主要被宗教、教育等近似利他的理念所激发，而这类志愿者的志愿动机是利他且利己的。[1] 而反思性志愿则主要是志愿者基于自身曾经被帮助过的经历进而自主参与的志愿行为，志愿者动机主要是一种"利他的个人主义"（altruistic individualism）[2]，也就是建立在自利性、工具性动机上的一种责任和使命。如此来看，目前的研究认为志愿行为的动机是多元的，可以是利他主导的、利己主导的、两者结合的，而"利他－利己"关系的复杂则使得对于志愿动机的划分更为复杂。每个志愿者可以同时有利己和利他的动机，并且在活动的不同进程、参与不同类型的活动中动机也不断变化。

从而，"利他－利己"的动机分类框架就受到了不少学者的质疑。比如，克雷布斯（Krebs）认为，用"利他－利己"的划分来探讨志愿行为的动机毫无意义，因为所有志愿行为、帮助行为（helping behavior）等亲社会行为都既是利他的，也是利己的。[3] 实证上，在克莱瑞（Clary）和米勒（Miller）的研究中，利他动机和利己动机具有显著的正相关关系（$r=0.37, p<0.005$）[4]，基于实证对"利他－利己"的划分维度提出了挑战。

因此，学者们开始提出多维的志愿动机框架来替代二维框架。比如，有学者就通过总结受访者对于志愿动机的开放性问题的回答，认为有三种主要的动机类型：利他的（altruistic），即志愿者以通过帮助他人获得满足感为参与动力；社交的（social），指的是志愿者期望在活动中建立更多的社会连带关系；实利的（material），则是志愿者以志愿活动为其带来的实际

---

[1] Lesley Hustinx and Frans Lammertyn, "Collective and Reflexive Styles of Volunteering", *Voluntas: International Journal of Voluntary and Nonprofit Organizations*, Vol. 14, No. 2, 2003, pp. 167–187.

[2] U. Beck and E. Beck-Gernsheim, "Individualization and Precarious Freedoms Perspectives and Controversies of A Subject-oriented Sociology", In P. Helaas, S. Lash and P. Morris (eds.), *Detraditionalization*, Oxford: Wiley-Blackwell, 1996, pp. 23–18.

[3] Dennis L. Krebs and Frank van Hesteren, "The Development of Altruism: Toward An Integrative Model", *Developmental Review*, Vol. 14, No. 2, 1994, pp. 103–158.

[4] E. Gil Clary and Jude Miller, "Socialization and Situational Influences on Sustained Altruism", *Child Development*, Vol. 57, No. 6, 1986, pp. 1358–1369.

收益为动机，比如优化个人简历、促进个人职业发展等。[1] 不过，斯图卡（Stukas）等认为这些多维的分类还是可以总结为两维的分类，也就是他人导向的（other-oriented motivation）和自我导向的（self-oriented motivation）。[2] 这说明，多维划分并没能脱离"利他－利己"的框架。

肯奈恩（Cnaan）评价到，这些二维或多维的动机分类实际上都没法完全阐释志愿动机的内在结构。[3] 他从福利理论（theory of welfare）出发，认为志愿动机尽管是多种多样的，但内在上却是一维的，并且通过因子分析的方法证实了这一推断。肯奈恩的研究呼应了克雷布斯所说的利他和利己的虚假分立。肯奈恩提出的"一维"显示了志愿动机内在的统一性。但一维的视角却难以反映志愿动机中的多元取向。即便多样的志愿动机具有一定的内在相关性，但是志愿者在参与活动时的主要取向仍然具有差异，这会影响志愿者在服务活动中的行为选择、认同树立、角色变化等。

从这些争论可以看出，"利他""利己"并不是相互排他的。不论是从文化发源还是从经验研究来看，二者都不是两个非此即彼的动机取向。并且在实际的社会生活中，志愿者可能并没有明确的动机取向——不少志愿者在刚刚参与活动时可能仅是从众选择，并没有确切的动机，或者他们对选择志愿活动抱有很多初步想法，难以归结为某个单一的主要动机类型。这说明，从收获上来看，支教对于志愿者既有利他的效果，也有利己的效果；从动机上而言，志愿者的利他动机和利己动机都有一定的合理性，并且志愿者究竟怀揣怎样的动机并不是"利他－利己"框架所能完全解释的。那么，支教者动机的差异、收获的差别与支教的效果具有怎样的关联呢？这会带来支教的"奏效"还是"失灵"？这是本书所试图探讨的。

---

[1] Nancy Morrow-Howell and Ada C. Mui, "Elderly Volunteers: Reasons for Initiating and Terminating Service", *Journal of Gerontological Social Work*, Vol. 13, No. 3 - 4, 1989, pp. 21 - 34.

[2] Arthur A. Stukas, Russell Hoye, Matthew Nicholson, Kevin M. Brown and Laura Aisbett, "Motivations to Volunteer and Their Associations with Volunteers' Well-being", *Nonprofit and Voluntary Sector Quarterly*, Vol. 45, No. 1, 2016, pp. 112 - 132.

[3] Ram A. Cnaan and Robin S. Goldberg-Glen, "Measuring Motivation to Volunteer in Human Services", *The Journal of Applied Behavioral Science*, Vol. 27, No. 3, 1991, pp. 271.

（二）自发还是强制："被要求"的参与

志愿行为最显著的特征之一就是自愿性，青年群体应当在工作、学习、生活之余，自发地参与志愿服务。而伴随着志愿服务的发展，其作为公众参与社会治理、解决社会问题的通道而得到越来越广泛的认可。从而，各个国家也都相继出台了针对志愿服务的法案或政策，鼓励、支持，甚至要求公众参与志愿服务，力所能及地贡献力量，主动提供公共服务和关爱他人。在这些法案和政策中，有些以激励手段为主，通过将志愿服务与荣誉、奖励结合来号召公众参与，例如我国的研究生支教团。而有些法案和政策则是以规定的形式出现，将志愿行为作为教育评价体系或法律义务的一部分，针对特定群体或全体公民提出参与志愿服务的要求。比如，丹麦规定失业青年必须为福利机构或社会服务团体做义务服务工作其才具有接受福利救助的资格。再比如，韩国规定中学生每年必须参加志愿服务40小时并计入学分。[1] 不论是激励还是规定，这些法案和政策都在国家范围内推动了志愿服务精神的萌发和传播，但不可避免地，这也使得志愿服务带有了不同程度的"强制性"。

这也引发了理解志愿行为的另一个讨论，即应当如何看待这类"强制性"的志愿服务。更进一步地，这样的"强制"号召对于志愿者有怎样的影响。如果想要解答这些问题，探讨政策支持下的志愿服务所派生出的"强制性"对于评价不同的志愿政策的影响是至关重要的。就当前各国的情况来看，这种"强制性"似乎也是志愿服务发展、成熟过程中必须经历的过渡属性，因为强有力的政策推动对于志愿服务的普及的确有显著的催化效果。

不过，强制志愿一直都备受非议。一方面，有研究肯定了义务的、强制的志愿行动的积极影响，尤其是对于青年群体成长的正面作用[2]；而另一

---

[1] 陈校：《志愿服务的管理模式研究：前置承诺与后置强制》，《中国青年研究》2009年第8期，第45页。

[2] A. Henderson, S. D. Brown, S. M. Pancer and K. Ellis-Halem, "Mandatory Community Service in High School and Subsequent Civic Engagement: The Case of the 'Double Cohort' in Ontario Canada", *Journal of Youth and Adolescence*, Vol. 36, No. 7, 2007, pp. 849–860.

方面，不少研究对于强制性志愿行为的评价是负面的[①]，认为强制要求的志愿行为是在志愿者消极心态下进行的，不但志愿服务的效果会受到影响，而且会使得志愿者难以发自内心地认同志愿服务的理念，尤其是那些还在"观望"的潜在志愿者们。[②] 的确，很多公众把大学生支教存在的乱象归结为志愿者的被动参与，即在学分等要求下被动支教，而在实践的过程中又将这种消极情绪带给了扶助的学生们。尽管在本书的调查中，少有高校直接将支教活动作为必修课程，但对于实践学分的必修规定并不少见。而且由于支教起步早、发展快，拥有的项目资源相对丰富，很多大学生确实将支教作为完成实践学分的平台，或者作为奖学金评选、相关荣誉获得的渠道之一。

在支教的实践中，强制支教还有一个孪生概念，即"被支教"。与被政策驱动、要求参与志愿活动的支教者相对应，也有志愿活动所帮助、服务的对象是被要求而非自愿地参与到志愿活动中的。在支教的组织中，组织者有时是通过个人社会关系、媒介信息等渠道来联系支教的学校。但在这一过程中，组织者可能缺乏对于所选择学校的充分调研，尤其是学生的情况和需求。再加上，支教实践时间往往占用扶助学生的假期或者正常教学的时间，还可能打乱学生的日常习惯，如此一来，参与活动的扶助学生就"被支教"——被动地卷入志愿活动中了。尤其是在许多日常性的支教，即学期中去往城市周边农民工子弟小学等学校的活动中，"被支教"的现象出现的概率更高。这是因为这类支教项目对于志愿者时间和组织资金的投入要求较低，从而项目的志愿者资源丰富且容易组织，这样在高校比较密集的城市就会有许多日常支教项目，城市周边的农民工子弟学校也会被频繁"光顾"。

不难想象，当强制支教与"被支教"相遇，支教很容易沦为一场表演，而支教者和服务对象的不情愿也会引发公众更多的质疑。当然，这并不是

[①] K. Gallant, B. Smale, and S. Arai, "Civic Engagement through Mandatory Community Service: Implications of Serious Leisure", *Journal of Leisure Research*, Vol. 42, No. 2, 2010, pp. 181 – 201.

[②] A. Stukas Arthur, Mark Snyder and E. Gil Clary, "The Effects of 'Mandatory Volunteerism' on Intentions to Volunteer", *Psychological Science*, Vol. 10, No. 1, 1999, pp. 59 – 64.

说"强制性"推动下的支教就完全等同于强制支教、"被支教"。现实中，很多具有强制色彩的支教项目通过富有感染力的志愿者动员、高效有序的组织、形式多样的内容设计等，也可以带来十分积极的社会影响。这就不禁让人发问，当支教带有一定程度的"强制性"时，支教就一定会遇到障碍、志愿"失灵"一定会发生吗？显然，这还需要更多的论证和探讨，至少要结合支教者的个人背景、支教的活动组织环节等信息来展开分析。

对这两个困扰的剖析正是从理论层面对志愿服务内在张力的探讨。可以看出，"利他－利己"和"自发－强制"背后有着复杂的社会成因和文化背景。支教能否承担起新时代精神文明建设、有效参与社会治理和促进社会健康转型的重任，在很大程度上取决于"利他－利己"和"自发－强制"能否建立内在的共处、平衡、互相促进的关系。这与支教在活动开展时的每个组织环节都有着紧密的关联。而在不同的组织环节中，三项重任的聚焦，对于"利他－利己"和"自发－强制"的强调都是不同的。所以，在以青年支教为例研究志愿服务时，充分带入过程视角就十分重要。也就是说，本书将志愿服务视为一个生产与再生产的社会过程。[①] 只有充分分析支教项目如何动员起来，各项资源如何投入进来，支教者投入怎样的时间和精力到各个环节，支教项目开展必需的资源如何调动、整合，支教如何具体展开实践、如何落地，支教者如何在志愿服务过程中建立、调整目标，又是如何在志愿服务结束后反思活动、树立价值，支教项目怎样去评估自己的成效、支教组织如何建立合作等一系列的议题，才能全面探究其在寻求高效地实现目标、履行重任时，具有怎样的成效，又面临着怎样的问题，进而明白志愿"奏效"抑或"失灵"的内在机制是什么。

二 启动、落地和再生产

志愿服务能否发挥积极的治理作用、成为具有效率的社会治理良方，与其所处的社会结构、社会制度、社会环境不可分割，也与志愿组织如何

[①] Carl May and Tracy Finch, "Implementing, Embedding, and Integrating Practices: An Outline of Normalization Process Theory", *Sociology*, Vol. 43, No. 3, 2009, pp. 535–554.

管理、如何行动紧密关联，还与志愿者个人的社会经济地位、成长经历、文化认知等脱不开干系。先前的研究正是从这三个方面对志愿服务展开了探讨。

首先，聚焦于"制度"的学者通常在国家与社会关系的框架下，探讨中国特色的制度安排能否让志愿组织发挥自主性、提供有效的服务，进而带来积极的社会影响。研究发现，志愿组织面对的制度环境是有弹性的[①]，而国家的认可是其开展行动、发挥影响力的必要前提[②]。只有当国家和志愿组织在价值上达成一致、进入认知共同体（epistemic community）后，国家才会"放心"地与志愿组织建立联系，并予以大力支持。[③] 所以，志愿能够"奏效"还是遭遇"失灵"，在很大程度上是国家对其的定位和态度所产生的结果。其次，从组织视角出发的研究发现，到位、适宜的志愿服务管理体系对志愿能否达成目标、扩大自身的影响力十分关键[④]。相比于其他类型组织、项目的管理，志愿服务管理需要有更强的对外界适应的能力[⑤]、更能激励参与者的机制[⑥]等。最后，关注志愿者个体情况的研究发现，个体的社会经济地位、教育背景、年龄、宗教信仰等都会影响其参与志愿服务的意愿、志愿动机类型、参与模式等。[⑦]

总结来看，既有的研究可以视为是在"制度－组织－个体"这一框架下展开的。虽然侧重点不同，但这三个方面具有内在的相关性。具体而言，"制度－组织－个体"的框架覆盖了从微观到宏观的不同层面，很多学者将

---

① 朱健刚、赖伟军：《"不完全合作"：NGO联合行动策略以"5·12"汶川地震NGO联合救灾为例》，《社会》2014年第4期。

② 徐家良、张其伟：《地方治理结构下民间志愿组织自主性生成机制——基于D县C义工协会的个案分析》，《管理世界》2019年第8期。

③ R. Hasmat and J. Y. Hsu, "Isomorphic Pressures, Epistemic Communities and State-NGO Collaboration in China", *The China Quarterly*, Vol. 220, 2014, pp. 936 – 954.

④ 缪建红、俞安平：《非营利性组织中对志愿工作者的管理》，《科学管理研究》2002年第1期；柯凤华：《大学生志愿服务常态化路径构建》，《人民论坛》2015年第26期。

⑤ 吴楚斌：《志愿服务的项目化管理模式探索——以"启智模式"为例》，《青年探索》2009年第6期。

⑥ 郝永红：《完善志愿服务体系优化政府公共管理》，《中国行政管理》2010年第8期。

⑦ John Wilson and Marc Musick, "Who Cares? Toward An Integrated Theory of Volunteer Work", *American Sociological Review*, Vol. 62, No. 5, 1997, pp. 694 – 713; S. Lee and S. Pritzker, "Immigrant Youth and Voluntary Service：Who Serves?", *Journal of Immigrant and Refugee Studies*, Vol. 11, No. 1, 2013, pp. 91 – 111.

三者或其中两者联系起来展开分析。比如，有研究从"制度－组织"的角度出发，认为当前的制度环境使得志愿服务管理具有行政化的色彩，只有管理去行政化才能推进志愿服务走向制度化、常态化，承担起促进社会良性发展的重任。[①] 再比如，穆西克（Musick）和威尔逊（Wilson）就以"社会情境"（social context）的概念，从"制度－个体"的角度对志愿服务进行了解读。[②]

这些研究日益相互贯通起来，给我们了解和认识志愿服务带来了极大的启发性。但这些研究也不可避免地存在一些弊端，主要有三个方面。其一，这些研究难成体系、结论发现分散，从微观到宏观不同层面的角度难以有机地整合在一起，而是堆砌在一起。也就是说，其在解读志愿服务的内在机制上是断裂的。其二，志愿服务既是一种组织行动，也是一种认知互动，而"制度－组织－个体"框架并不能将志愿服务的行动层面和认知层面联系起来。毋庸置疑，志愿服务可以被看作一个宏观制度、中观组织、微观个体互动而成的结果，但也不能忽视的是，志愿服务也是一个社会行动、社会关系和文化价值再生产的过程。其三，当以我国的志愿服务为研究对象时，从这一框架出发的研究能够对应到具体层面去引入西方研究的经验，但却难以考虑到中国语境下志愿服务事业的特殊之处，也就不能从根本上进行中西研究的对话。所以，本书在回顾、整合以往"制度－组织－个体"框架下的理论思考、研究发现的基础上，进一步带入过程视角，提出了"启动－落地－再生产"的志愿过程分析框架。

启动（implementation）即志愿服务的起始，志愿者、志愿组织、志愿项目在这一阶段"动"起来，将各类资源整合在一起，使得志愿服务具备了实践的机会、能力和动力。落地（embedding）是志愿服务具体实施的过程，预想的志愿理念、设计的活动内容等实现落地，志愿者、志愿组织与志愿服务的受众进行直接的沟通、互动，而志愿团队、志愿组织以及服务受众内部和之间都进一步建立、发展社会关系，在这种互嵌、互构的集体

[①] 张萍、郭永芳：《论我国志愿行动组织管理与激励中的行政化特征》，《学习与探索》2013年第6期。

[②] Marc A. Musick and John Wilson, *Volunteers: A Social Profile*, Bloomington and Indianapolis: Indiana University Press, 2008.

行动中认识志愿服务的意涵、思考落地过程的点点滴滴。再生产（reproduction）则关注的是志愿服务的组织化、制度化、常态化、可持续性，关注志愿服务活动在落地之后如何进一步总结经验、向前推进，而这种推进既是行动上的也是价值上的，志愿者、志愿组织通过号召、凝聚、整合广泛的认同与丰富的资源，志愿服务得以继续，而透过各方的反思、讨论，志愿服务文化也得以形成。

启动、落地和再生产是志愿服务的展开过程，启动是落地的基础，而再生产则是落地后的升华。在实际的进程当中，各类情境因素、组织和个体的行为与认知因素贯穿其中，发挥着非线性的、往复的、相互的影响。本书对于青年支教的分析，以及以其为案例对志愿服务的探讨，都是在"启动－落地－再生产"的过程视角下，透过整体的支教过程来检视每个具体的环节和议题。

由此，志愿是否有效、是否"失灵"，又如何走出"失灵"等都可以基于各个环节来展开探讨。从参与新时代精神文明建设而言，志愿服务得以顺利启动，志愿者、各方资源经过动员进入志愿服务中，本就是志愿服务奏效的一种形式。在启动的过程中，各方要协调意见、建立共识，社会各方在一定程度上进行整合，精神文明的种子也得以埋下。在落地的过程中，志愿服务经过一定的组织和实践流程得以提供，当服务的效果、组织的机制等获得志愿者和服务对象双方的认可时，志愿服务的社会治理功能得以实现，社会成员进一步得到整合。在后续的再生产环节中，这种认可也为志愿服务行动上的制度化和价值上的常态化得以形成进行铺垫，而制度化和常态化的实现则是新时代精神文明建设有效开展、社会治理形成可持续机制、志愿服务促进社会转型进入一个积极循环的关键。

可见，志愿服务能否发挥作用、是否具有效率，并不是一个单一的、一体的结果。伴随着志愿服务过程的推进，这一问题的答案体现在多个环节中。志愿服务有时在某个环节中奏效，但又在某个环节中"失灵"了，有时在完成某个任务时"失灵"了，却又在别的任务上奏效了。所以，在中国的语境下，志愿服务是否富有成效，或者怎样才能富有成效都是包含了多重维度的议题。本书即在"启动－落地－再生产"的志愿过程分析框架下，从多个环节去探索这些多重维度的议题，以青年支教的案例来尝试性地解读、探索我国特色的志愿服务将何去何从。

  本书的分析材料主要来自笔者 2011 年对北京、成都 10 所高校的问卷调研和访谈资料，并且，在开展具体分析时也参考、补充了两方面的资料，一方面是调研团队分别于 2012 年、2014 年、2017 年再次与部分高校的支教大学生进行的访谈素材，另一方面是 10 所高校中支教组织提供的材料，比如支教团队总结、支教者感想、支教活动手册、财务记录等。在图 0-1 的框架下，本书结合这些材料对支教的各个志愿过程进行了充分展现和分析。在第一章，本书主要聚焦于青年支教的特点，对其发展、特征、现状、解读视角等进行充分的介绍。第二章则围绕青年支教的志愿属性，透过对志愿服务理论的梳理来解读青年支教活动。第三章关注了支教在正式展开实践前的启动环节，也就是说支教者、支教项目、支教组织是如何"动"起来的。这具体包含了三个方面：从支教项目的角度来看，各类资源是如何调动的；从志愿者的角度来看，志愿动机是如何形成的；从志愿组织的角度来看，活动是如何筹备的。第四章则主要针对支教作为一项志愿活动在落地过程中的具体细节进行了呈现，对于支教队伍的规模、周期、内容、形式等，以及志愿者融入的情况、教学的情况等进行了具体的描述和分析。在实践结束之后，支教项目并未就此停止。第五章关注了实践之后的后续发展，即支教是如何在行动和价值上再生产的。这既包含了志愿基地如何建立、志愿者与其扶助的学生的联系等行动上的持续，也包含了支教者如

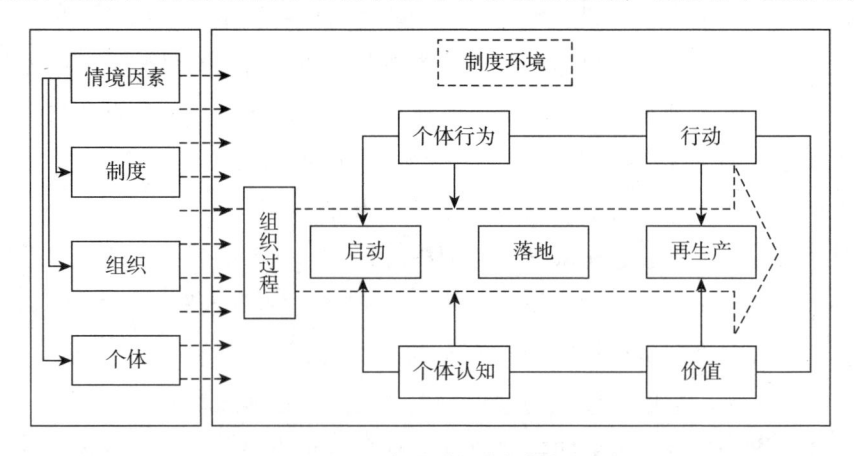

图 0-1 志愿过程分析框架

何反思支教、"使命感"如何培育等认知上的绵延。整合来看，行动和价值上的再生产共同构成了支教走向常态化的基础。在对支教整个过程的考察之余，本书在第六章中专门讨论了支教中多方的关系，尤其是对各方如何形成合力、建立合作进行了探索。在本书最后，第七章回顾了基于支教而讨论的各个志愿议题，进一步解析了当前我国志愿服务在发展中的困境，并且对走出困境的道路探寻一二。

伴随着国家对于志愿服务发展的支持、志愿组织制度的完善，我国志愿服务事业不断发展。其发展资源愈益充足，关注的社会问题更为多样，并且越来越多的社会成员参与其中。而在发展中，志愿服务事业所具有的内在张力并未被消解。反而因为志愿服务在国家治理中日益凸显的重要性，这些内在张力走向台前、走向显性化。这为我们认识和治理志愿服务既提供了更多元的素材，也带来了更大的挑战。所以，只有从更具体、更完整的角度对志愿服务的过程进行分析，才能在探求我国志愿服务事业特色的同时，挖掘到其发挥成效、抑或出现"失灵"的深层机制。青年支教是典型的志愿活动。从我国的青年支教入手，本书得以对青年志愿者群体这一志愿主力、支教这一志愿活动进行直接、详尽的剖析。在青年支教活动中，志愿者是"受教育的教育者"。他们既是奉献者、服务者，为教育资源欠缺的群体带去知识，也在志愿的过程中受教颇丰，不仅丰富了社会体验，也锻炼了各项能力。支教中志愿者的双重角色，让志愿服务中普遍存在的内在张力更为凸显。这无疑使得本书基于支教的探索对理解其他类型的志愿活动也颇具示范效应和启发价值。

第一章

受教育的教育者

改革开放以来,我国社会经历了飞速的发展,社会制度、社会结构都发生着巨大的改变。在这个过程中,人民群众享受到了改革的红利,生活水平普遍提高,但也不可避免地遇到了转型带来的一系列社会问题。而这些问题中尤为凸显的,就是社会经济发展的不均衡。这种不均衡也会进一步导致各种机会和资源在地域、群体间的差别。而教育机会和教育资源就是其中倍受关注的一方面。社会成员能否公平地享有教育机会、能否获得优质的教育资源,极大地影响着其能否打破现有的不均衡,进而影响着其能否实现向上的社会流动。所以在父代眼中,子代的教育向来是头等大事。从而,党和政府、事业单位、群团组织、企业、社会组织以及人民群众等都从自身的角度出发,针对改变欠发达地区和人口在教育资源获得上的劣势情况展开了一系列行动,试图增加教育供给、提升教育环境和质量,进而带动区域发展。而支教就是这些行动中的一种。相较于其他改善欠发达地区教育境况的活动,支教涉及的社会主体类型多,参与人数较多,发展运作方式也较为成熟,是一个不容忽视的、在社会转型中促进城乡统筹和地域平衡发展的平台。

支教并非我国所特有的社会实践现象。一方面,任何社会经济发展尚且存在不平衡的国家或地域都有对支教的诉求,也就有着酝酿支教的先天环境;另一方面,从全球的发展来看,各个国家和地域之间也存在着发展不平衡,所以越来越多的跨国公益组织立足于全球统筹发展,去开展教育支持的事业。不过，由于不同组织所处的地域和发展阶段不同，其面临的制度环境不同，文化思想等也不同，所主导和推动的支教在活动发起者、特征、定位等各方面均有差异。在我国，青年志愿者是支教的参与主力。而伴随着其成熟与发展，支教的组织者日益多元，种类也十分丰富。若从发起者的角度来划分，主要有四个类型，即国家层面发起的支教项目，高校层面发起的支教项目，社团、个人发起的支教项目，以及社会组织、企业发起的支教项目。

支教是典型的志愿活动，与此同时，其也有着自身的独特之处。与其他志愿活动一样，支教不仅会给服务对象带来积极的影响，其也会给志愿者带来各方面的成长和收益。不过，支教中这种双向的受益并没有主次之分。换言之，支教中志愿者和服务对象是"双主角"，他们的主体地位是同等的。一方面，参与支教的青年们在社会各界的支持下，以教育资源不足的欠发达地区人口为服务对象，承担起了促进教育资源流动、促进社会统筹协调发展的重任；另一方面，支教是对青年进行服务性学习、实践教育的平台。青年对社会认知不足，社会经验不丰富，透过支教，他们得以深刻地体认社会、提高各种能力。所以不论是从支教的专业意义来看，还是对其社会意义的探讨，支教者都是"受教育的教育者"。

一 国际视域下的支教

我国的支教一直都不乏国际志愿者的参与。有些国际志愿者是通过个人搜集信息、借助社交网络查询和联系到支教地点来进行教育支持活动的，比如，一度较有名气的国际志愿者"洋雷锋"德国人卢安克就是这样的例子，他曾在中国广西支教 10 年[①]。也有国际志愿者是通过报名参与国际合作的志愿项目，进而参与到我国的支教中。这类为国际志愿者提供在我国支教机会的国际性项目可以划分为两种，即国际公益组织开展的向我国输送志愿者的项目和国内外共同合作的包含支教的志愿项目。举例来说，清

---

① 《卢安克："我不想感动中国，只能是中国感动我"》，http://news.xinhuanet.com/world/2010 - 05/21/c_12128613.htm，2010 年 5 月 21 日。

华大学继续教育学院、美国王氏基金会、香港曾宪备慈善基金曾在2006年共同开展的中美大学生暑期教育扶贫互助活动，就属于后者的范畴。这一活动在高校和社会组织的合作下动员来自社会各界的资源，招募来自清华大学、中国香港、中国台湾以及美国高校的志愿者赴清华大学建立的教育扶贫现代远程教学站所在县，利用暑假在当地进行英语培训、计算机辅导、社会调查、专题讲座、文化交流等[①]。由国际公益组织开展的支教项目通常不会面向唯一地点，而是面向多个国家和地区，既强调给本国志愿者提供面向其他国家的支教机会，也给本国输送来自其他国家的志愿者，比如以培养青年全球化视野的领导力为主题，在全世界各国向青年提供教育"实习"机会，输送志愿者去欠发达国家和地区进行支教。

除我国之外，很多其他国家也拥有支教项目。一类是面向其国内开展的支教项目，例如"为美国而教"（Teach For America），其向全美大学毕业生开放申请，申请成功的志愿者经培训后被派到各社区提供支教服务，毕业生服务期间领取当地教师的平均工资，两年后可重新择业，届时还可获得教育券（一种可支付培训和学习费用的奖券）和1万美元资助以偿还就学贷款[②]。另一类是针对其他国家开展的，例如日本为响应联合国教科文组织在20世纪90年代提出的"全民教育"（Education For All）运动，在2002年提出了"首倡基础成长教育"项目（Basic Education for Growth Initiative），向非洲、东南亚、中亚、中东地区等进行包含输送志愿者等在内的教育支持项目[③]。

可见，支教行为是跨国界的、全球化的。在我国，不仅本土内生的支教得到了充分的发育，来自其他国家的志愿者加入其中，而且我国也输出了一定规模的志愿者参与其他国家的支教项目。这说明了解、总结我国当前支教项目的运作模式和行为特征不论对深入探讨我国的志愿活动，还是对各国积累志愿活动的经验都是有意义的。

---

① 《清华-美国大学生首次联手开展暑期教育扶贫社会实践》，https://www.tsinghua.edu.cn/publish/thunews/9662/2011/20110225231759390672868/20110225231759390672868_.html，最后访问时间：2015年12月12日。
② 《美国青年"支教"热》，http://www.jyb.cn/opinion/gjjy/200905/t20090505_269801.html，2009年5月5日。
③ 彭文平：《日本国际教育援助的理念和政策》，《教育科学》2012年第3期，第77页。

（一）谁来引导参与潮流

不论是国际还是国内的支教项目，都是在相应的制度政策和组织的引导之下发起的。各国本土的支教项目主要是由政府或者公益类的社会组织开展的，而国际支教项目有些是通过一国政府主导开展的，有些则是通过国际公益组织主导开展的，而大多数主导国际支教项目的组织最终都逐渐过渡成了国际公益组织。例如，英国海外志愿服务社（Voluntary Service Overseas，VSO）就是在1958年由英国政府（海外发展部）拨款和英国公众捐款资助成立的，目前其已派遣3万多名志愿者在70多个国家开展志愿服务工作，教育是其服务领域内的主要内容之一，目前已过渡为国际性组织。[①]

并且，各个国家和地区的政府等治理主体都对公众参与支教有一定的鼓励性、号召性政策。比如，英国牛津大学于2008年出台了"先执教"项目，圣休学院的毕业生如果申请成功将被安排到英国一些最有挑战性、条件较差的学校教书两年，其在执教一年后能够取得教师资格，并且其在获得申请后将一次性获得1000英镑的助学金。[②]

我国也出台了相应的政策来鼓励不同的群体参与到支教项目中。像中国青年志愿者扶贫接力计划研究生支教团、大学生暑期"三下乡"等都是针对大学生参与支教项目的鼓励政策。此外，还有鼓励高校毕业生到西部去、到基层去的"三支一扶"政策，大学生毕业后去往农村基层就业，促进当地教育、农业、卫生等社会事业的发展。"三支一扶"政策从2006年起，每年招募2万名左右的高校毕业生，安排他们到乡镇从事支教、支农、支医和扶贫工作。该政策将支教与大学生就业相结合，使得支教成为一项提供公益性就业岗位的平台。[③] 各地域也有各自的支持政策。比如，我国香港特别行政区在2010～2011年度的施政报告中，就建议设立"香港青年服

[①]《国际青年与青年工作动态》，http://send.gqt.org.cn/preview/ccyl/bulletin/gjb_gjqn/200707/t20070704_34186.htm，2007年7月4日。
[②]《提供助学金，牛津鼓励学生"支教"》，http://news.xinhuanet.com/mrdx/2008-03/05/content_7722923.htm，2008年3月5日。
[③]《人社部 财政部开展"三支一扶"人员能力提升专项计划》，http://www.gov.cn/xinwen/2016-09/21/content_5110499.htm，2006年9月21日。

务团",资助18~29岁的香港青年到内地贫困地区服务6~12个月,服务范围包括提供教育、卫生等知识训练,并且为团员提供每人每月3000元人民币的基本生活津贴、两次往返香港及服务地点的交通开支,以及购买医疗及旅游保险等,顺利完成计划并表现良好者,特区政府将向他们颁发证书和5000港元奖励金。①

可以看出,动员、鼓励公众参与支教项目的制度和政策能够在一定程度上保障支教开展所需的人力资源。这些政策也往往与引导和促进青年就业结合在一起,要么以提高青年就业能力、增加其工作机会为目标,要么以引导高质量的人力资源投入教育领域,尤其是发展较落后地区的教育事业为目标。所以,青年是支教的主要参与者。这与青年群体的志愿热情高、意愿强,以及参与社会活动的能力较好、掌握的基础教育知识较多有极大的关系,但也不能忽视政策制度对青年的积极引导。这些引导一方面促使支教在青年中成为一种潮流,让青年主动地参与到公共治理中,另一方面也动员了更多的社会资源来支持和发展支教项目。

(二) 如何定位支教项目

从定位来看,支教即各类社会主体针对欠发达地区,或者某些欠发达地区人口等开展的教育支持活动和项目。这种"支持"的内容既包含了提供软性的资源,即输送高学历志愿者作为教师向对应群体授课,或作为教育管理者参与学校事务,也包含了教学设备、场地、学习用品等硬件资源的提供。而在提供的软性资源中,除了广为人们所知的课内教学,即知识的传授,还包含了以开阔视野、综合能力提升为导向的沟通技能培训、励志讲座等形形色色的活动。

支教面向的对象也十分多元。除了直接面向在获取教育资源上处于劣势的学生,有些项目还将这些学生的教师作为支教对象。我们的研究团队就在调查中了解到不少这样的项目。比如,由中美大学生建立的科技教育交流协会(Technology & Education: Connecting Cultures, TECC)自2004年

---

① 《香港青年体验农村支教让学生耳目一新》,http://edu.people.com.cn/n/2013/0117/c1053 - 20228904.html,2013年1月17日。

开始组织中国内地、中国香港、中国台湾和美国的大学生志愿者赴中国中西部地区，帮助当地教师提高教学技能，到 2009 年的时候已经向中西部中小学共 1299 名教师开展了培训。面向学生群体的活动也不仅是针对欠发达地区的中小学学生，也有去往成人职业高校、残障学校等的支教项目。例如，百年职校是在 2005 年创立的一所全免费的公益职业学校，致力于向贫困家庭子女提供免费的正规职业教育，在北京、成都、三亚、武汉、郑州、大连、银川、丽江、梅州、雷山 10 个国内市县都建立了学校。[①] 百年职校主要是通过与当地的高校建立合作关系，让大学生以志愿者的身份成为贫困学生的职业教育导师。

这样来看，支教在面向对象和形式内容上都不单一。一来，其面向在教育资源享有上相对劣势的群体开展活动，不论这种劣势是由所处地区的社会经济欠发达所致，还是由个人家庭、身体情况所致。二来，为了促进这一群体获得更多数量、更高质量的教育资源和教育机会，支教可以采用直接或间接、软件或硬件等多样的途径。

支教，这一在国际范围内普及的、教育领域内的志愿行为，在政策制度的引导下、社会各界的支持下不断发展。各个社会主体都参与其中，从政府到企业、社会组织，从高校到媒体、广大公众。他们或声援支持，或倾力相助，或亲身实践。而这其中，青年无疑是最主要的组成部分，他们往往站在支教项目组织、推进的第一线。尤其是在高校中，支教得以通过组织化、规模化的项目运行方式长久地持续下来，所以很多支教项目都是在高校内或通过高校层面的支持、合作建立的。对于青年而言，支教的意义不仅是为落后地区学生、欠发达地区人口等带来优质的教育资源，也是促使他们获得社会经验、提升综合能力，从而获得全面成长的平台。因而在我国，青年支教也得到了长足的发展，不论是在组织上还是在内容上都十分多样。

二 我国的支教项目

我国自古以来就有社会自发的教育支持活动。比如，在北宋时期，范

---

① 《学校介绍》，https://www.bnvs.cn/SinglePage.aspx?CatalogId=4，最后访问时间：2020 年 1 月 5 日。

仲淹用官俸置田置地设立了义庄，而后以此为收入基础设立了范氏义学，即宗族内部的免费教育组织。①尽管传统的义学与现代的支教项目所处的时代背景、具有的社会基础是迥异的，但就功能而言，两者又有共通之处，即都是社会自发进行教育普及的形式。只不过，在传统的家国关联结构中，具有公共福利性质的义学主要是由宗族开办的，以血缘关系为轴，让宗族内的子弟不论贫富都能享有受教育的机会。而当代的支教则是具有一定学识、教育经历的社会成员，抱着支持偏远地区教育、关注特殊群体、传播知识等想法，短期或长期地成为欠发达地区的教师，或者自行发起教育支持项目，其中不存在血缘、地缘的限制。支教刚刚步入大众视野时，在实践上尚未组织化和规模化，主要是社会成员个体的、零散的自发行为，社会各界主要是对支教者从舆论上进行支持、鼓励。伴随着市场机制在各个领域的引入，各地发展进程在速度和水平上逐步拉开，教育资源不均衡的情况日益加剧，尤其是城乡间、东西间的教育资源差距凸显出来。这让支教项目受到了来自国家和社会的进一步关注。越来越多的社会组织、社会群体开始发起和参与支教项目。国家也对支教项目加以引导，在政策上相继通过公务员考试加分、保送研究生、提供奖励和补贴等方式鼓励青年参与支教，尤其是团中央通过高校的基层团组织对大学生的支教加以引导和宣传。在这些支持下，参与支教的大学生人数飞速增长，活动的组织形式也逐渐多元。

　　大学生是支教项目的主要参与者。业已参加工作的青年群体参与的支教项目，主要是工作单位组织的、公益组织发起的或自主发起的。但他们比大学生面临的生活和工作压力更大，时间和精力相对较少，参与的机会和频率也就更低。各色支教项目在周期、持续时间、内容、对象等各方面都不同，也就可以依据这些维度划分成不同的类型。比如，根据支教时间的长短，支教可以划分为时间长达半年、一年甚至数年的长期支教，以及时间为一月、数周的短期支教，或者每次时间短但有固定行动周期的短期多次支教。若是根据服务对象，则可以将支教划分为农村子弟支教、特殊

---

① 参见田毅鹏等《中国社会福利思想史》（第二版），中国人民大学出版社，2017，第124~126页。

儿童支教、农村教师支教等。而从支教的组织和发起层面来说，支教可以划分为国家层面发起的支教项目，高校层面发起的支教项目，社团、个人发起的支教项目，以及社会组织、企业发起的支教项目。

（一）国家层面发起的支教项目

1. 研究生支教团

中国青年志愿者扶贫接力计划研究生支教团（以下简称支教团），是由团中央、教育部从1998年开始联合组织实施的青年志愿者扶贫接力计划全国示范项目。它每年从全国部分重点高校中招募一定数量具备保送研究生资格的应届本科毕业生，以志愿服务的方式到国家中西部贫困地区中学开展为期一年的支教工作。服务期满后由下一批志愿者接替其工作，形成"志愿加接力"的长效工作机制。

2. 大学生志愿服务西部计划

大学生志愿服务西部计划（以下简称西部计划），是由团中央、教育部、中共中央组织部、人社部于2003年根据国务院有关要求共同组织实施的基层就业项目。从2003年开始，西部计划按照公开招募、自愿报名、组织选拔、集中派遣的方式，每年招募一定数量的普通高等院校应届毕业生，以志愿服务的方式到西部贫困县的乡镇从事为期1～2年的教育、卫生、农技、扶贫以及青年中心建设和管理等方面的工作。志愿者服务期满后，西部计划继续鼓励其扎根基层自主择业或流动就业，并在其升学、就业方面给予一定政策支持。

而根据《2011年大学生志愿服务西部计划实施方案》，支教团项目于2011年并入西部计划基础教育专项，统筹实施（以下简称研究生支教团）。研究生支教团通过高校进行组织，每个高校的研究生支教团每期去往的地域基本是固定的，支教者能够充分地融入当地学校的日常教学中，充当起教师的角色，帮扶的学校对于支教者也容易产生认可，像PN大学的研究生支教团的志愿者就提到：

> 当地的老师教课经验智慧很多，两方彼此都能学习、沟通、进步。每年学校都会有公开课大赛，学校也将我们当作正常老师，鼓励我们

参加。我自己上过 5 次，校长每次都听，校长让每个老师都去听支教团的一次集体公开课，这样就能达成两方彼此的沟通和交流。在知识方面我们还好，但在班级管理方面，就经常有各种小插曲，主要是和学生相处方面的。遇到这种问题，我们一般是同班主任、教研组组长沟通（解决）。（摘自 PN 大学研究生支教团 M 志愿者访谈资料，2012 年 1 月）

3. 大学生暑期"三下乡"

自 1997 年起，中共中央宣传部等 10 部委联合开展了大学生暑期"三下乡"活动。大学生暑期"三下乡"即文化、科技、卫生下乡，是各高校在暑期开展的一项旨在提高大学生综合素质的社会实践活动。在高校的动员下，大学生自主地以各种方式深入农村，以志愿者的身份调研基层社会现状、传播先进文化和科技、体验基层民众生活。大学生暑期"三下乡"并未对活动的形式进行限定，所以支教只是其中的一种形式。而以大学生暑期"三下乡"为平台开展的支教是短期的，或者周期性的专项活动，是大学生在短时间内通过服务提升实践能力、认识社会的高效方式之一。

4. 师范院校的扶贫顶岗实习支教

2006 年，教育部下发了《教育部关于大力推进城镇教师支援农村教育工作的意见》，其中要求师范院校和其他举办教师教育的高校要组织高年级师范生实习支教，在农村学校建立实习基地，选派教师带队组织实习指导，并且提出优先推荐、优先录用参加过农村学校实习支教的学生。这一支教项目是面向师范生的顶岗实习支教项目，与其他项目不同，师范生志愿者具有更为专业的教学能力，因而这类支教项目的教学效果相对更为显著。

（二）高校层面发起的支教项目

高校团委主要依托青年志愿者协会（或同性质、其他名称的组织，例如 T 大学同类组织名为紫荆志愿服务总队）进行支教的组织，并且通过在各院系分团委设立志愿服务分会的方式开展各类志愿活动，而支教则是志愿活动的重要组成部分。这类支教项目一般以高校所在地为中心，组织大学生给近距离的、有教育支持需求的学生、学校等提供教育支持，比如周边的农民工子弟学校等。

（三）社团、个人发起的支教项目

除了受高校团委领导的青年志愿者协会，各高校还有一些从事支教事业的公益类社团，比如 SC 大学行知协会和 PN 大学 WJ 社团。SC 大学行知协会成立于 2003 年，是由志愿从事社会公益事业、关注西部贫困地区基础教育与经济发展的在校大学生组成的公益团体。行知协会以援教、励学、扶贫和社会公益为工作范围，立足校园，面向社会，旨在通过志愿者的不懈努力，改变西部山区的基础教育的落后面貌，促进西部山区经济的可持续发展。PN 大学 WJ 社团成立于 2010 年，立足师范生、服务师范生、凝聚师范生，培养其教师技能，是 PN 大学培养未来教师的重要阵地。结合社团成员学习与未来工作的支教是该社团培养教师技能重要的"练兵场"。

此外，在大学校园中还有一些学生自发组织的，较为分散的支教项目。它们并不一定有着正式的项目名称，但同样致力于开展教育帮扶的志愿活动。

（四）社会组织、企业发起的支教项目

1. 社会组织发起的支教项目

随着社会组织的发育、成长，我国开展教育主题志愿活动的社会组织也越来越多。社会组织发起的支教项目存在两个方面的区分，其一即是否以支教为单一活动内容，其二为是否直接组织志愿者参与支教。例如，由北京桃李天教育咨询中心发起的"我们的自由天空"公益助学组织就开展了非单一活动内容的支教项目。除了开展以知识传授为内核的支教实践外，其还组织了心理辅导、爱心图书馆等多样形式的活动。大学生可以通过个人报名或组队的方式参与到这种由社会组织发起、组织的支教中。而远洋之帆公益基金会则设置了大学生社会实践奖，其中包含了专项的教育主题奖项，通过评奖间接地支持支教，鼓励支教团队在实践的同时进行深度调研。可见，社会组织可以为大学生提供支教实践的机会，也可以提供规范的培训、奖励等。

2. 企业发起的支教项目

在国际环境的影响和本土企业发展愈益成熟的背景下，企业社会责任逐步在我国受到广泛的重视。教育事业是企业履行社会责任的一个重要领域，因而支教也就成为诸多企业关注社会发展并承担发展责任的一个途径。企业不仅可以组织员工参与支教，也可以向社会上的支教项目提供支持，尤其是大学生参与的支教项目。例如，安利（中国）日用品有限公司就与团中央合作推出"安利名校支教彩虹计划"，其对研究生支教团的生活费、交通费等进行一定的资助，并且通过研究生支教团志愿者在帮扶学校建立电教室、广播室、医疗室等，使软件支持和硬件支持结合起来。

综观青年支教，不论是在国际视野下，还是在我国本土的情况中，其在发起者、组织形式、内容设计等各个方面都非常多样。青年支教是一项典型的志愿活动，也是一项特殊的志愿活动。一方面，青年支教具有崇高的意旨和追求；另一方面，不少支教者却是业余的、临时的。这使得参与青年支教的志愿者们作为"未出师的师者"，在老师和学生的双重身份中挣扎，"失灵"的现象就会常常发生：志愿者们在教学的推进等活动环节中时常觉得"力所不能及"。如此一来，不仅教学效果难以得到保障，还可能因沟通不畅、信息偏差等给受助对象带来负面的影响，打破他们正常的学习、生活秩序。也就是说，支教者们被赋予了引导教育资源流动、改变社会发展不平衡现状的重任，但他们自身的知识体系尚不健全、社会经验也十分不足，支教于他们而言恰恰是一个学习的平台、一个体认社会的渠道。总结来看，不论是从知识传播的角度，还是从社会参与的角度，支教者作为"受教育的教育者"时刻处在改变和被改变中。

三 支教者的"双重身份"

志愿服务具有无偿性，志愿者为增进他人的福利、为公共的事务贡献了自身的时间和精力，但这种无偿的公益行为并不意味着志愿者没有获益。志愿者可以通过参与志愿项目拓展人际网络、获得社会支持，也可以在志愿过程中实现自我价值、满足精神需求。所以志愿行为的影响是双向的，不仅受方可以通过享受服务获得境况的改善，而且志愿者本身也有所收获。

作为一种典型的志愿服务形式，支教中所涉及的支教者、扶助学生、教师、学校等，都能从实践活动中有所收获。

更进一步，志愿服务本身也可以作为一种教育的形式。在很多高校中，社会实践是学生培养的必修环节，而支教又是学生在社会实践中经常选择的活动方式。所以很多支教在最初的组织设定中，本就有把培养大学生的综合能力、促进大学生体认社会作为目标之一。并且，很多大学生支教将欠发达地区人口作为扶助对象，这对于青年而言是深入了解我国基层情况的极好机会，是他们增加社会经验、丰富社会认知的有效渠道。另外，虽然支教者主要是通过承担教学任务、担任教师来提升欠发达地区的教育资源，不过基于支教的实践平台属性，很多志愿者在这一平台上开展了对欠发达地区经济、社会、文化等方面的调研，还借此引入来自社会各界的资源支持。这使得支教者不仅能够在一定程度上引导教育资源流动，也促发了全方位的资源流动。所以，支教者既是教育者，又是受教者，这也是支教项目较之于其他志愿活动更为鲜明的特色。

（一）服务中的学习：青年的社会责任与能力塑造

对于支教者而言，支教不只是志愿服务活动，也是一种实践教育、公民教育。支教者以支教为平台参与服务性学习，接受社会锻炼。

实践教育的思想在国内外都有着悠久的历史。18 世纪时，理查德·洛弗尔·埃奇沃斯（Richard Lovell Edgeworth）就对实践教育进行了探索，他与女儿玛丽·埃奇沃斯（Maria Edgeworth）在 1798 年合作出版了《实践教育》（*Practical Education*）一书，其中提出实践教育应当包括对思维、行动、运动等各方面的考验，采用观察、实验、发明创造、解决疑难等教学方法。[1] 而在理论探索与实践经验累积的基础之上，各国的高等院校都围绕实践教育进行了不同类型的尝试，这些尝试包含了诸多层面，既有专业知识、技能层面的，也有社会服务、认知层面的。[2] 支教就是一种实践教育，对于

---

[1] Maria Edgeworth and Richard Lovell Edgeworth, *Practical Education*, Cambridge: Cambridge University Press, 2012.

[2] 参见陈超、赵可《国外大学实践教育的理念与实践》，《外国教育研究》2005 年第 11 期，第 33 页。

青年而言，其可以将所学知识、理论内化后传授给他人，提升自身的沟通、组织能力，尤其是对于师范院校的学生来说，支教更是让其锻炼授课技巧的平台。

从 18 世纪晚期开始，西方各国陆续通过培养国民的公民意识、爱国责任感来巩固和稳定政权，自此公民教育也在世界范围内蔚然成风。20 世纪 80 年代以后，各国开展的公民教育陆续走上普及、深化的道路，其作为现代国家主义的产物成为社会各个主体都全方位参与的社会活动，其内容和形式也伴随着社会的变迁而变化。① 支教可以促进参与者了解社会全貌，深入地认识社会现实问题，并且挖掘自身的社会责任，进而引导参与者在社会治理、公共事务中发挥主体性，因而可以将其纳入公民教育的范畴。

而基于这两种理念日益风行，在 20 世纪中期时一种融合了实践教育和公民教育的新概念出现了，即服务性学习（service-learning）。各国开始将服务性学习纳入现有的公共事务和教育体系中。比如，美国颁布了《国家与社区服务法案》（the National and Community Service Act of 1990），将服务性学习全面纳入了学生的学习和发展中，敦促学生着眼于社区去了解和运用知识、提高公民素质，倡导社会组织和相关机构提供服务性学习的平台。② 尽管服务性学习具有不同的定义，但归纳来看，这些定义在两个方面具有共性：其一，服务性学习是社区服务项目的重要组成部分，同时也是经验教育的一种形式③；其二，服务性学习的活动框架要符合社区需求，在促进学生学以致用的同时，要能承担起社会责任、参与社会治理④。无疑，支教兼具实践教育和公民教育属性，也是一种服务性学习的平台。并且，服务性学习综合了支教者和支教对象的两重视角，更为全面地表述了支教的

---

① 郑航：《社会变迁中公民教育的演进——兼论我国学校公民教育的实施》，《清华大学教育研究》2000 年第 3 期，第 115 页。
② 参见赵希斌、邹泓《美国服务学习实践及研究综述》，《比较教育研究》2001 年第 8 期；孙莹：《服务学习——发展自我、回馈社区的青年志愿服务策略》，《社会工作》（学术版）2006 年第 11 期。
③ Barbara Jacoby and Thomas Ehrlich, *Service-Learning in Higher Education: Concept and Practice*, San Francisco: Josser-Bass, 1996.
④ Leonard T. Burns, "Make Sure It's Service Learning, not Just Community Service", *Education Digest*, Vol. 64, No. 2, 1998, pp. 38.

属性。

　　对于我国而言，服务性学习在各个层次、各个阶段的人才培养环节中都日益重要起来。比如大学生社会实践活动，其为广大青年提供实践平台，在服务中培养他们的社会责任感，国家层面对此的指导性政策逐步健全，社会各界支持力量也越发多元。当前，参与社会实践是大学生培养的重要环节，也是大学生学习生活的重要部分。在社会实践的过程中，大学生接触了解社会、探讨自身价值，也增加了社会知识。作为掌握了良好的基础教育知识并且正在学习前沿科学知识的群体，大学生们也是传播知识、普及科学的主力群体，层出不穷的支教项目就成了大学生社会实践的重要平台。并且随着我国社会组织的发育和不断成长，不仅是大学生，其他的青年群体通过社区组织、工作单位、社会组织等也参与到教育支持项目中，使支教成为热潮，也使支教成为青年在服务中学习的优沃土壤。

　　不过，支教所具有的这种服务性学习的属性也让支教者"受教育的教育者"角色更具张力。这是因为，当志愿活动作为服务性学习的平台时，对于志愿者在提供服务时的专业技能一般不做硬性要求，这就容易忽视志愿活动中服务对象的需求，服务的成效无法得到保障。[1] 所以，支教项目需要在作为服务性学习的平台和作为志愿服务的平台之间保持平衡，促成两者形成互补、互惠的关系。

　　当然，不论是实践教育、公民教育，还是服务性学习，都并非支教项目的全貌。一部分支教项目，比如西部计划、师范学院的顶岗实习支教项目，以及对支教项目进行引导的政策都指向了对青年的就业引导。这说明不应只将支教视为服务和学习的组合体，其在一定程度上关系着学习参与者、志愿者的个人规划。对于青年而言，其建立的不仅是理念上的责任感，还是行动上的责任感。支教可以引导青年走向基层、走向欠发达的地区，通过在地方就业来支持地方医疗、教育、经济发展，促进资源流向西部、流向农村。

---

[1] Robert G. Bringle and Julie A. Hatcher, "Implementing Service Learning in Higher Education", *Journal of Higher Education*, Vol. 67, No. 2, 1996, pp. 221–239.

(二) 引导资源流动：地域、城乡、阶层间的融合

支教是我国社会转型的产物。改革开放以来，飞速的发展与变迁让我国"丁字型"的社会结构凸显，户籍分隔等多种原因导致了社会下层比例过大、城乡差距不断拉大等，所以区域间、城乡间、阶层间、群体间急需统筹协调，去探寻一个能够促进社会整合的、均衡的发展渠道与策略。[1] 支教能够引导资源在地域、城乡、阶层间的流动，因而也迅速地得到了社会各方的认同。

支教给予青年群体去往欠发达地区、接触基层的机会。在支教的过程中，志愿者直接深入社会中，与服务对象——当地的学生和老师——亲密接触，体认当地的环境和发展情况。很多支教项目还包含了对于当地经济发展、社会文化等的调研活动，引导志愿者针对当地境况从自身视角出谋划策。所以很多志愿者不仅体验了教师的角色，也试图融入当地，为当地的发展贡献才智。并且，一些支教项目通过志愿者的个人渠道，或者通过与社会组织、企业等建立合作关系，合力打造出品牌的支教项目，为受助的地区、学校带去更丰富的资源支持，比如建设图书馆、购置体育器材、设立助学金。

城乡融合一直以来是我国改革推进的重点。党的十九大报告指出，要实施乡村振兴战略、区域协调发展战略，所以要建立健全城乡融合发展体制机制和政策体系，建立更加有效的区域协调发展新机制，并且要鼓励引导人才向边远贫困地区、边疆民族地区、革命老区和基层一线流动，努力形成人人渴望成才、人人努力成才、人人皆可成才、人人尽展其才的良好局面。支教不仅是在校学生、职业青年进行能力提升和贡献社会的途径，而且是国家、社会引导青年去往偏远地区、欠发达地区进行就业、开展扶助工作的渠道。即使大部分支教项目的活动周期、历时都较短，很难给扶助地域的教育现状即刻就带来实质、有效的改变，但通过这些活动，可以为青年志愿者带来认识社会、塑造理想的平台，引导他们在短暂的经历中认识社会、养成价值，增加他们去往农村地区、边远地区、贫困地区的可

---

[1] 李强：《"丁字型"社会结构与"结构紧张"》，《社会学研究》2005 年第 2 期，第 61 页。

能性。

当然，支教对于青年学生就业导向、对当前欠发达地区的扶助作用是有限的。但是，教育与社会流动紧密相关，支教也正是立足于此，试图促进社会流动，成为社会的"安全阀"。而这也触及了当前社会转型、发展的核心和关键，尤其是促进了青年群体了解国情、承担社会发展重任，因而具有重要的启发意义。

在支教的平台上，支教者是受教育的教育者。他们给教育资源不足的学生带去知识，拓宽视野，在社会各方的支持下给欠发达地区带去各类资源，也真切地体认了社会、增长了才干。在这种双向的过程中，支教承载起参与新时代精神文明建设、参与社会治理、促进社会健康转型的重任。其一，支教号召青年学生们传递爱心、勇于奉献，通过参与活动，承担起对他人、对整个社会的责任。尽管志愿者参与支教的时间不一定长，但这种直接深入基层的经历会对其抱有怎样的态度面对社会、如何看待人生发展等产生极大的影响。其二，支教聚焦教育这一公共事业，促使更广泛的人口获得受教育机会、享有教育资源，承担起社会治理的责任。其三，支教关注欠发达地区和人口，着力消除转型中激化的区域不平衡、阶层隔阂、社会矛盾。这些责任和目标中既有对传统文化元素的继承，以对奉献、友爱、互助、进步的宣扬来秉持仁爱的愿景，也有对治理现代化的追求，寻找有效率的支持教育事业的途径。而对这些目标的兼顾、责任的履行，则需要支教者和支教组织进行持续的认识和思考、对组织环节不断完善等。[1]

所以，本书立足于过程视角对青年支教展开研究，将已有研究和结论以新的框架整合起来：一方面关注支教的组织过程，另一方面关注志愿者在其中的行动和认知过程。如此，才能真正理解具有多样形态、多重价值的青年支教，才能在不同的维度和环节中去探究志愿服务如何奏效，抑或如何"失灵"，哪些因素导致了不同的结果，又应当如何走出"失灵"的困境。从而，以期对当前的志愿服务研究带来有意义的影响。

---

[1] Beth Gazley, Laura Littlepage and Teresa A. Bennett, "What About the Host Agency? Nonprofit Perspectives on Community-Based Student Learning and Volunteering", *Nonprofit and Voluntary Sector Quarterly*, Vol. 41, No. 6, 2012, pp. 1029–1050.

第二章

志愿的解读视角

从传统社会到当代社会,志愿服务所包含的友爱、互助、奉献等理念和行为都扎根在我国的社会、文化中。而20世纪80年代以来,伴随着社会转型,我国的志愿服务在学习借鉴国际经验和本土自主探索的双重力量下逐步发展。所以,我国对志愿服务的研究既有对本土经验的总结,也极大地受到了国际学术界的影响,是在与西方理论的借鉴、对话、批判中不断前进的。

以青年学生为主要参与者的志愿活动由于其显著的社会化作用和公民教育意义,是国际志愿服务研究领域中常见的、典型的分析对象。[1] 支教就是以青年学生为主要参与者的、典型的志愿活动。青年支教的兴起、成长与我国整个志愿服务的发展是一脉相承的,也是我国志愿服务研究中的经典对象。青年支教具有参与社会主体多元、志愿者规模大、活动组织形式

---

[1] A. W. Astin and L. J. Sax, "How Undergraduates are Affected by Service Participation", *Journal of College Student Development*, 1998, Vol. 39, No. 3, pp. 251 – 263; United Nations, "United Nations World Youth Report 2007——Young People's Transition to Adulthood: Progress and Challenges", In Chapter 7, *Opportunities for Youth Development in Developed Market Economies: An Unequal Playing Field*, Retrieved from http://www.un.org/esa/socdev/unyin/wyr07.htm, 2007, pp. 207 – 208; W. H. Ling and H. C. Wing, "Students' Willingness for Future Volunteering in Hong Kong", *Voluntas: International Journal of Voluntary and Nonprofit Organizations*, 2016, Vol. 27, No. 3, pp. 2311 – 2329.

和内容丰富等特点,这就使得,从整体上把握、了解青年支教具有一定难度。但伴随着青年支教的发展、成熟,对于其的研究也日益深入和全面。我国早期对于青年支教的研究,主要是将其作为西部扶持工作、大学生培养工作等的一部分进行梳理和分析,就其中出现的具体问题提供对策[①],而较少将青年支教放在志愿服务研究的框架中去解读。而伴随着志愿服务的发展和相关研究的推进,青年支教研究的视角也开始落脚到志愿服务研究的范畴中,一方面在志愿服务既有的理论体系下获得对青年支教实践如何开展、如何发展的启发,另一方面也为志愿服务研究提供丰富的素材,促使志愿服务研究的体系越发完善、理论视角越发丰富。

本书在第一章分析了青年支教的特性和现状,而本章则对志愿服务研究进行回顾,为从志愿服务的范畴来理解青年支教的情况、讨论青年支教的问题、反思青年支教的发展进行铺垫。既有的国内外的志愿服务研究在方法和理论上都非常多样,也出现了体系化的梳理和辨析。但这些研究主要是围绕"制度-组织-个体"的框架,从其中某个或某几个层面展开分析。尽管在学者的不断探索中,这些研究从宏观、中观、微观层面上对于志愿服务提供了丰富的解读。但由于对过程视角的带入和整合不足,这些研究的解读也不免有着碎片化的倾向。所以,当前的志愿服务研究急需引入过程视角,而这也是更全面、深入地理解青年支教所要求的。

一 "制度-组织-个体"框架下的志愿机制

既有的国内外的志愿服务研究在"制度-组织-个体"框架下进行了有针对性的探索,但由于社会、文化基础的不同,国内和国外的志愿服务研究在侧重点、关注点上也不尽相同。

我国本土的志愿服务研究主要侧重于两个方面,一个是将志愿行动的

[①] 比如,童潇:《大学生志愿服务西部计划的法律困境及消解途径》,《当代青年研究》2015年第1期;杨晓宇、仝泽民、李玲:《大学生短期支教存在的问题及解决思路——以北京市昌平区3所高校为例》,《北京教育》(德育)2015年第12期。

发生嵌入经典的中西方思想学说，从学理上解释志愿服务的产生根源；另一个则是对我国志愿服务、组织的特色进行总结、归纳，要么是对志愿服务的组织、动员模式等进行提炼，要么则是在相应的政策、环境氛围分析中概括志愿服务的中国模式。可见，国内的研究更偏重对实际操作、既有经验的定位和判断，分析多是在国外理论框架下展开的，缺少基于本土经验的理论提炼和升华。不过，随着研究的推进和发展，国内对于国外的理论框架也积极地进行了反思和批判。

国外对于志愿服务的早期研究侧重于志愿者的志愿动机、志愿行为产生的过程、志愿活动的组织过程等。而随着20世纪80年代志愿服务的全球化发展，对志愿服务研究的热点覆盖了从宏观层面的志愿制度环境、开展模式，到中观层面的整个志愿活动的组织流程及志愿动员、服务设计等环节和微观层面的志愿者参与、意愿，从跨国界的志愿者特色到不同国家、基层志愿者的参与差异。可见，志愿服务研究的领域日益细化，囊括的范围日益广泛。并且，很多研究开始关注到志愿服务遇到的组织失灵、人员流失、项目流失等问题。这些研究和理论对于理解支教提供了多元的回应。

总体而言，在国内外学者的努力和探索中，不同研究也不断寻找、挖掘能够将不同层面联结起来、反映志愿服务本质的机制性的解读，行为主义、资源理论、心理认知是其中三个主要的解释机制。

（一）本土研究的推进

国内对于志愿服务发生的解释，主要依据学者对不同经典学说的解读而展开，志愿服务也因此被赋予了"利他且利己""价值导向的""平等"等特质。比如，从韦伯的学说出发，志愿服务可以被视为价值合理行动中的一种，其不以直接的物质功利为目标，而以绝对价值对应于功利的相对价值为取向；而从哈贝马斯的沟通行为理论出发，也可以将志愿服务视为沟通行为中的一种，即以助人爱人的方式达成人与人之间休戚与共的沟通，并且其作为一种不以营利为目标、非法定义务的活动，内在地含有反系统操纵、反权力宰制、反金钱奴役、谋求行为自主自由的诉求，从而具有一种"解放的旨趣"。①

并且,志愿活动如何组织起来、如何在既有制度环境下发起也是我国学者重点关注的议题。邓国胜就认为,志愿活动是"介于纯官方与纯民间"的,进而将志愿活动的发起和推广总结出了三种模式,即"自下而上发起,自上而下推广""自上而下发起并推广""自下而上发起,自下而上扩展"。② 这一总结力图呈现志愿服务发展的中国特色。尽管这一分类并未直接与国外的研究和理论进行对话,但是其是基于国家与社会关系对志愿服务进行的定位和探讨,实际上与国外关于"义务志愿"、国家对志愿服务的干预政策③等研究在议题和视角上有共通之处。后续不少研究也在这一脉络下对我国的志愿组织和志愿活动进行了分析。尽管使用的理论体系、概念、脉络不尽相同,但是这些研究都发现,志愿组织作为"社会"的代表,其与国家的关系是非常多样的,而且会随着境况的改变而改变,国家会在排除稳定风险的前提下号召、动员、支持志愿组织,也会在国家治理体系的框架下引导志愿组织的发展。④

此外,很多文献聚焦于志愿服务中的具体实践问题。比如对于志愿动机的探讨,有学者就发现不同的动机类型会导致志愿者对自身的服务产生不同的满意度。⑤ 而在对影响志愿者参与的因素的研究中,不同的研究对不同的群体——老年、青年等——展开了不同的探索,发现教育背景、社会交往、所处制度环境等各方面的因素都会对志愿者的参与意愿和行动产生

---

① 于海:《志愿运动、志愿行为和志愿组织》,《学术月刊》1998 年第 11 期。
② 邓国胜:《中国志愿服务发展的模式》,《社会科学研究》2002 年第 2 期。
③ 参见 Arthur A. Stukas, Mark Snyder and E. Gil Clary, "The Effects of 'Mandatory Volunteerism' on Intentions to Volunteer", *Psychological Science*, Vol. 10, No. 1, 1999, pp. 59 – 64.
④ 参见赵秀梅《基层治理中的国家 - 社会关系——对一个参与社区公共服务的 NGO 的考察》,《开放时代》2008 年第 4 期;陈天祥、徐于琳:《游走于国家与社会之间:草根志愿组织的行动策略——以广州启智队为例》,《中山大学学报》(社会科学版) 2011 年第 1 期;张明锁、李杰:《政府与民间志愿组织互动合作关系探析——以洛阳市河洛志愿者协会为例》,《华东理工大学学报》(社会科学版) 2013 年第 2 期;蒋玉:《自组织型志愿活动的动机过程探赜》,《学术交流》2014 年第 6 期;徐家良、张其伟:《地方治理结构下民间志愿组织自主性生成机制——基于 D 县 C 义工协会的个案分析》,《管理世界》2019 年第 8 期。
⑤ 邓国胜、辛华、翟雁:《中国青年志愿者的参与动机与动力机制研究》,《青年探索》2015 年第 5 期。

影响。但在不同的群体中，影响机制也不同。[①] 很多学者也围绕志愿者行为持续地展开了研究，有研究将志愿者持续参与的原因归结到组织和个人层面，认为志愿者缺乏组织的约束而退出志愿者队伍、人治化管理与对志愿者的错误定位以及志愿者自身的能力和责任心不足导致了志愿者的退出。[②] 还有研究关注了志愿服务对志愿者的影响，其证明了持续参加志愿服务的老年志愿者能获得较强的正面情感体验，幸福感更强。[③]

总结来说，随着改革开放以来志愿服务的发展，国内的志愿服务研究在近年来不断取得进展，也遭遇了瓶颈。一方面，当前的研究对志愿服务的不同方面、层次都进行了解读和分析，不过整体上仍未能将各个相关的议题进行有机的整合。另一方面，在借鉴和对话国外的经验、研究时，我国的志愿服务研究也开始对志愿服务进行机制性的解读，对于志愿服务的现状和发展进行了有价值的反思，但尚未针对本土特色进行理论上的提炼。

（二）机制的探寻：行为主义、资源理论、心理认知

在从不同层面对志愿服务进行探索时，学者们也试图将这些不同层面联结起来，探索其中蕴含的机制。这些机制性解读要么侧重行为的角度，从个体到制度地（行为主义）或从制度到个体地、从组织到个体地（资源理论）去探寻各个层次因素之间的联系，要么关注认知的角度，探知行动背后的心理机制（心理认知）。

1. 行为主义的逻辑

行为主义认为，是否参与志愿活动是基于一系列的理性选择——对于该行为成本和收益的分析——所做出的决策。志愿活动需要志愿者投入相

---

① 参见陈茗、林志婉《老年志愿者活动的理论思考和实证分析》，《人口学刊》2003年第4期；靳利飞：《对志愿者参与志愿服务持续性的影响因素分析——对北京市1752份相关调查问卷的分析》，《广东青年干部学院学报》2009年第4期；张婧雯、邓国胜、辛华：《社区志愿者的态度及影响行为的因素分析——以北京市A街道为例》，《北京青年研究》2016年第3期；谢立黎：《中国城市老年人社区志愿服务参与现状与影响因素研究》，《人口与发展》2017年第1期；李晓光、李黎明：《制度分割、志愿行动与公共性再生》，《西安交通大学学报》（社会科学版），http://kns.cnki.net/kcms/detail/61.1329.C.20191218.1653.004.html，2019年12月19日。

② 韩晶：《当代大学生参与志愿服务的障碍研究》，《青年研究》2003年第1期。

③ 李芹：《城市社区老年志愿服务研究——以济南为例》，《社会科学》2010年第6期。

应的个人资源，比如时间、精力、金钱等；而志愿者也可以通过参与志愿活动而获得声望、尊重、社交圈子的扩大等，这就可以视为志愿活动为其带来的收益。[1]

相应地，行为主义的研究给出了一个非紧急事件的志愿行动的决策模型，也就是施瓦茨-霍华德模型。该模型将决策志愿是否实施分成三个步骤：步骤一，引起潜在的志愿者的注意（attention），也就是发现需要帮助的对象并且认为自己有能力实施帮助；步骤二，进入动员阶段，潜在的志愿者衡量成本与收益（包含了非道德的、道德的与社会的三种衡量）；步骤三，若在步骤二中，潜在的志愿者认为收益大于成本，那么他们就会参与到志愿行动中，反之则会否定对象存在需求、自身有能力提供有效的帮助、自己有责任提供帮助等，从而不行动。[2]

该模型的解释逻辑与社会交换理论的解释逻辑具有共通之处。借助社会交换理论，可以把志愿行动的发生视为行动者基于以往在行动中受益情况的决定。进一步而言，当志愿行动确实可以给志愿者带来"好处"时，志愿者就会持续地参与其中。但是这样的理解也有一定的局限性，比如，荣雄（Rochon）就认为，这样的理解内在上倾向于将志愿者的决策视为一种独立行为，无法对其所处的组织结构、制度背景等因素进行考量。[3] 实际

---

[1] David Horton Smith, "Determinants of Voluntary Association Participation and Volunteering: A Literature Review", *Nonprofit Voluntary Sector Quarterly*, Vol. 23, No. 3, 1994, pp. 243-264.

[2] Shalom H. Schwartz, "Normative Explanations of Helping Behavior: A Critique, Proposal, and Empirical Test", *Journal of Experimental Social Psychology*, Vol. 9, No. 4, 1973, pp. 349-364; Shalom H. Schwartz, "Normative Influences on Altruism", In Leonard Berkowitz (ed.), *Advances in Experimental Social Psychology*, Vol. 10, New York: Academic Press, 1977, pp. 221-279; Shalom H. Schwartz and Judith A. Howard, "A Normative Decision-making Model of Altruism", In J. P. Rushton and R. M. Sorrentino (eds.), *Altruism and Helping Behavior: Social, Personality, and Developmental Perspectives*, Hillsdale, N. J.: Erlbaum, 1981; Shalom H. Schwartz and Judith A. Howard, "Helping and Cooperation: A Self-based Motivational Model", In Valerian J. Derlega and Janusz Grzelak (eds.), *Cooperation and Helping Behavior*, New York: Academic Press, 1982, pp. 327-353; Shalom H. Schwartz and Judith A. Howard, "Internalized Values as Motivators of Altruism", In Ervin Staub, Daniel Bar-Tal, Jerzy Karylowski and Janusz Reykowski (eds.), *Development and Maintenance of Prosocial Behavior: International Perspectives on Positive Morality*, M. A.: Springer, 1984, pp. 229-255.

[3] Thomas R. Rochon, *Culture Moves: Ideas, Activism and Changing Values*, Princeton, N. J.: Princeton University Press, 1998.

上，志愿者是否参与、是否持续参与，与他们各自的动机、经历、背景等都有关系。例如，很多志愿者参与志愿行动是因为他们曾经受到过他人的帮助，从而产生了"偿还"心理[①]，通过志愿活动去"回报"这些善意。

所以，行为主义的视角从个体到制度地探求了各个层次因素的关联，也就是从解答什么因素影响了志愿者的个人决策过程，来理解志愿行动的发生。当我们关注到这个发生过程中的不同阶段时，就会侧重去解读不同类型的因素是如何发挥影响的。比如以施瓦茨－霍华德模型作为框架，在步骤一中，人力资本，比如教育、职业、收入等，就可以通过影响个体获得志愿服务信息的能力以及实施志愿服务的能力，进而影响他们的志愿参与行为。同样在这个阶段，文化资本，例如宗教，也可以影响个体能否发现身边的志愿服务需求、如何看待自身的志愿服务能力。在步骤二和步骤三中，组织层面的组织声望、团队取得资源的难度等，制度层面的学校教育、工作单位、邻居关系、社区氛围、城乡差距等都会影响志愿者对成本和收益的判断，进而影响其选择是否参与志愿服务。如此看来，行为主义和资源理论是连贯的、相通的，只不过两个视角的分析核心不同，前者从个体出发，而后者则从组织和制度走向个体。

2. 资源理论：人力资本、文化资本、社会资本

从资源理论的机制出发，可以粗略地将影响志愿行动的因素划分为三类，即人力资本（受教育水平、收入、健康情况等）、社会资本（正式与非正式的社会关系等）、文化资本（宗教信仰等）。

关注人力资本这类因素的研究，将志愿活动视作具有生产性的活动。[②]参与志愿活动的决策模型指出，志愿者自身的提供志愿服务的能力，会影响其是否有意愿提供志愿服务以及实际的志愿参与行为。从而，个体的人力资本，诸如受教育水平、收入等，也就会影响个体是否选择参与志愿服务。从人力资本投入的视角出发，很大程度上是对个体的社会经济地位如

[①] Eric Banks, "The Social Capital of Self-help Mutual Aid Groups", *Social Policy*, Vol. 28, No. 1, 1997, pp. 30 – 38.

[②] A. Regula Herzog, Robert L. Kahn, James N. Morgan, James S. Jackson and Toni C. Antonucci, "Age Differences in Productive Activities", *Journal of Gerontology*, Vol. 44, No. 4, 1989, pp. s129 – s138.

何影响其志愿行为进行探讨。并且，这个视角下的实证研究发现，社会经济地位越高的个体，其志愿能力和志愿意愿都相对更强，所以这样的志愿者群体被贴上了"精英"的标签。① 但埃克斯坦（Eckstein）认为，这一结论是基于个体主义对志愿行动的理解，但很多群体，比如少数族裔的志愿行动具有自身的特色，其内涵的逻辑实际上与已有对志愿行动的解读并不相同。她就对美国一个意大利裔社区展开了调研，发现这种集体主义下的志愿行动是嵌入在社区内的，并且具有阶层区隔的效应。②

从文化资本出发的探讨，主要是考察文化氛围如何影响志愿者看待志愿行动的价值与意义，进而影响其是否参与、是否愿意持续参与、是否持续参与志愿活动等。③ 国外以文化资本视角为核心的志愿服务研究主要集中在宗教信仰对于参与意愿、参与情况的影响。④ 不过，文化资本不仅包含宗教信仰，小群体文化、团体身份等都可以被视为文化资本的要素。

社会资本的视角在很大程度上弥补了其他理论在关注个体与组织互动上的不足，其将个体置于组织结构与社会关系中，进而去探索影响志愿行动的因素。由于志愿行动在一定程度上镶嵌在集体行动中，所以社会关系是志愿活动得以开展必不可少的资源，而这种资源正是社会资本。⑤ 相关研究发现，个人的社会关系，尤其是亲属、朋友等关系，可以为他们提供志愿信息、设定志愿行动的计划和目标，进而将他们"带入"志愿服务中。⑥

---

① Susan Ostrander and Joan Fisher, "Women Giving Money, Women Raising Money: What Difference for Philanthropy?", *New Directions for Philanthropic Fundraising*, Vol. 8 (Summer), 1995, pp. 67 – 78; Francie Ostrower, *Why the Wealthy Give: The Culture of Elite Philanthropy*, Princeton, N. J.: Princeton University Press, 1995.
② Susan Eckstein, "Community as Gift-giving: Collectivistic Roots of Volunteerism", *American Sociological Review*, Vol. 66, No. 6, 2001, pp. 829 – 851.
③ John Wilson and Marc Musick, "Who Cares? Toward An Integrated Theory of Volunteer Work", *American Sociological Review*, Vol. 62, 1997, pp. 694 – 713.
④ John Wilson and Thomas Janoski, "The Contribution of Religion to Volunteer Work", *Sociology of Religion*, Vol. 56, No. 2, 1995, pp. 137 – 152.
⑤ Doug McAdam, "The Biographical Consequences of Activism", *American Sociological Review*, Vol. 54, 1989, pp. 744 – 760.
⑥ J. Miller McPherson, Pamela Popielarz, and Sonja Drobnic, "Social Networks and Organizational Dynamics", *American Sociological Review*, Vol. 57, 1992, pp. 158.

而对于志愿组织中的成员而言,当他们与其他成员的关系从弱到强,不断培育、建立了相互之间的信任,为彼此不断提供社会支持时,他们也将更长久地参与志愿活动。①

目前的研究在分析社会资本与志愿行动的关联时,时常借助社会网络理论来把社会资本具象化、操作化。不过,这些研究通常只注意到志愿者个人所处的关系网络,即朋友圈、家庭圈、志愿者圈等,而忽视了志愿者在提供志愿服务、参与志愿活动时也会与志愿对象建立不同类型的社会关系。例如,在本书所关注的青年支教活动中,这一关系即支教者与受助学生的关系。

透过社会资本和社会网络视角可以看到,志愿行动镶嵌在更广泛的社会结构中。这也促使后续对于志愿行动的研究试图在更开阔的团体语境下进行探究,不仅研究个体的志愿者行为,还关注提供志愿服务的组织,将志愿组织、志愿者看作一个整体来研究。这不同于将学校、单位、邻里环境、城乡差异等作为影响因素②,而是将这些志愿组织作为研究对象,看这些志愿团体是如何产生、发展的。

行为主义和资源理论都侧重从行为的层面,给志愿服务提供实质的解读。但不可忽视的是,志愿者在选择参与志愿活动、进行志愿服务时也有着丰富的心理活动,是在多样的认知、思考等基础上的,因而也有相当一部分研究是从志愿者的心理认知展开的。

3. 心理认知:动机理论与角色认同理论

从心理认知这一视角出发的研究,主要形成了两种理论,即动机理论和角色认同理论。两者都是从个体行动背后的心理认知出发,来看待志愿者参与志愿服务的动力机制、认知体系等。

对志愿动机的关注,本质上是以功能主义的路径解读志愿行动。在对志愿动机的关注和研究中可以发现,不同的志愿者在志愿活动中预期的收

---

① 刘威:《弱关系的力量——社会关系网络理论视域中的志愿服务行动》,《学习与探索》2015年第9期。

② David Horton Smith, "Determinants of Voluntary Association Participation and Volunteering: A Literature Review", *Nonprofit Voluntary Sector Quarterly*, Vol. 23, No. 3, 1994, pp. 253.

获不同,从而具有不同的动机与目标[1],所以不少研究聚焦于对这些动机进行划分和归类。此外,有研究对于志愿动机的研究还提出了一个匹配假说,该假说应用在志愿过程不同阶段的分析:在招募阶段,如果组织者在招募动员时运用了匹配、符合目标群体志愿动机的动员语汇,则目标群体更容易被说服参加志愿服务;在志愿服务结束后,若志愿者的重要动机被满足,其更容易持续地参与下去。[2] 另外,志愿者的动机类型与志愿者参与活动的持续性具有一定的联系,有研究认为利他动机的志愿者更倾向于进行持续的志愿服务。[3] 还有学者结合了其他来自组织、制度的情境因素,比如家庭的影响,认为父母的受教育水平会影响孩子的志愿动机类型,具体而言,父母可以能动地建构孩子的志愿动机,培养其对志愿服务的兴趣和热情,同样地,学校的教育也会对学生的志愿动机产生一定的影响。[4]

除了对动机的探索,角色认同理论也是非常典型的从心理认知角度出发的解释机制。角色认同理论是从符号互动论延伸而来的。从该理论出发,社会成员在他人期望的影响或压力下,可以对志愿者的角色建构一定的认同,从而由此触发、开始第一次志愿行动。而后续的对志愿者身份的认同,以及对特定的志愿组织的认同,则会影响志愿者是否选择继续参与志愿活动或者是否继续留在同一个志愿组织进行服务。相关的研究也对此进行了检验,认为影响志愿者能否形成角色认同最重要的因素就是他人的期望,而且角色认同的形成对于志愿者持续意愿的影响显著。不仅如此,志愿者对于"志愿者"身份的认同和对于其所服务的志愿者组织的认同,实质上

---

[1] E. Gil Clary, Mark Snyder and Arthur A. Stukas, "Volunteers' Motivations: Findings from a National Survey", *Nonprofit and Voluntary Sector Quarterly*, Vol. 25, No. 4, 1996, pp. 485 - 505; E. Gil Clary and Mark Snyder, "The Motivations to Volunteer: Theoretical and Practical Considerations", *Current Directions in Psychological Science*, Vol. 8, No. 5, 1999, pp. 156 - 159.

[2] E. Gil Clary, Mark Snyder, Robert D. Ridge, Peter K. Miene and Julie A. Haugen, "Matching Messages to Motives in Persuasion: A Functional Approach to Promoting Volunteerism1", *Journal of Applied Social Psychology*, Vol. 24, No. 13, 1994, pp. 1129 - 1146.

[3] Rachel L. Piferi, Rebecca L. Jobe and Warren H. Jones, "Giving to Others During National Tragedy: the Effects of Altruistic and Egoistic Motivations on Long-term Giving", *Journal of Social and Personal Relationships*, Vol. 23, No. 1, 2006, pp. 171 - 184.

[4] Constance A. Flanagan, Jennifer M. Bowes, Britta Jonsson, Beno Csapo and Elena Sheblanova, "Ties that Bind: Correlates of Adolescents' Civic Commitments in Seven Countries", Journal of Social Issues, Vol. 54, No. 3, 1998, pp. 457 - 475.

是不同的角色认同，两者对于志愿者行为的影响并不一定保持一致，甚至还有可能产生角色冲突。[①]

角色认同理论常用来分析长期、稳定的持续志愿行为，并且既可以关注个体对"志愿者"身份的认同，也可以聚焦于个体对特定志愿领域、特定志愿组织的成员身份认同。相比于其他的亲社会行为或公共行为，志愿行为在涉及领域和运行上有较为统一的特点：志愿服务涉及的领域广泛，深入社会生活的方方面面，比如支教、环保、养老等；志愿服务通常以项目制进行运作，以支教为例，开展支教的组织通常会开展多个支教项目，参与的志愿者可能是相同的，也可能是每次新招募的。结合这两个特点可以推断，志愿者也会产生跨领域的角色认同，举例来说，参与过支教的志愿者可能会对"志愿者"身份产生一定的认同，从而选择参与其他领域的志愿服务，例如助老敬老服务、社区服务等，也可能对自己所在的志愿组织产生认同，继续参与该组织下其他类型的志愿项目。

较之于行为主义和资源理论的视角，心理认知的解释机制将志愿服务的行为层面与认知层面联结起来，更细腻地展现了个体在参与、进行志愿行动时的过程。心理认知的解释机制为进行多个层面分析的学者提供了重要的思路，比如在讨论制度与个体关系、组织与个体关系等的研究中，动机塑造、角色认同往往是重要的中间变量。

整体来看，这三种机制都并非只关注某个层面，而是具有一定的延展性，将来自宏观、中观和微观层面的各个要素串联起来。而且行为主义和心理认知的解释机制也以条件式的、步骤式的理论建构去阐释志愿行为的过程。然而，这些研究的解释路径都是单一的，所以各个要素很难有机整合在一起。究其根源，这是由现有志愿服务研究中缺乏对过程视角的引入造成的。在实际中，制度、组织、个体参与志愿行动都是一步步推进、不断变化的，不同层次的要素也处于不断的、往复的互动和互构中。所以，全面地、深度地引入过程视角，才能走出当前志愿服务研究的瓶颈。

---

① Jean A. Grube and Jean A. Grube, "Role Identity, Organizational Experiences, and Volunteer Performance", *Personality and Social Psychology Bulletin*, Vol. 26, No. 9, 2000, pp. 1108 – 1119.

二 视角整合：过程与结构

从20世纪60年代开始，志愿服务开始在国际学术界日益受到关注。[①] 学者们从不同学科、角度、范畴对志愿行动进行分类，对志愿的概念进行辨析，关注来自制度、组织、个体不同层面的要素是如何影响志愿行动开展的。伴随着研究的深入，学者们也不再满足单一体系的解释，开始寻找能够将已有研究综合起来的、体系化的解释。这些解释机制可以归纳为行为主义、资源理论、心理认知的视角，学者们往往侧重于某个视角下的具体角度来建立解释框架。比如，威尔逊（Wilson）就沿用了豪斯（House）研究社会支持的框架，把个人特征、个人嵌入的关系、团体情境等因素整合在一起。[②]

与此同时，越来越多的研究发现，志愿服务之所以能够逐步获得关注、在各国都"流行"起来，与志愿文化的影响力不可分割。尤其是在志愿服务研究日益丰富起来的背景下，厘清志愿服务如何在组织、行动上延续是不够的，明白志愿服务如何深入人心、融入公众的日常生活才是关键。比如，特斯克就认为，志愿者通过志愿活动实现自身的价值，这种对志愿的客观意义的追求（pursuit of objective meaning）是驱动他们继续服务、认同志愿的根本动力。[③] 这显示，理解志愿服务不能少了对其中的文化和价值的探讨。但对志愿文化的探讨很难真正整合到已有的结构视角中。虽然在资源理论的解释机制下，文化价值可以被视为一种影响志愿行动的资源，但如此一来，也就把文化价值作为一个割裂的要素来对待。所以这是文化价值在志愿服务研究中总是处于被孤立的边缘地位的原因——在宏观、中观、微观的层次划分下，难以完整地、可操作地去理解文化价值。这种对文化价值引入的诉求显示，志愿服务研究应当重新带入过程视角，将宏观的、

[①] 徐步云、贺荟中：《西方志愿者行为的研究综述》，《中国青年研究》2009年第4期。
[②] John Wilson, "Volunteering", *Annual Review of Sociology*, Vol. 26, 2000, pp. 215 – 240; James S. House, *Work Stress and Social Support*, Mass.: Addison-Wesley, 1981.
[③] Nathan Teske, *Political Activists in America: The Identity Construction Model of Political Participation*, Cambridge: Cambridge University Press, 1997, pp. 125.

中观的、微观的各个影响因素真正地连贯看待。

作为两个最基本的解读社会行为、分析社会现象的理想型框架，结构视角和过程视角一直在相互角逐和影响：从20世纪30年代过程视角的风行，到20世纪40年代中期结构视角的崛起，尔后两者交织、并行，成为诸多社会理论共同的内在基础和发展的动力机制。[1] 结构视角关注各种社会状态中持续的元素、稳定的安排，比如等级、制度[2]；而过程视角则关注个体或群体在其中的互动，尤其是由此而来的模式组合与重组。两者的内在导向不同，前者是"唯实论"（realism）的，假定更为宏观的模式或系统是实质的、决定性的；后者是"唯名论"（nominalism）的，设定过程中的各组成单元是首要的、最基本的现实。也正因如此，两者在解读视角上是互补的，它们的碰撞和交融推进了各个理论的演进，促使其更为立体、全面地呈现和阐释社会现象。各个社会理论中往往既有过程视角，也有结构视角，如此才能更为立体、全面地呈现复杂的社会。而在现有的志愿服务研究中，过程视角的应用较为缺乏，甚至在很多研究中是缺失的，这极大地限制了我们对志愿服务的理解。

从过程视角出发，可以有效地将以往理论纳入进来，全面地考察、分析支教项目的方方面面。行为主义的解释机制聚焦于行为层面，将个体是否选择支教项目作为一个理性选择的过程。根据调查得到的访谈资料，支教项目对于志愿者时间、资金、能力等方面的投入要求确实会影响个体选择是否参与支教或是否继续参与支教，但这样的解读却忽视了支教者感情、认同等方面的因素，也不能完全对支教项目、支教组织的各方面因素进行解读。而资源理论的解释机制同样是从行为层面出发，但以志愿者和志愿组织的背景情况为核心，将各类影响因素划分为不同类型的资源，从而将支教项目、支教组织的各环节也联系在一起。很多基于资源理论的推断在访谈中得到了志愿者的证实。但是这一视角是静态的，各类资源对于志愿者、志愿组织的影响程度不同，相互之间也有一定的重合和关联。相比之

---

[1] Fred Matthews, "Social Scientists and the Culture Concept, 1930 – 1950: The Conflict between Processual and Structural Approaches", *Sociological Theory*, Vol. 7, No. 1, 1989, pp. 87 – 101.
[2] Fred Matthews, "Role Models?", *Canadian Review of American Studies*, Vol. 19, 1988, pp. 69 – 88.

下,心理认知的解释机制是动态的,其关注志愿者动机、预期、角色认同对于其不同阶段的行为的影响,很多以支教为"事业""使命"的持续参与型支教者在访谈中表示,"因为认同支教的意义和积极的影响,所以不断地参与到支教活动中"。但是心理认知的解释机制始终停留在支教者个体层面,难以有效地将支教者动机形成、认同梳理等与支教项目各个环节结合在一起。所以,针对支教的研究,需要一个动态的、系统的、综合的理论,所以只有从关注支教的志愿过程入手,将各因素整合在一起,才能解析支教活动中出现的问题、争议。

因而,过程视角的引入可以将既有研究关注到的"制度－组织－个体"等不同层面,以及所引用的行为主义、资源理论、心理认知等解释机制都整合起来,进而形成"启动－落地－再生产"的志愿过程分析框架。志愿过程分析模型将支教的动态过程、复杂面貌详尽地展现出来,这对于解答志愿者究竟是利他的还是利己的,志愿活动是自发的还是强制的等,以及志愿是否"失灵"这一核心问题,都提供了新的视角。应用这一模型,可以对支教的志愿过程进行完整的解读,如图2-1所示。

支教的启动可以根据流程的先后划分出动员和筹备两个环节。在实践中,这两个环节的行动工作常常是相互交织、同步展开的,共同让支教得以"动"起来——从一个想法或理念转变成实际的行动。我们将其区分开来,主要是两者在目标上有差异:动员环节主要关注的是支教中人、资源、组织如何从台后走向台前,而筹备环节则主要关注的是人、资源和组织如何整合在一起。

在动员环节中,志愿组织将各类资源聚集,对于项目的立意和目标进行了初步的安排,进而将项目推广、宣传出去。志愿者通过项目发布的信息进行报名,参与到支教中。有些支教项目则是先有志愿者团队,后有立项意愿,志愿者本身也是组织者。例如,高校中以班级、党支部、团支部等为单位自己组织的支教项目,就是以志愿活动作为实践学习、团队建设的平台,先在自身成员范围内形成志愿者团队,然后再联系支教的对象。

筹备环节是支教项目进入实践阶段的必要基础,支教项目在这个环节落实具体的实践细节,并做好各方面的物质、后勤准备。在这一环节中,志愿者也投入相应的时间、精力参与团队建设,形成团队观念,对于即将

图 2-1 志愿过程分析模型

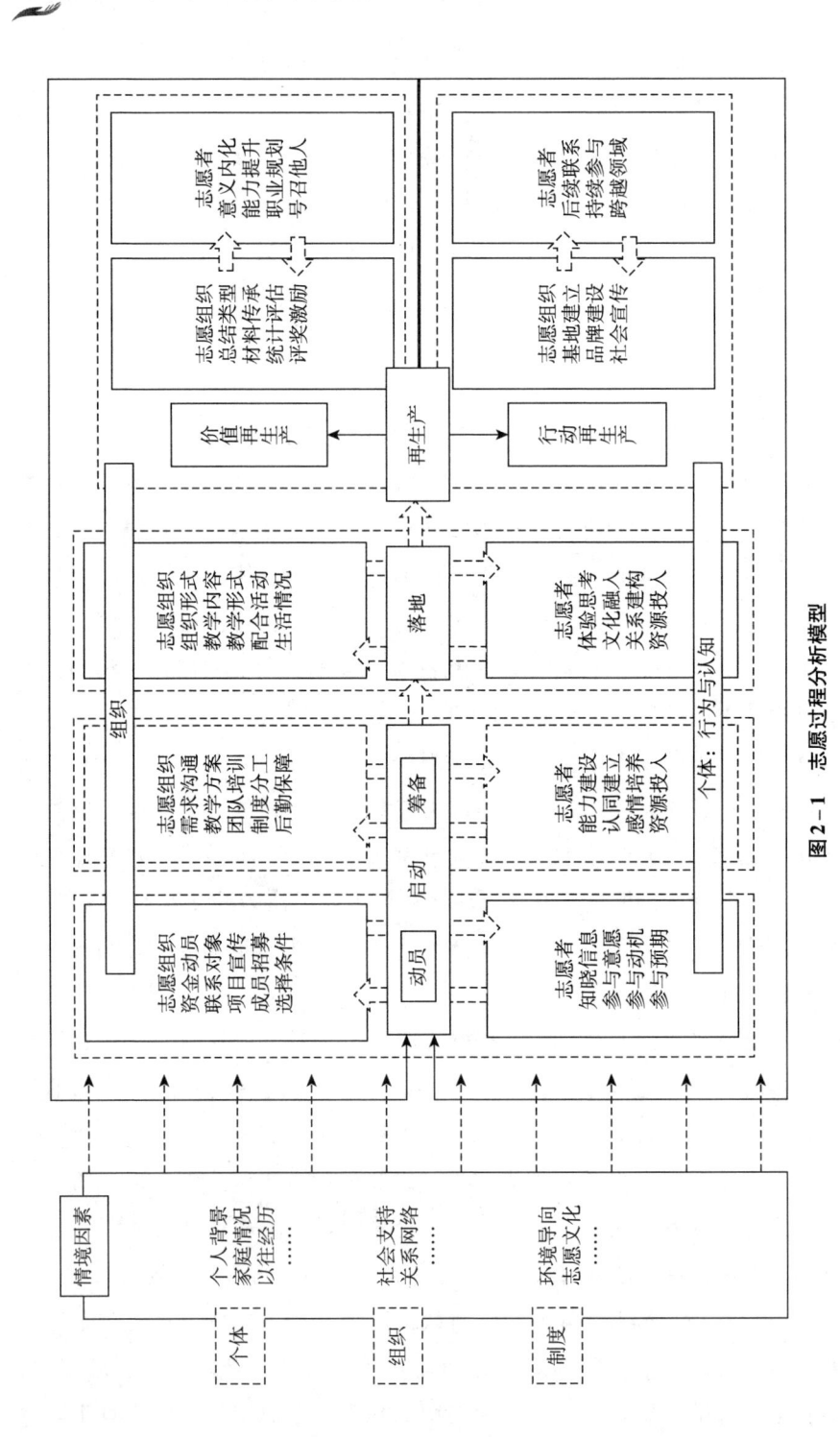

实践的服务内容充分了解，对于"志愿者""支教者"的角色有了初步的认识。

支教项目的落地即支教者去往扶助的学校开展相应的教学活动。不论是组织形式、教学内容，还是教学形式等，每个支教项目都不尽相同。志愿者体验教师角色的同时，尽力去融入所扶助的学校、当地的日常生活，也使其对志愿者角色有了更多的思考。

与其他志愿活动一样，支教的再生产包含了价值和行动两个层面。于志愿组织而言，可以在实践结束后，对动员、准备、实践的效果和影响进行总结、评价，形成相应的文字、图片资料进行传承。并且部分志愿组织将支教项目树立成品牌，在特定的地点、支持学校设立支教基地。志愿者自身也将实践过程中收获的能力、意义进行内化，并且有些志愿者将支教视为一种"使命"或"事业"，定期、持续地参与到支教中。

伴随着支教的展开和推进，志愿者本身固有的经历、背景和观念，支教组织的规模、结构等属性所提供的社会支持、交往等功能，制度环境所导向的文化氛围这些"制度－组织－个人"的元素都相互交织在一起，共同贯穿在整个支教过程中。通过在"启动－落地－再生产"这一路径下的观察，可以看到社会各个主体，例如政府相关部门、高校、社会组织等如何在各个环节中注入资源、予以支持、进行引导，更可以看到志愿组织是如何获取、统筹这些资源的，志愿者是如何进入支教项目、进入志愿服务领域，体验志愿者这一身份，产生认同、进行思考的。

三　研究历程与方法设计

青年是志愿服务领域中的重要组成部分，因而青年参与的志愿活动在发展历程、现状、面临的问题等方面都具有一定的典型意义。本书以青年支教为案例展开研究，一方面旨在详细剖析、展现青年支教的具体实施过程，另一方面希望能通过对于具体过程的阐释来解答支教面临的问题、回应学理中的议题、展望其前景。

本书对青年支教的研究是通过两个步骤展开的。步骤一，透过扎根理论研究方法，2009～2011年我们针对北京14所高校的支教项目展开了调查。选取这些高校支教项目的主要参与者（包括高校里的各级团委组织、各个发起与组织支教项目的社团组织以及参与支教项目的大学生），通过深度访谈的形式来收集研究资料，并且对选取的支教项目收集文本资料，包括项目介绍、团队名单、培训资料、教学方案、后期总结等，作为研究的辅助材料，吸收、辨析已有的理论思考，形成初步的分析框架和理论预设。

步骤二，根据已形成的分析框架，在北京、成都我们选取了共10所学校进行深入调查。在获得这10所高校2011年支教团队的名单信息后，确定抽样框，以整群抽样的方式选取一定的支教团队进行问卷调查，并便利地选取团队中部分志愿者进行深度访谈。同时，也收集了参与调查的支教团队的文本资料，作为解读和分析的素材。在呈现这些资料时，本书对具体的高校、支队、志愿者都进行了匿名的处理（以字母、化名替代）。

（一）步骤一：深度访谈为主

从2009年12月起，我们开始搜集北京范围内具有普通高等学历教育招生资格的58所普通本科院校的大学生支教项目的数据。调查先期采用滚雪球的便利抽样方式，通过支教研讨会或论坛、定期面对面访谈、电话跟踪访谈等形式与北京14所高校建立联系。

在此阶段，研究覆盖了14所高校，共获得24个志愿组织、38个支教项目的详细组织信息及相关项目总结等资料，共对41个支教组织者、112个志愿者进行深度访谈。这些访谈与文本材料广泛地包含了发起者不同的各类支教项目，即国家层面发起的支教项目，高校层面发起的支教项目，社团、个人发起的支教项目，以及社会组织、企业发起的支教项目。前三类支教项目的组织者都来自高校，而社会组织、企业发起的支教项目往往都由社会组织、企业与高校社团联合进行，从而我们间接地获得了部分这类项目的信息。

表2-1 初期调研的访谈对象构成

单位：所，个，人

支教项目类别	涉及高校	涉及项目	涉及组织者	涉及志愿者
政府层面发起的支教项目	8	8	3	7
高校层面发起的支教项目	14	12	16	39

续表

支教项目类别	涉及高校	涉及项目	涉及组织者	涉及志愿者
社团、个人发起的支教项目	14	13	18	47
社会组织、企业发起的支教项目	6	5	4	19

深度访谈和资料收集的内容主要包含高校整体志愿概况、学生参加支教的情况、每个支教项目的具体实施过程、资金支持与来源、志愿者的招募与培训、志愿者与服务对象在支教项目中收获的意义等。访谈的结构为半结构化，由访谈者主导话题的进度，受访者半自由地讨论所提出的问题。由于支教组织后期都因传承经验、参与评奖已经对支教过程进行了较为完整的文字记录，所以在访谈后我们也对此进行收集，作为对访谈内容的补充。

（二）步骤二：问卷调查为主

基于深度访谈所收集到的资料，我们对支教项目各个方面、要素之间的关系有了初步的把握，并且探讨已有理论的优势和盲点，对支教所涉及的各方面信息进行编码，形成了以支教过程为核心的调查框架。根据调查框架，我们将不同地域、不同组织方和参与方、不同类型的支教项目和志愿者纳入调查范围。

1. 抽取样本

自2011年起，我们选择北京、成都两个城市的10所高校的支教项目为抽样框。[①] 在选择这两个城市的时候，我们重点考虑了三点：一是这两个城市有足够多的高等学校；二是这两个城市都有足够的支教辐射范围，能够支撑并满足大学生日常与暑期"三下乡"实践支教项目活动的开展；三是这两个城市要分别分布在东部、西部，能够反映东部发达地区与西部内陆地区不同的社会经济背景。

在选择具体的高校时，主要考虑以下特征：学校的规模、学校排名、隶属关系、专业设置特点、在城市地理中的位置等。最后在北京选取了清

---

① 团中央学校部大学处、清华大学团委，以及阿克苏诺贝尔公司对此提供了相关的联系与帮助。作者对此表示诚挚感谢。

华大学、北京师范大学、北京航空航天大学、中国传媒大学、外交学院与北京印刷学院6所学校，在成都选了四川大学、西南财经大学、西南交通大学与成都理工大学4所大学，合计共10所大学。

基于步骤一中的调查，我们发现，一方面，尽管研究生支教团和基于暑期"三下乡"实践平台的支教项目都是由国家层面发起的，但两者的组织模式相差较远；另一方面，社会组织、企业发起的支教项目大多是支持性、合作性的，支教项目仍然是由高校中的团组织、社团、大学生个人等落实的。所以在步骤二中，我们进一步聚焦于四类具体的支教项目进行材料的收集，即对研究生支教团、暑期"三下乡"实践支教项目、高校团委发起的支教项目、社团或个人发起的支教项目这四个具体的项目进行研究。问卷在抽样上也尽量对这四个具体的支教项目进行覆盖。由于研究生支教团名额有限，每年每个学校的名额基本少于10人，有些刚具有（2011年前后）研究生支教团名额的高校只有1~2个名额，所以调研尽量覆盖这10所学校2010~2011学年参与研究生支教团的整体。在暑期实践支教方面，每所高校派出的支教团队也不尽相同，在获得团队名单之后，根据2011年暑期"三下乡"实践支教项目团队规模和团队数量进行整群抽样，每所学校选取4~6个暑期实践团队的支教者进行问卷填答，共有25~35名志愿者。在社团支教方面，由于其大致分为两类，一类近似暑期实践支教，另一类为日常的支教——人数多、流动大，在获得两个支教项目团队名单的基础上，分别选取这两个支教项目团队中的一个及两个，同样采取整群抽样的方法，共获取约20~25个志愿者样本。在高校团委的支教方面，其项目分类近似于社团支教，所以采取同样的方式抽样，得到20~25个志愿者样本。最终，每个高校共下发100份问卷。

这阶段的研究虽然以问卷调查为主，但也配合了深度访谈和文本材料进行分析。深度访谈的材料不仅来自第一阶段，我们也对问卷调查覆盖的10所高校进行了再次访谈。在选取具体的访谈对象时，我们选择了三个层次的支教项目组织者与参与者：一是高校团委教师及工作者；二是高校项目组织者，对其的访谈关注具体的项目实施信息，每个高校选取4个项目，覆盖4个类别的支教项目；三是大学生志愿者，每个项目访谈2~4个志愿者。

2. 问卷设计

问卷调查旨在对样本的支教经历信息进行尽可能完整的获取。但限于控制填答时间，为保证填写的有效性，我们要求样本志愿者填写其所有的、曾经参与的各类支教项目的次数，但只要求其针对其所参与的每个项目中最近的一次经历填写具体的信息。在分析的时候，既可以视志愿者为分析单位，也能够以支教项目为分析单位。

问卷根据分析框架，针对支教者个人情况，所参与支教项目的各个环节，对支教的认识、看法等都设计了相应的题目。问卷设计完成后，首先在清华大学内抽取 4 个支教项目的志愿者各 10 名，共 40 名志愿者进行试测，并在其填答之后了解其对于选项设置的意见、填答遇到的问题和疑惑。根据试测结果，最终调整、完善问卷的设计。在选定样本之后，依托各高校的团委将问卷进行发放、回收，共回收 983 份问卷。从每个类别来看，研究生支教团获取样本 50 个，暑期"三下乡"实践支教项目获取样本 451 个，社团或个人发起的支教项目获取样本 224 个，高校团委发起的支教项目获取样本 258 个。

3. 统计分析

从志愿过程的视角出发，我们基于对问卷调查结果的统计分析连贯地探讨了一系列问题。当然，不同问题涉及的测量变量不同、每份问卷的填答情况不同，分析时采用的样本量也会发生变化。在后续的章节中，我们将呈现这些双变量、多变量的分析结果，作为探索支教过程中各类要素相互影响、互动的依据。

研究涉及的访谈资料、文本材料、数据的来源都是在多种考虑基础之上抽取便利样本的结果，不能完整地代表这两个城市的青年支教项目。但是，通过分析这些材料所得出的结论，可以在一定程度上揭示当前青年支教项目中的情况、问题，对于志愿服务领域的研究仍然具有相当的借鉴意义。

第三章

如何"动"起来[*]

在我国全面深化改革的语境下,促进社会资源参与到公共事务的治理中无疑是推进社会各领域协同发展的关键。而志愿动员机制是动员社会资源的重要手段之一[①],通过志愿动员机制,来自国家、市场、社会的多方力量和资源汇聚起来,提供公共服务、解决社会问题,并且以整合社会的方式建立、深化国家认同和社会认同。所以,了解志愿活动是通过怎样的机制"动"起来的,就十分重要。青年志愿活动是我国志愿活动中的重要组成部分,其是引领我国志愿活动不断发展的重要力量,并且在探索过程中不断进行理念和实践上的创新。[②] 尤其是对于大学生群体来说,志愿活动不仅是其力所能及地"贡献社会"的服务机制,也是他们通过实践了解国情、锻炼能力的学习平台。所以,不只是政府部门和高校大力倡导、扶持学生志愿活动,从而促进其发挥学习平台和服务社会的双重功能,媒体、社会组织、企业等也纷纷投入资源到学生志愿活动中,通过支持学生志愿活动的开展,来发挥自身的社会建设作用。

---

[*] 本章第一节的主要内容已发表,有删改,参见罗婧、虞鑫《志愿行为中的资源动员机制:政策、媒体与社会——以大学生支教志愿活动为例》,《中国青年研究》2016 年第 7 期;本章第二节的主要内容已发表,有删改,参见罗婧《过程视角下的志愿动机——以青年支教志愿活动为例》,《青年研究》2019 年第 1 期。
[①] 丁元竹:《发展志愿机制动员社会资源》,《当代社科视野》2013 年第 3 期,第 53 页。
[②] 谭建光、周宏峰:《中国志愿者:从青年到全民——改革开放 30 年志愿服务发展分析》,《中国青年研究》2009 年第 1 期。

青年支教正是这样的一个平台，在政策、舆论、社会等力量的参与下，闲散的、潜在的志愿力量聚集、组织起来，让支教从理念、想法上升到行动。除却各方资源的支持，一项志愿活动得以开展还需要志愿者的参与，那么志愿者是怎么"动"起来的？他们是基于怎样的想法主动参与或被带动、号召起来的？不同机制下的志愿者是否具有不同的想法？这里所谓的志愿者想法即志愿动机（motivation to volunteer），其是静态的，抑或动态的？这些议题在理论和实践中都呈现了复杂的形态，需要我们深入地探究。在各方力量集结之后，志愿活动在真正落地前还需要志愿组织进行一系列的充分筹备，比如与服务对象沟通需求、培训志愿者、确立志愿团队的工作机制、安排志愿行动的计划、落实物资等。这些筹备工作实际上是将动员起来的各方资源——人、财、物——有机地整合起来，形成一个认知上的"共同体"。一方面这些筹备需要面面俱到、未雨绸缪，如此才能保障志愿活动顺利地落地，另一方面这些准备工作其实都指向志愿团队中塑造成员统筹、协作的基础，促使支持者、志愿者、受援助的学生等各方建立共识，在认同、默契的氛围中进入实践环节。

一 资源动员的机制

一般而言，支教是通过项目运行的方式组织起来的，尤其是以大学生为主体的支教。一方面，高校教学安排和学期设置决定了大学生在校时间、学习生活安排，也就间接影响和限定了大学生的志愿时间，所以不同类型的支教都会因此而有着鲜明的周期。另一方面，支教的发起方和参与者十分多样，政府部门、群团组织、高校、基金会、各类社会组织、学生社团和大学生个人等都加入到了支教中，但支教在组织层面上却相对分散。因此，不论是短期还是长期的支教项目，在具体的实践活动中其都是通过组建周期性的团队、以灵活的项目运行方式来展开的。

一项支教项目的开展，至少有三个方面的内容需要确定，即"谁牵头""谁提供服务""服务谁"。往往是组织者们先"动"起来，成为整个活动的牵头人；然后，根据特定的理念和想法，组织者确立支教服务对象，比如扶助地点、学校和学生等；最后，招募志愿者。但在实际中，基于不同的情况和条件,这三个阶段有着先后次序的不同,有时甚至是同时发生的。并且伴随着支教的策划和组织,联系扶助对象、招募和培训志愿者等各个环节的推进,都吸纳了不同类型的资源,比如来自国家的、市场的、社会的资源等,并且在不同的阶段中,起主导作用的资源类型也不同。

根据调研的素材,本书把支教涉及的资源类型归结为三种,即政策资源、媒体资源和社会资源。在不同的支教项目中,这三种资源的表现形式是不同的,而且它们通过多样的方式整合在一起,塑造了不同形态的志愿动员机制。而且从过程视角来看,这种差异化的志愿动员机制,也会"生产"出不同的、新的志愿资源,这是不同类型的志愿再生产机制的形成基础。

(一) 志愿动员机制:"自上而下"与"自下而上"之外

志愿活动是经由动员发起的,由组织、团队、个人针对某个志愿服务领域或服务对象提出志愿的理念、内容、设计或安排,通过项目组织的方式,号召志愿者参与其中,共同提供服务。"自上而下"与"自下而上"是国内对于志愿动员机制研究最为常用的概念体系,其有力地概括了我国的志愿活动如何发起、推广、发展,尤其呈现了其中蕴含的国家与社会关系。而学者据此的总结实际上显示出,志愿活动往往并不具有单一的"自上而下"或"自下而上"的特征,若区分不同的阶段,以及发起、推动、组织等不同的环节,志愿活动可能既是"自上而下"的,又是"自下而上"的。[①] 因而,"上－下"的二元区分局限和简化了志愿动员过程,无法对志愿动员过程中各类资源如何发挥作用予以全面的呈现。

伴随着志愿活动在我国的发展逐步走向成熟,更广泛的资源和群体加入到志愿的"潮流"中来,这也使得志愿活动从发起、实践,到发挥作用、项目延续,都更为复杂,呈现了多元的运作逻辑。志愿动员机制不仅可能是"自上而下"或"自下而上"的,而且越来越多地超越了这个二元范畴。也就是说,国家和社会在传播志愿理念、提供支持资源中扮演的角色更多元,以多样的方式合力发扬志愿精神,使志愿动员机制成为社会整合的重

[①] 邓国胜:《中国志愿服务发展的模式》,《社会科学研究》2002 年第 2 期。

要途径。有研究将我国青年志愿活动的"外部机制"——志愿服务组织或团队同外界资源及各类主体交流、互动的机制——划分为筹资机制、动员宣传机制、招募选拔机制、社会参与机制、协调机制、人力资本蓄养机制、监督检查机制。[1] 这一"外部机制"的阐释正显示了志愿活动是一个开放的、多元的过程,不同的资源力量从志愿项目伊始就相互结合,对于项目资金、志愿者、志愿对象的动员也贯穿在志愿项目的准备、实践阶段,所以志愿本就是一个经由动员而成的过程。

资源动员理论在志愿服务研究中占据着重要的地位。在资源动员理论看来,集体行为是在可供发起者和参与者利用的资源——社会成员的自由支配时间以及发起组织能够聚集的物资——的出现和累积下才产生的。[2] 所以,如果在此之上再纳入过程视角,志愿服务就可以被视为个体、组织或团队掌握足够的行动资源后而展开的过程。那么,各项资源对于志愿者参与有怎样的影响[3],组织或团队选择怎样的机制来获取资源,如何使这些资源带来社会影响,以及外界环境中的资源是在什么情况、何种程度下激活的[4]等,都是亟待探讨的问题。而对这些问题的解答实质上共同指向了志愿服务的动员过程。

接下来,本章就围绕重点考察的四类支教项目——研究生支教团、暑期"三下乡"实践支教项目、高校团委发起的支教项目、社团或个人发起的支教项目——来探讨志愿活动中的资源动员机制。

(二)支教的动员资源:政策、媒体、社会

青年支教的"流行"是在多种因素、背景下形成的。首先是政策层面的着力推动,这为支教的开展提供了社会合法性,打开了广阔的空间和平台。这些政策一方面直接组织或指导了支教项目,另一方面营造了大学生

---

[1] 刘俊彦:《中国青年志愿者行动机制建设研究报告》,《中国青年研究》2010年第1期。
[2] John D. McCarthy and Mayer N. Zald, "Resource Mobilization and Social Movements: A Partial Theory", *American Journal of Sociology*, Vol. 82, No. 6, 1977, pp. 82.
[3] Marc A. Musick and John Wilson, *Volunteers: A Social Profile*, Bloomington and Indianapolis: Indiana University Press, 2008.
[4] J. Craig Jenkins, "Resource Mobilization Theory and the Study of Social Movements", *Annual Review of Sociology*, Vol. 9, No. 1, 1983, pp. 527–552.

发起和参与支教项目的氛围。

其次，媒体对支教信息的传播，可以引发公众对支教的关注，也能够进一步促使支教成为一股"潮流"。一方面，媒体对已有的支教项目的宣传，会对活动意义和活动理念进行传播、扩散，引发个人、组织或团队的"模仿行为"，进而让支教走向流行。伴随着新媒体时代的到来，媒体渗透到社会成员生活的方方面面，能够对志愿活动起到更为直接、深刻的动员作用。另一方面，媒体对相关事件如灾害灾难的发生、农村地区基础设施和教育资源的缺失等的报道，可以对特定地点的教育支持需求进行宣传，从而产生强烈的公众舆论导向作用，集结社会各方的力量，引导相关的个人、公益组织发起针对这些地域的支教项目。例如，我们在对成都高校支教项目起始年份进行统计后发现，2007~2009年，支教项目的数量迅速增多。在对成都高校的访谈中，不少组织者和参与者认为这与2008年汶川地震有紧密的关联。大灾难的爆发使得受灾区成为社会关注的焦点，而受灾区原先存在的教育支持需求也更为突显，这都催生了当地的支教项目。

表3-1 成都支教项目起始年份统计

单位：个，%

起始年份	项目数	所占比例
1995~1997年	0	0.0
1998~2000年	1	4.0
2001~2003年	0	0.0
2004~2006年	1	4.0
2007~2009年	14	56.0
2010年及以后	9	36.0
合计	25	100.0

资料来源：成都4所高校的25个支教项目，调查时间为2011年。

最后，来自社会的动员力量让大学生支教进一步生长、成熟。一方面，各个社会主体、成员，比如企业、社会组织等为大学生支教提供了充足的物资支持、培训资源和项目资源。另一方面，志愿理念的传播、支教的扩散不仅通过媒体宣传进行，还通过亲友等社会关系"口口相传"进行。大学生支教的组织和开展主要以高校为平台，这种以社会连带为志愿者参与桥梁的传播途径是很多支教最初召集志愿者的主要形式。并且，不少支教能够获得企业、社会组织支持也是因为支教组织者或志愿者通过个人连带来寻找、联系物资支持。所以，来自社会的力量更是支教广泛发展、"流行"起来的根基。

总的来说，政策、媒体、社会这三种资源对于动员各方力量，进而组织志愿者开展活动具有重要的作用。

1. 政策资源

政府在资助、动员和组织志愿活动中扮演了非常积极的角色。比如，前文提及的英国海外志愿服务社就是由英国政府（海外发展部）拨款和英国公众捐款资助成立的，教育是其服务领域的主要内容之一。[1]

伴随着志愿服务作为解决各类社会问题的通道而得到越来越广泛的认可，很多国家都相继出台了针对志愿服务的法案或政策，鼓励、支持甚至要求公众参与到志愿活动中，力所能及地贡献力量，主动提供公共服务、关爱他人。但是，政策支持也会使志愿服务带有一定程度的"义务性"，甚至"强制性"。

不过，政策资源在推动志愿活动上无疑是最强有力的。我们重点分析的支教项目中就包含了研究生支教团、西部计划和暑期"三下乡"等。它们本身也直接衍生出不同的支教项目。研究生支教团和西部计划在合并前后都对长期服务的大学生支教者给予了升学、就业方面的政策支持。而暑期"三下乡"则主要针对短期服务的大学生支教者给予了资金、荣誉方面的政策支持，在部分高校中也有给志愿者提供学分认证的支持，或者将参与暑期"三下乡"作为培养计划的必修环节。政策资源可以从氛围上带动大学生支教项目的发展。研究发现，根据对北京高校大学生支教项目起始年份的统计，北京大学生支教项目的快速发展是在2003年之后，这与西部计划的推出相承接。此外，政策支持往往也为对应的大学生支教项目提供了强有力的资源保障，促使这些项目得以顺利地可持续发展。

---

[1] 戴光全、陈欣：《国际NGO在中国——艾滋病合作项目个案的社会人类学观察》，《社会科学家》2009年第9期，第101页。

表 3-2　北京支教项目起始年份统计

单位：个，%

起始年份	项目数	所占比例
1995～1997 年	1	2.5
1998～2000 年	3	7.5
2001～2003 年	1	2.5
2004～2006 年	12	30.0
2007～2009 年	14	35.0
2010 年及以后	9	22.5
合计	40	100.0

资料来源：北京 14 所高校的 40 个支教项目，调查时间为 2009～2011 年。

2. 媒体资源

传统媒体资源对于志愿活动最重要的动员作用在于信息的传递，宣传、推送相应的志愿信息，而互联网的发展使得人们在决定参与什么样的志愿活动时，能够主动通过互联网去了解信息。[1] 像 SC 大学知行协会的卢同学，她在上大学前就在网络上看到很多关于支教的信息，为她"埋下了想要试试支教的种子"，上大学以后，她就参与到组织支教的社团、寻找到志同道合的同学，于她而言，支教如同一份"事业"，她希望能通过自身的努力为社会带来一定的改变。

并且，自媒体的广泛流行使得个体可以自主成为信息的传递者，这让有支教想法的志愿者更容易聚集人力、物力，可以更为便捷地发起和组织志愿活动。此外，社交媒体的兴起使得志愿组织与公众互动成为对话式的、双向的，这使得媒体成为志愿者与社会公众的沟通桥梁，构成了志愿组织与社会各方的交流空间。萨克斯顿（Saxton）等就将这种由媒体变革带来的信息过载背景下，"注意力"成为公益组织中的一种极为缺乏的资源的现象称为"注意力公益"，这对公益组织而言既是机会也是挑战，意味着公益组织需要通过不同的策略来吸引公众的注意力，从而获得相应的捐助和志愿

---

[1] Teresa P. Gordon, Cathryn L. Knock and Daniel G. Neely, "The Role of Rating Agencies in the Market for Charitable Contributions: An Empirical Test", *Journal of Accounting and Public Policy*, Vol. 28, No. 6, 2009, pp. 469-484.

者资源。[①] 由此，对于志愿组织而言，媒体资源同样是一种需要通过一定技术手段才能获取的资源。并且由于注意力的稀缺性，志愿组织如何应用各类媒体，在社交媒体中投入组织资源，以及通过合适的语言、图像、视频等方式进行形象建设，是其能力提高的关键。

3. 社会资源

社会资源主要是社会各方以合作的形式，共同为志愿活动的开展、持续进行提供的相应的资源。其中，资源既包括物质资源，也包括志愿者资源。不少社会组织都给支教项目提供了丰富的支持资源，比如资金支持、在教学设计和内容上的指导、牵线有支持需求的学校等。例如，北京 LC 公益组织即以农民工子弟教育为主开展活动，其与 BY 大学和 DZ 大学等高校的团委下属的学生支教组织进行联系，共同合作开展支教项目，而资金和支教内容都是由 LC 组织提供的，高校只提供志愿者资源。社会资源不仅是支教项目的直接动员力量，也是发起支教的主力。

此外，在志愿服务研究领域中，社会网络通常也被视为一种招募志愿者的渠道。[②] 志愿组织通过自身或其成员的社会网络号召更多的组织和公众参与到志愿活动中，这是志愿活动能够发起或持续开展的关键。志愿组织和志愿者的社会连带是动员志愿活动资源的重要机制，也是社会资源发挥作用的依托所在。

这三种资源是推动志愿活动发起、组织的动力。如图 3-1 所示，政策资源是志愿活动的基础，媒体对于志愿活动的关注和宣传是志愿精神和志愿活动信息传播的重要桥梁，而来自社会的支持则是志愿活动不断发展的关键。这三种资源以不同的方式结合起来，形塑了志愿活动项目开展、资源获取和志愿者招募的逻辑，促使志愿活动以不同的持续机制发展下去。并且，伴随着志愿活动的继续，政策资源、媒体资源、社会资源也进一步发挥鼓励支持、促成舆论共识和建设社会的作用。

[①] Gregory D. Saxton, Chao Guo and William A. Brown, "New Dimensions of Nonprofit Responsiveness: the Application and Promise of Internet-based Technologies", *Public Performance and Management Review*, Vol. 31, No. 2, 2007, pp. 144-173.

[②] Kristina Smock, *Democracy in Action: Community Organizing and Urban Change*, New York: Columbia University Press, 2004.

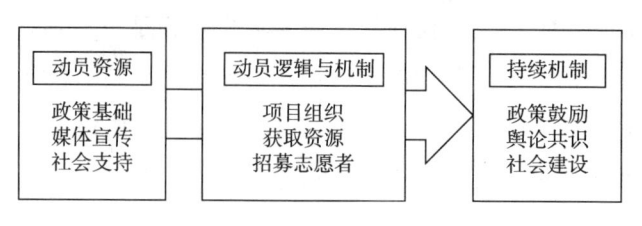

```
动员资源          动员逻辑与机制         持续机制
政策基础           项目组织            政策鼓励
媒体宣传           获取资源            舆论共识
社会支持           招募志愿者           社会建设
```

图 3-1 资源动员与机制

（三）资源动员的逻辑与机制

研究生支教团、暑期"三下乡"实践支教项目是国家发起的、各高校团委负责的支教项目。不过前者在组织上由各高校团委直接管理，而后者则是由各高校团委号召、学生自主参加的。高校团委发起的主要是日常性的、去往高校所在地周边地区的支教项目。在高校中，社团或个人发起的支教项目与社会组织或企业发起的支教项目通常采取共同合作的形式，在组织上融为一体。所以，我们在此分别对研究生支教团、暑期"三下乡"实践支教项目、高校团委发起的支教项目、社团或个人发起的支教项目的资源动员机制进行归纳、分析。可以发现，这四类支教项目在动员、组织方式上极为不同，尤其是政策资源、媒体资源与社会资源的推动情况有较大差别，这也使得大学生支教形成了四种典型的资源动员机制，即平台机制、选择机制、目标机制和意义机制。

1. 平台机制：以模范动员大众

从组织上来看，研究生支教团是由国家层面直接发起的，通过宏观部署，将政策资源、媒体资源和社会资源凝聚在一起，搭建起一个支教资源的平台，形成"志愿加接力"的长效工作机制。这样的政策保障了大学生志愿者后续的学业机会，也将周期性的教学活动长效化。每个高校的支教团每期去往的地域基本都是固定的，支教者能够真正充当起教师的角色，服务学校对支教者也非常认可，像 BH 大学研究生支教团的 L 志愿者就提到：

> 学校里非常缺老师，所以学校对我们也很看重。这让我迅速地转换角色，好好去琢磨怎么成为一个好老师，也让我体会到教师是一个

很神圣的职业……这次经历也促使我想要打算在今年或者明年考个教师资格证,这样以后说不准真的去成为一名老师。

也正是由于研究生支教团具有稳定的组织机制、教学计划以及积极的社会影响,各类媒体从项目初始就对研究生支教团的志愿者招募、实践、影响进行了多样、深入、正面的报道和宣传,这一方面激励更多大学生参与研究生支教团、关注支教,另一方面借此传播志愿精神、塑造价值观念。并且,研究生支教团通过与各个高校的直接联系,具有充足的大学生志愿者资源,其也通过品牌的塑造吸引了诸多社会资源,比如 A 公司与团中央合作从 2002 年开展"研究生西部支教"活动,重点资助北大、清华、复旦等 22 所名校的研究生志愿者,在中西部 21 个贫困县开展支教扶贫活动。

总结来看,研究生支教团的动员模式是一种平台机制,其将各类资源——政策支持、志愿者、物资、服务学校等——整合在项目平台上,再根据各方的需求和项目方案来匹配、对接资源。这样的平台机制将支教作为一项"稀缺"资源"投放"到大学生志愿者群体中,具有选拔志愿者资格的高校和志愿者的名额都是非常有限的。例如,2019~2020 年(第 21 届)研究生支教团共向 197 所高校开放了 2284 个志愿者名额,志愿者名额最多的高校也仅有 25 人。[①] 从而,能够入选研究生支教团对于大学生志愿者而言极具"荣誉"的意涵。

研究生支教团将服务地、服务单位的范围设定为"西部地区县级以下中小学校",并且要求志愿者从事教育、教学岗位,这对志愿者的教学能力、生活适应能力等都提出了较高的要求。[②] 也就是说,研究生支教团的项目设计和整体安排是以服务对象的需求为导向的,各类资源的匹配首先应当适应服务地区和服务单位的具体情况。这决定了较之于其他支教项目,研

---

① 参见《关于组建中国青年志愿者扶贫接力计划第 22 届研究生支教团(2020—2021 年度)有关工作安排的通知》,http://xibu.youth.cn/gzdt/tz/201909/t20190904_12060628.htm,2019 年 9 月 3 日。

② 参见《关于组建中国青年志愿者扶贫接力计划第 22 届研究生支教团(2020—2021 年度)有关工作安排的通知》,http://xibu.youth.cn/gzdt/tz/201909/t20190904_12060628.htm,2019 年 9 月 3 日。

究生支教团在志愿者动员和选拔方面具有更严格的选拔条件（见表3-3）。

表3-3 四种支教项目的选拔条件比较

单位：%

选拔条件	研究生支教团	暑期"三下乡"实践支教项目	高校团委发起的支教项目	社团或个人发起的支教项目
没有考试	0	50	40.6	42.5
有考试	100	50	59.4	57.5

平台机制通过政策的直接支持，吸引媒体进行积极宣传，并进一步引入社会资源，使得各类资源汇聚到一起，并且使服务对象的需求成为整个项目安排的核心。在这样的项目设计下，经过层层选拔出来的研究生支教团志愿者不仅是"做贡献"的人，还是志愿者中的模范，受到媒体和社会的褒扬，成为志愿精神的代表，他们对于支教团经历也有很强的自我认同。而这种模范效应也正是平台机制的动员核心，其将政策资源、媒体资源和社会资源充分整合，并且将志愿机会塑造成一种需要经过层层选拔的稀缺资源，使得参与其中的大学生志愿者成为志愿模范，通过参与的"荣誉感"吸引更多大学生参与到支教活动中，向整个社会传播志愿精神。

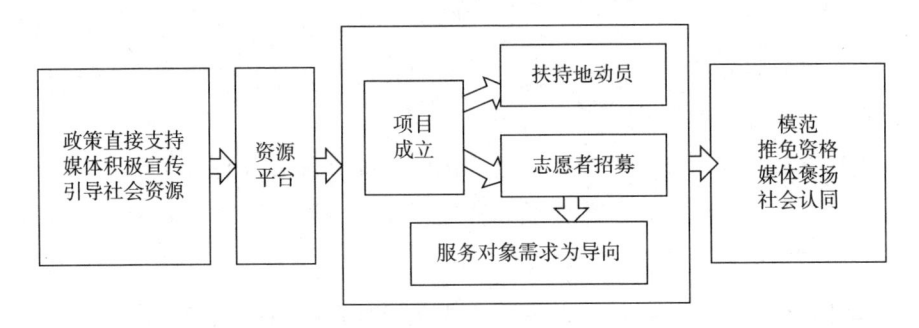

图3-2 平台机制的动员模式

2. 选择机制：尝试中达成共识

在暑期"三下乡"实践支教项目中，很多高校志愿者都选择短期支教作为实践的主要内容。据 Z 大学团委统计，2003 年到 2009 年的 6 年时间内，该大学的社会实践团队一直以支教为主，比重达到 60% 左右。与研究生支教团类似，尽管暑期"三下乡"实践支教项目不是针对支教专项的志愿活动，但其也获得了各个部门的政策号召，并且以支教为主题的实践吸引了来自媒体和社会的多元资源。很多企业、基金会也针对暑期"三下乡"实践中的支教项目进行了有针对性的评奖或资助，像 YF 公益基金会设立的大学生公益实践奖就以教育和环保为主题。

对于不少大学生而言，暑期实践可能会被列入培养方案中的必修环节。但是高校一般对于学生参与实践的内容不会进行具体的规定和强制性要求。所以，即便是为了完成培养方案，参与暑期"三下乡"实践支教项目的大学生也都是基于自身的兴趣和意愿而选择的。例如，XC 大学的 W 同学来自偏远贫困的地区，他试图通过自己在暑期参与支教活动的行为来号召更多身边的同学以及其他社会成员关注这类公益事业，对贫困地区的教育事业做出贡献。在暑期实践平台上，支教团队的选拔一般以团队需求为导向，这是因为支教团队需要在短期内迅速进行组建、联系服务对象，进行有主题的短期支教活动。所以支教团队对于志愿者的性别、家乡、院系就有了偏好倾向。比如，去往家乡开展支教活动的大学生，可以在短期内帮助支教团队熟悉环境、运用自身人脉关系帮助支教团队更好地在当地开展活动。并且根据主题的不同，支教团队对于志愿者的特色能力也有不同的需求，以 SC 大学 2010 年"快乐篮球"项目为例，支教团队队长表示，他所招募的队员基本都是熟人，在招募前就已经有了邮箱、QQ 和飞信等联系方式，在选拔时会考虑篮球实力、院系分布、男女比例等。T 大学的"留守儿童看世界"项目主要对留守儿童进行摄影教学，在志愿者招募时就会考虑成员的摄影能力、文案撰写能力、沟通能力等。

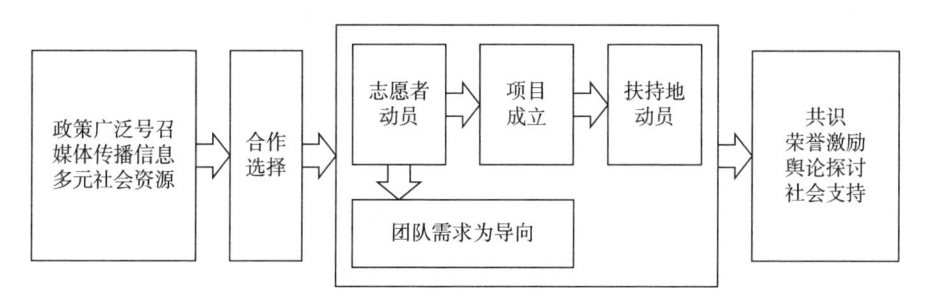

图 3-3　选择机制的动员模式

对于参与暑期"三下乡"实践支教项目的大学生而言，选择支教作为实践主题是一种主动合作下的尝试。这样看来，暑期"三下乡"实践支教项目的动员模式是一种选择机制。志愿者在开放的环境中达成共识，自发进行团队建设和项目设计，通过自己的社会网络或借助各类渠道去联系可以服务的学校。所以，各类社会资源对于暑期"三下乡"实践支教项目而言十分重要。志愿者可以运用自身的社会关系去动员资源，也可以申请企业和社会组织业已建立的支持项目。不过，由于暑期"三下乡"实践支教项目一般都是大学生自发组织的、临时的实践活动，所以从活动的形态到效果都参差不齐。这引发媒体舆论对暑期"三下乡"实践支教项目的现状、困境展开了一系列的探讨。有些报道还总结了短期支教出现的问题，贴上了"娱乐化""旅游化"等标签，这引来了不少质疑的声音。

3. 目标机制：任务中提供机会

各个高校除了研究生支教团、暑期"三下乡"实践支教项目之外，也可以依托由高校团委分管的青年志愿者协会开展支教活动。并且在高校的各个院系中，院系分团委分管的志愿者分会、志愿服务队等也会组织和开展包括支教在内的志愿活动。高校团委分管的青年志愿者协会所开展的支教活动主要以班级、党团组织等集体为基础，展开一系列周期化的、日常的支教活动，其是学生参与志愿服务的平台，也是他们素质拓展、集体建设的方式之一。

这一支教项目的资源动员模式可以总结为一种目标机制。具体而言，高校团委、分团委都将支教作为日常实践和志愿活动的一环，以项目制的方式来组织主题性的活动，具有明确的服务目标和合作对象。日常支教活动主要是去往高校所在地区的农民工子弟小学、残障学校、职业学校等，组织者与服务对象往往具有固定的联络，并且在招募时不仅面向志愿者个人，也经常以整个班级、团组织、党支部为动员对象，尽量将志愿服务与集体建设的目标结合在一起。由于这样的支教项目是在学期中组织的，所以实践的时间较短，通常是平时的半天、一天或者周六、周日，这就需要支教者能够迅速理解、认识继而践行项目的目标。从而，这类项目在选拔上同研究生支教团一样，看重志愿者尤其是领头志愿者和组织者的社工经历，确保其具有一定的团队组织、合作能力。例如，XJ大学的校团委对于支教工作十分重视，无论是暑期的支教项目还是平时的支教项目，都是由校团委发起的,并由其提供资金、培训等多种支持,在招募选拔过程中也由各院系的分团委书记直接带队。此外,在某些情况下,这种日常的支教项目也是由服务对象首先提议发起的,在高校周边、有服务需求的学校会主动联系高校团委,继而促进支教项目的开展。

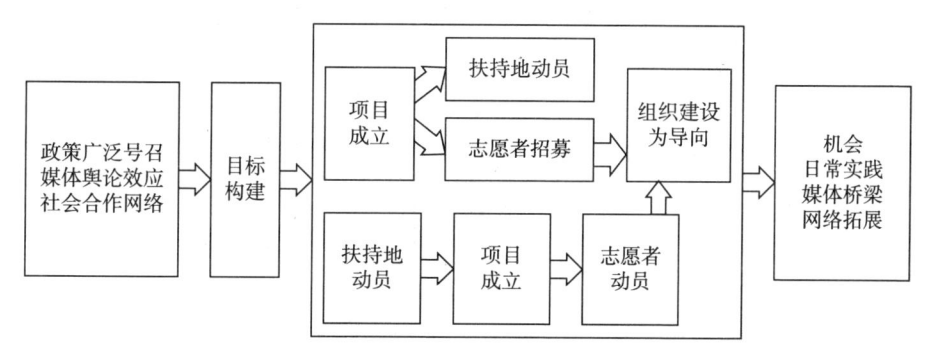

图 3-4 目标机制的动员模式

以目标机制为动员方式的日常支教为广大的高校学生提供了参与志愿服务的机会,使得更多同学得以体验、参与支教。媒体在日常支教中也扮演了重要的角色,是支教项目的组织者、志愿者、服务学校能够相互联络和沟通的中介。并且,日常支教在吸纳志愿者、积累社会资源等方面主要以大学生自身的社会网络为基础,这也间接地促进了大学生拓展、巩固自身的社会关系,使得他们得以获得更大范围或是更为亲密的社会支持。

4. 意义机制:过程中制造使命

除了由高校团委分管的青年志愿者协会,各高校还有一些大学生自发的从事支教事业的公益类社团。比如,DL 大学绿窗协会就是由来自青海的大二本科生 J 同学发起的。J 同学期望能够改变家乡的贫困现状,并试图在读书期间就能力所能及地贡献一二,所以从 2009 年开始他发动身边的同学去往青海支教,在学校的支持下成立了绿窗协会,以社团为组织依托开展定期的支教活动。此外,还有些学生自发的、零散的支教项目。相比于其他项目,这些项目在组织上是非正式的,没有形成固定的社团,甚至没有固定的项目名称。

这些由高校中的公益组织或是个人发起的小团体支教项目在活动形式上非常多样和灵活,有以素质拓展为内容的周末支教,也有针对欠发达地区教师的培训活动,还有专门开展励志讲座的活动,可谓百花齐放。

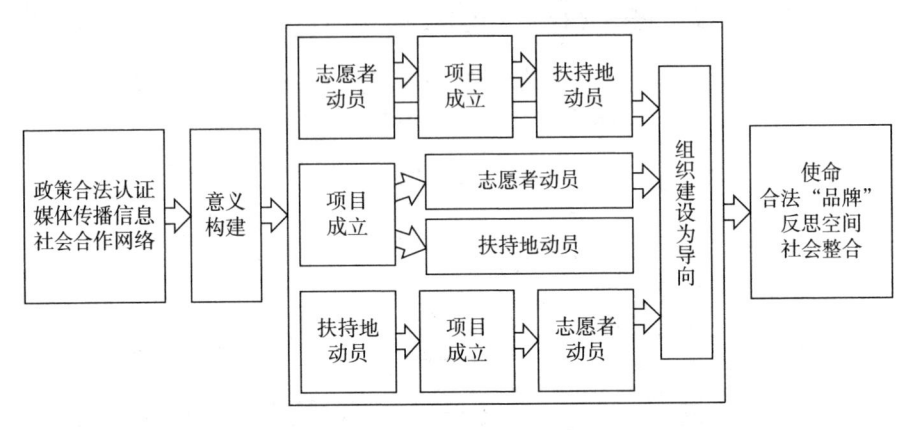

图 3-5　意义机制的动员模式

这些社团或个人自发组织的支教项目通常是大学生们基于共享的理念和想法而发起的。绝大多数社团都在高校的团委进行备案,在高校的认证和支持下"合法"地运行。与此同时,媒体资源也十分重要,对于支教活动的报道、宣传、讨论可以引发大学生的思考,尤其是针对当前支教存在的一些问题可以提出实践的对策和改进方案。比如,T 大学 JYFP 协会的负责人 C 同学就设计了在周末去往欠发达地区的励志性支教项目。他认为,在学期中志愿者能够投入的时间和精力有限,如果开展以教学科目为主的支教活动对于志愿者在准备工作、教学能力上的要求过高,而且很难发挥出长效性的作用。所以,励志、总结学习方法的讲座虽然相比之下更"务虚",却可能更有效地激发受助学生们的学习动力和热情,也能面向一个学校、一个年级来开展,在短时间内能够覆盖更多的学生。

这种社团或个人自发组织的支教项目,在对资源的动员上实际上是一种意义机制。也就是说,活动的组织、各方资源的动员均围绕支教意义的构建而进行。在这种机制下,可以是志愿者首先围绕某个支教主题组建团队,也可以是社团组织者发起支教项目后再招募志愿者,还可以是有教育支持需求的学校主动联系社团或个人来促成支教项目的开展。而与目标机制类似,意义机制下的支教项目在动员志愿者时也是以组织建设为导向的。例如,XC 大学理财协会在开展活动时,选拔人员的首要标准就是报名人员在协会内部的"工作绩效",也就是说,参与活动越多、投入付出越多的成员入选机会越大,而不是针对教学能力等方面进行评估。也就是说,参加支教被社团作为一种奖励和回馈,其会选择平日对社团"贡献最大"而非"最合适"的人参与支教活动。

在这种以活动意义认同为基础和为团队付出的导向下,意义机制营造出的是一种团队成员的"使命感"。志愿者不仅会对支教、志愿活动产生认同,还会对所在社团、其他成员产生强烈的归属感和共鸣,进而促使他们将支教理解为一种事业和使命,并且会努力地宣传其所参与的支教项目,使其成为品牌的支教项目来争取更多的社会关注和资源。在这种意义机制下,很多志愿者都会多次地,甚至周期性地、固定地参与支教项目。如表3-4所示,社团或个人发起的支教项目中有支教经验的志愿者的比例显著高于其他几种支教项目。而在这样的氛围下,志愿者们得以有更多的机会去交流对支教的看法,也有更大的空间去探讨如何促进支教的改进、发展。

表3-4 四种支教项目的团队成员支教经验的情况比较

单位:%

有经验者比例	研究生支教团	暑期"三下乡"实践支教项目	高校团委发起的支教项目	社团或个人发起的支教项目
小于20%	100.00	26.88	19.61	14.41
大于50%小于100%	0.00	13.04	25.49	47.46
平均水平	7.07	33.59	40.18	43.07

从这些分析来看,四种具体的支教项目的资源动员在机制上是迥异的,政策资源、媒体资源、社会资源的作用方式和扮演的角色都非常不一样。在平台机制下,政策资源作为牵动,进而引入媒体资源和社会资源,然后共同地、直接地助力志愿者和服务对象的动员过程,所以政策资源是该机制运行的基础和关键。比如,政府机构、高校等是研究生支教团确定支教地点、联络服务对象的唯一渠道(见表3-5)。而在合作机制下,大多数支教项目是"一次性"的,各类社会资源在政策资源和媒体资源的"号召"、在志愿者的"感召"下注入支教中,而这类活动能否延续下去主要取决于志愿者能否在实践中形成共识和认同,也就是能否转化为固定的团队和项目。在目标机制下,日常性的支教项目更类似于高校学生工作中的一个培

养环节，媒体资源和社会资源更倾向于扮演沟通桥梁的角色。在意义机制下，"合法"身份的认证是支教项目能否得到政策支持的前提，当然对于很多临时的自发项目而言，这并非必需的，志愿者们可以自主地号召、使用媒体资源和社会资源。意义机制以塑造支教使命为导向，期望各方将支教作为一种事业。这四种机制是在不同类型的支教项目下总结而来的，但这并不代表四种机制是相互排他的。实际上，这四种机制可以相互转化、共存。比如，很多社团或个人发起的支教项目就是由暑期"三下乡"实践支教项目转化而来的。再比如，由高校团委发起的支教项目也经常和社团或个人发起的支教项目"合流"，共同组织实践。

表3-5 四种支教项目确定服务对象的情况比较

单位：%

	确定服务对象的情况	研究生支教团	暑期"三下乡"实践支教项目	高校团委发起的支教项目	社团或个人发起的支教项目
第一类	服务对象主动联系	0	3.65	13.89	17.60
第二类	政府或高校联系	100	29.56	28.89	40.80
	社会组织联系	0	7.30	0.56	1.60
第三类	大学生私人关系联系	0	53.28	25.56	36.00
	互联网等媒介进行寻找	0	6.20	31.11	4.00

（四）过程视角下的动员机制

支教的资源动员机制很难被单一地归结为"自上而下"或"自下而上"。尤其是政策资源、媒体资源和社会资源以多样的方式产生作用和影响，志愿者、服务对象以及支教项目本身如何动员以及以什么为核心进行动员，其方式都是非常不同的。所以，应当将支教视为一个连贯的过程，进而去探讨各类资源如何发挥作用，又具有怎样的持续机制。研究生支教团呈现了一种平台机制，在政策资源的引导下形成了以模范效应为核心的持续机制，而暑期"三下乡"实践支教项目则显示出一种选择机制，志愿者的"共识"是项目持续的动力来源。目标机制以向大学生提供支教机会为项目开展和持续的关键，社团或个人开展的支教项目则致力于塑造意义，让各方将支教视为"使命",通过自发的组织机制来延续实践。

政策资源、媒体资源和社会资源在这四种机制中的相互关系是不同的(如表3-6所示),平台机制中政策资源直接引导了其他资源的参与,选择机制则依靠社会资源的主动参与,而目标机制中媒体资源和社会资源的沟通桥梁作用非常关键,意义机制维持的动力则主要来自社会资源。既要充分发挥不同动员机制中的主要资源的作用,也要理顺资源之间的相互关系。如此,志愿活动才能肩负起传播价值、参与治理、促进转型的目标,并且在运行中不断提升效率。

表3-6 四种机制下不同资源类型的角色

支教项目	资源动员机制	政策资源的角色	媒体资源的角色	社会资源的角色
研究生支教团	平台机制	直接引导	积极参与	积极参与
暑期"三下乡"实践支教项目	选择机制	广泛号召	广泛号召	主动参与
高校团委发起的支教项目	目标机制	广泛号召	沟通桥梁	沟通桥梁
社团或个人发起的支教项目	意义机制	准入门槛	沟通桥梁	主要动力

二 可塑的志愿动机

志愿者在参与支教活动时,往往抱有某种想法、怀揣某种期望,比如希望通过支教活动能了解民生、体认社会,或者想以自己的行动来改变社会现状、为社会发展做出自己的贡献,或者想要在支教活动中认识新的朋友、拓展自己的社会交往圈子等。这些参与志愿活动的原因、动力等被统称为志愿动机(motivation to volunteer),以往研究在这一概念下主要对两个层次进行探索,即志愿动机的分类和成因。在对志愿动机分类的研究中,最常用的分析框架即"利他-利己":利己动机从自身收获和体验的角度出发,而利他动机则以提供服务、改善服务对象的状况的角度出发。

值得注意的是,以往的研究默认志愿动机包含某种明确的意图,但这并不符合实际情况。在利己动机和利他动机之外,存在志愿者并不清楚自己在参与支教活动时抱有怎样的期许的情况,也就是说,他们的动机是模糊的。

从对问卷数据的统计结果来看,认为自己的志愿动机是模糊的志愿者占整体的28.38%。这说明具有模糊动机的志愿者不在少数。不少志愿者在参与前并不清楚会有怎样的境遇和感受,其动机可能仅是体验导向的,比如收获某种经历;或者是笼而统之的,其中包含了各种期许。比如,加入W大学ZS项目的志愿者王同学就是其中的一员,他在访谈时这样表述自己的志愿动机:"第一次接触的时候,有点猜不透到底是什么,需要做些什么,对于那些孩子和自己有怎样的意义。"再比如,T大学JYFP协会的成员H同学在谈及自身的志愿动机时,就认为自己"当时并没多想,觉得这是一件挺好的事情,于是就参加了"。而从志愿动机类型的分布来看,以利己为主要动机的志愿者占整体的比例为29.82%,而以利他为主要动机的志愿者最多,比例为41.80%。

那么,究竟是什么因素导致了志愿者们具有不同的志愿动机呢?各个研究对此众说纷纭。从对访谈和问卷资料的初步分析来看,成长环境、志愿项目组织模式、过往经历等对志愿者的志愿动机都有影响。

显然,志愿者怀揣怎样的志愿动机与其成长环境密不可分。例如,BH大学参与研究生支教团的L同学,她支教的最大动力就是去了解她所不熟悉的基层社会。因为从小生活在城市,L同学认为自己是"娇生惯养长大"的,完全没有接触过偏远地区的生活。而借助支教的平台,她能够认识基层和社会。而与L同学相对,XJ大学的W同学来自偏远贫困的地区。他深刻体会到自己家乡在教育方面资源缺乏的现状,希望能够力所能及地对偏远地区的教育事业做出贡献。于是,他通过参与支教活动,身体力行,来号召更多同学、朋友关注偏远贫困地区。

而在不同的支教项目中,志愿者的志愿动机构成也不尽相同。如表3-7所示,根据统计,在研究生支教团和社团或个人发起的支教项目中,具有利他动机的志愿者更多。在研究生支教团中,具有模糊动机的志愿者最少,只有12.5%;在剩下三种支教项目中,都有较多的志愿者没有明确的志愿动机。这可能是因为,相比于其他类型的支教项目,研究生支教团对志愿者投入时间、精力要求更高,组织流程更规范,所以志愿者对于"为什么参加"就有更多的思考和更明确的想法。

此外,同样值得注意的是,根据志愿者参与次数和志愿动机类型的交叉分析结果,可以发现在参与了多于1次的志愿者中,具有模糊动机的比例

表3-7　四种支教项目志愿者的志愿动机

单位：%

志愿动机	研究生支教团	暑期"三下乡"实践支教项目	高校团委发起的支教项目	社团或个人发起的支教项目
利他	39.6	27.9	25	40.4
利己	47.9	43.2	38.3	35.8
模糊	12.5	28.8	36.7	23.9

更低，见表3-8。这也显示，志愿动机是变化的、动态的、可塑造的。也就是说，伴随着志愿经验的积累或者结合外界信息的进一步思考，有的志愿者逐渐形成了明确的参与动机，而有的志愿者则始终处于模糊状态。

表3-8　志愿者参与次数与志愿动机

单位：%

志愿动机	1次	多于1次
利他	26.7	36.2
利己	38.9	43.8
模糊	34.4	20.0

而且，在整个志愿过程中，志愿者的志愿动机不仅经历着不断的塑造，还通过服务对象的反馈、社会各界的评价等得到不同程度的满足。怀揣不同志愿动机的志愿者通过服务为自身和社会带来积极的影响，这是志愿活动得以持续的基础。研究发现，满足程度越高的志愿者，其持续参与志愿活动的意愿越强。[1] 并且，具有模糊的动机不等于没有志愿动机，即便是志

---

[1] E. Gil Clary, Mark Snyder, Robert D. Ridge, John Copeland, Arthur Stukas, Julie Haugen and Peter Miene, "Understanding and Assessing the Motivations of Volunteers: A Functional Approach", *Journal of Personality and Social Psychology*, Vol. 74, No. 6, 1998, pp. 1516-1530; Arthur Stukas, Maree Daly and Martin J. Cowling, "Volunteerism and the Creation of Social Capital: A Functional Approach", *Australian Journal of Psychology*, Vol. 10, No. 2, 2005, pp. 35-44; Fengyan Tang, Nancy Morrow-Howell and Songiee Hong, "Institutional Facilitation in Sustained Volunteering among Older Adult Volunteers", *Social Work Research*, Vol. 33, No. 3, 2009, pp. 178; Toorjo Ghose and Meenaz Kassam, "Motivations to Volunteer among College Students in India", *Voluntas: International Journal of Voluntary and Nonprofit Organizations*, Vol. 25, No. 1, 2014, pp. 28-45.

愿动机并不明确的志愿者，他们在活动后也可以根据体验去评价自己的多重的或者是默会的想法和预期在多大程度上得到实现。可见，志愿动机的分化和满足这两个过程实质上是一体的，影响两者的因素也是一以贯之的，既有志愿者的个体差异、社会情境的因素，也有志愿管理流程中的各个因素。

所以对于志愿动机分化是如何形成的、不同的志愿动机怎样获得满足的考察就应当放入"启动－落地－再生产"这一连贯的过程中。为了在分析中体现这种动态的过程视角，我们在此一方面引入经典的"利他－利己"维度，另一方面加上"明确－模糊"的区分，通过多因素分析的统计方法来进一步比较"利他－利己"两种志愿动机在从模糊到明确的分化中的差异。在回顾、对话既有理论的基础上，我们提出并检证了三种影响机制——信息效应、价值效应和模范效应——在志愿动机的分化和满足中发挥的作用。对志愿动机的分化和满足的联立讨论，不仅能对当前志愿服务研究带来极大的启发，也能对志愿组织管理提出有价值的建议，探讨如何通过有效的管理来促使志愿者的志愿动机得到满足[1]，如此方能促进志愿活动可持续发展。

（一）跳出维度之争

以往对志愿动机的研究倾向于去建立一个能够容纳所有志愿动机种类的分析框架。这类研究从实际经验中提取、总结了各个类型的志愿动机，丰富了我们对志愿动机的认识，详尽地展现了志愿动机的多样性，但却将志愿动机理解为某种静态的结果。实质上，志愿动机是一个包含变化的动态过程，存在着模糊与明确的分化。如果引入"模糊－明确"这一分化框架，我们就能跳出现有志愿动机分类研究中的维度之争，从动态的、过程的视角揭示志愿动机的本质。

1. 模糊与明确：被忽视的分化过程

与行为的"起因"或"理由"有所不同，动机指的是行动者赋予行动

---

[1] Marc A. Musick and John Wilson, *Volunteers: A Social Profile*, Bloomington and Indianapolis: Indiana University Press, 2008, pp. 445.

不同的激励与指导。① 而在志愿动机中，这种"激励与指导"可能是明确的，包含了鲜明的意图和目标；也可能是模糊的，以尚不明确的体验和期许为引导。

尽管在当前的研究中，学者们尚未引入"模糊-明确"的分化框架。但在学者的调查中，"模糊"的志愿动机却多次出现。比如吴鲁平的研究显示，"好奇""玩玩"是常见的参与动机。② 肯奈恩（Cnaan）从已有文献中总结了28种志愿动机，其中除去"为了扩大自己的视野""志愿可以促进社会公平"等明确动机之外，还有"我没什么别的事情可做""我有空闲"等没有明确激励或指向的参与"起因"。③ 在访谈中，不少支教者都以"我是被同学拉去的""有朋友说很有意思"等参与"起因"或者"大家都说有意义""我想体验一下"等模糊的说法作为自己的动机，而在进一步通过举例明确志愿动机类型（为了提升能力、让社会变得更好等）来试探受访志愿者是否对某些志愿动机具有倾向时，他们往往不置可否，难以给出明确的答案。

实际上，志愿动机伴随着志愿者的自省活动而形成。志愿者在参与志愿活动前，通过各个媒介平台、各种社会关系等，一直接收着有关志愿活动的信息，自身也会不断地思考和判断。在这一过程中，有的志愿者逐渐形成了明确的志愿动机，有的志愿者却仍然难以回答参与志愿活动的明确目的。所以，应当将这两种志愿者区分开来，即具有明确目标、强烈导向的志愿者和志愿动机模糊的志愿者。而访谈资料也显示了一个有趣的现象：前者中更容易出现多次深度参与、将该志愿活动视为"事业"的志愿者；而后者大多是首次参与、带着尝试心态的志愿者。当然，后者在一定条件下可以成为前者。

已有的志愿服务研究对"利他-利己"的框架一直多有争议，其实从

---

① 李钧鹏：《行动、动机与自我概念：兼论知识分子的意识形成》，《浙江大学学报》（人文社会科学版）2010年第9期，第58~59页。
② 吴鲁平：《志愿者的参与动机：类型、结构——对24名青年志愿者的访谈分析》，《青年研究》2007年第5期。
③ Ram A. Cnaan and Robin S. Goldberg-Glen, "Measuring Motivation to Volunteer in Human Services", *The Journal of Applied Behavioral Science*, Vol. 27, No. 3, 1991, pp. 269–284.

这些争议中也能看出模糊动机的存在。正因为并非所有志愿动机都具有明确的指向性，所以很难出现公认的归类框架。即便是面对明确的志愿动机，学者们基于不同的经验和认识，在区分时也会有迥异的理解和判断。所以，志愿动机在形成上有着从模糊到明确的过程，但这一过程又不必然发生，这就导致了志愿动机止步模糊还是走向明确的分化，而走向明确的志愿动机在取向上受到探讨最多的、最具启发性的划分维度仍然是"利他－利己"。因此，相比于争论志愿动机不同划分维度孰优孰劣，不如转向对不同志愿动机取向形成、分化过程的探讨。

总结来看，"模糊－明确"的区分一直被相关研究所忽视。这是过程视角在志愿动机研究中的缺位所导致的。而这种缺位也使得现有志愿动机的分类研究陷入了维度之争的窠臼。所以，在将其引入"模糊－明确"的分化框架的基础上，选取"利他－利己"框架作为对明确志愿动机的分类，将志愿者的主要参与动机归纳为模糊动机、明确利他动机和明确利己动机，并且以模糊动机为基准，我们得以探究志愿动机"模糊－明确"的分化机理，比较影响利他动机和利己动机形成的机制差异。已有的文献还发现，不论志愿者具有怎样的志愿动机，如果能在活动中得到满足，就能促进其持续参与。[①] 所以，只有在对不同志愿动机类型形成、分化和满足的系统比较中，我们才能探索到志愿精神的本质，才能从机制上探求集体行动困境的破解之道。

（二）信息效应、价值效应和模范效应

志愿动机的分化、满足是一个连贯的过程。志愿者背景、志愿活动组织等各方面的因素都会形塑志愿者的主要志愿动机类型。而具有不同志愿动机的志愿者参与志愿服务，在服务过程中收获不同的经验，对志愿活动产生不同程度的认识和认同，其志愿动机的满足程度也不一样。探究志愿动机分化、满足过程中的社会机制是探讨志愿活动持续性的关键所在。

针对不同类型志愿动机明确化的影响因素，学者们总结了两个理论，一个是社会发源理论（social origins theory），另一个是市场信号理论（signa-

---

[①] 邓国胜、辛华、翟雁：《中国青年志愿者的参与动机与动力机制研究》，《青年探索》2015年第5期。

ling theory）。[1]

1. 社会发源理论和市场信号理论

社会发源理论认为，一个国家的文化和政治环境，尤其是社会阶层和社会机构的权力关系会决定其非营利部门的规模、范围和前景。[2] 所以，不同国家对社会福利的支出不同，非营利部门扮演的社会福利提供角色也不同。胡斯汀（Hustinx）等人将该理论进行拓展，认为政体和志愿动机之间存在一种系统关联——政体不同，志愿者的动机形态也不同。[3] 齐美克（Ziemek）从公共支出的角度证实了这点猜想，他发现公共支出较少的国家中的志愿者更倾向于具有利他的动机。他进一步解释，公共支出少的国家更依赖于非营利部门来提供社会福利，志愿者发挥的实质作用相对较大，也就更倾向于具有利他的动机。[4] 社会发源理论显示，志愿者具有怎样的志愿动机与志愿服务所能发挥的作用、显现的价值紧密相关，而这种价值感染是一个不断累积的过程。

市场信号理论最早由斯宾塞（Spence）提出，他指出，工作申请人为了在求职时更具竞争力，需要释放出自己是最合适的人选的"信号"。[5] 而参与志愿活动可以作为求职者、求学者的"信号"，因为志愿经验能让他们看起来更具合作意识、领导能力等。有实证研究佐证了这一观点，参与志愿活动的人会在工作发展、教育深造等方面获得回报。[6] 简而言之，当劳动力

---

[1] Lesley Hustinx, Femida Handy, Ram Cnaan, Jeffrey Brudney, Anne Birgitta Pessi and Naoto Yamauchi, "Social and Cultural Origins of Motivations to Volunteer a Comparison of University Students in Six Countries", *International Sociology*, Vol. 25, No. 3, 2010, pp. 349 – 382.

[2] Lester M. Salamon and Helmut K. Anheier, "Social Origins of Civil Society: Explaining the Nonprofit Sector Cross-Nationally", *Voluntas: International Journal of Voluntary and Nonprofit Organizations*, Vol. 9, No. 3, 1998, pp. 213 – 248.

[3] Lesley Hustinx, Femida Handy, Ram Cnaan, Jeffrey Brudney, Anne Birgitta Pessi and Naoto Yamauchi, "Social and Cultural Origins of Motivations to Volunteer a Comparison of University Students in Six Countries", *International Sociology*, Vol. 25, No. 3, 2010, pp. 349 – 382.

[4] Susanne Ziemek, "Economic Analysis of Volunteers' Motivations——A Cross-country Study", *Journal of Behavioral and Experimental Economics (formerly The Journal of Socio-Economics)*, Vol. 35, No, 3, 2006, pp. 532 – 555.

[5] Michael Spence, "Job Market Signaling", *The Quarterly Journal of Economics*, Vol. 8, No. 3, 1973, pp. 355 – 374.

[6] Kathleen M. Day and Rose Anne Devlin, "The Payoff to Work without Pay: Volunteer Work as An Investment in Human Capital", *The Canadian Journal of Economics/Revue Canadienne d'Economique*, Vol. 31, No. 5, 1998, pp. 1179 – 1191.

市场或者教育体制更倾向于将发展机会给予那些具有志愿经验的个体时，大众会将参与志愿活动视为增强自身竞争力的一种方式，志愿者就会倾向于具有利己动机。这实际上可以解读为，志愿活动将志愿者塑造成"模范"，通过带给志愿者本人更多的益处来激励他们持续地参与。

2. 信息效应、价值效应和模范效应

不论社会发源理论还是市场信号理论，它们都指出，不单是志愿者自身的因素，志愿活动本身也能对志愿动机的形成和分化产生影响，而这就是情境（contextual）因素。具体而言，志愿者所处的国家、工作场所、邻里环境等都会对其志愿动机产生影响。[1] 情境因素可以来自文化，也可以来自组织，所以必须将志愿管理过程中不同阶段的组织因素考虑进来。

这两种指向情境因素的理论还显示出一种共通的、更普遍的影响机制：当志愿者接收到更多关于志愿活动的信息时，他们对志愿活动能够产生怎样的效果会有更清晰的认识，从而更容易具有明确的志愿动机。所以，可以将这种机制归结为信息效应。

具体而言，信息效应就是当志愿者通过自身的努力或者志愿项目的组织环节获取更多关于志愿项目的信息时，他们能够对该志愿项目有更深入的认识，自身动机也会更明确。比如，志愿培训能够促使志愿者更了解活动的内容和目标，进而更明确自己的动机。[2]

不少学者证实，地方的文化、历史、规范，以及政策和制度都会对当地的志愿活动产生重要的影响。安海尔（Anheier）和萨拉蒙（Salamon）总结道，志愿活动是一种文化现象[3]，而且，不同区域的人们参与志愿活动的频率和原因是不同的。[4] 结合社会发源理论进一步推断，当志愿者所处的志愿环境能促使其认为自己可以对社会产生实质的价值时，他们更容易具有

---

[1] John Wilson, "Volunteering", *Annual Review of Sociology*, Vol. 26, 2000, pp. 215 – 240.

[2] Jean Baldwin Grossman and Kathryn Furano, "Making the Most of Volunteers", *Law and Contemporary Problems*, Vol. 62, No. 4, 1999, pp. 199 – 218.

[3] Helmut K. Anheier and Lester M. Salamon, "Volunteering in Cross-national Perspective: Initial Comparisons", *Law and Contemporary Problems*, Vol. 62, No. 4, 1999, pp. 43 – 66.

[4] Debbie Haski-Leventhal, "Altruism and Volunteerism: The Perceptions of Altruism in Four Disciplines and Their Impact on the Study of Volunteerism", *Journal for the Theory of Social Behavior*, Vol. 39, No. 3, 2009, pp. 271 – 299.

利他的动机。这就是价值效应。

此外，模范效应就是当志愿者所处环境促使志愿服务成为一种"模范行为"时，志愿者更倾向于具有利己动机。如前所述，这是对市场信号理论的进一步延伸，当志愿者在团队中的身份能体现其个人能力时，志愿者会把志愿经历作为增强竞争力或锻炼能力的渠道[1]，从而获得"模范"的标签，倾向于以利己为主要动机。正如布劳（Blau）所述，在大家互帮互助、互利互惠的现象下，隐藏的是一种利己主义，即寻求社会回报才是激发帮助行为的根本所在。[2]

所以，当志愿者所处环境给予他们更充分的项目信息时，志愿者更倾向于具有明确的志愿动机（利他或利己）；而志愿者所处环境促使他们认为志愿活动可以带来实质价值时，志愿者更倾向于以利他为主要动机；当志愿者所处环境更能促使志愿服务成为一种"模范行为"时，志愿者更倾向于以利己为主要动机。

同样，信息效应、价值效应和模范效应继续作用在志愿动机的满足过程中。不过，从三种效应的内涵来看，其分别适用于具有不同志愿动机的志愿者。对于动机模糊的志愿者而言，其志愿动机的满足主要受到了信息效应的影响。这是因为对于动机模糊的志愿者而言，通过实践去认识、了解这项志愿活动是首要和基本的。当志愿者获取更多关于志愿活动的信息时[3]，他们会更认同志愿活动，收获体验越丰富，志愿动机满足程度就越高。对于以利他为主要动机的志愿者而言，价值效应对其志愿动机满足发挥着主要作用。他们更关注服务对象的收获，所以如果各项环节能够保证价值实现，他们志愿动机的满足程度也越高。而对于利己的志愿者而言，如果他们在这个平台上有更多提升自身能力的机会，"模范"形象不被削弱，他们的志愿动机满足程度就会越高，这也是模范效应发挥影响的过程。

---

[1] Thomas Janoski, March Musick and John Wilson, "Being Volunteered? The Impact of Social Participation and Pro-social Attitudes on Volunteering", *Sociological Forum*, Vol. 13, No. 3, 1998, pp. 495 – 519.

[2] Peter Michael Blau, *Exchange and Power in Social Life*, New York: John Wiley & Sons Inc., 1967.

[3] Samuel Shye, "The Motivation to Volunteer: A Systemic Quality of Life Theory", *Social Indicators Research*, Vol. 98, No. 2, 2010, pp. 183 – 200.

当然，对于信息效应、价值效应和模范效应在志愿动机分化和满足阶段的考察，也应当考虑志愿者个体因素的影响。在志愿动机分化阶段，已有研究显示，志愿者的性别、父亲职业等因素都会带来一定影响；而在志愿动机满足阶段，志愿者自身对实践经历的思考和内化的过程也会发挥一定的作用。

3. 志愿动机的过程模型

我们将志愿动机的分化和满足置于"启动－落地－再生产"的过程中，看作一个连贯的体系。志愿者受到各种影响，分化出不同类型的志愿动机：可能是模糊的动机，也可能是明确的利他或利己动机。其中，情境因素的影响主要被归结为信息效应、价值效应和模范效应这三种。信息效应促使志愿者更了解志愿活动，形成明确的志愿动机；价值效应让志愿者认为其在即将参与的服务中能够发挥自身的价值，形成利他动机；模范效应则使志愿者更关注自身的锻炼与收获，倾向于以利己为主要动机。具有三种志愿动机的志愿者参与到志愿活动中，历经培训、准备和实践环节，在服务中不断学习、收获体验，遇到并处理各类问题和困难。信息效应、价值效应和模范效应则进一步分别在具有模糊动机、利他动机和利己动机的志愿者身上发挥影响，促使他们根据自己的服务经历进行总结、思考、内化，从而使其志愿动机在不同程度上得到满足。

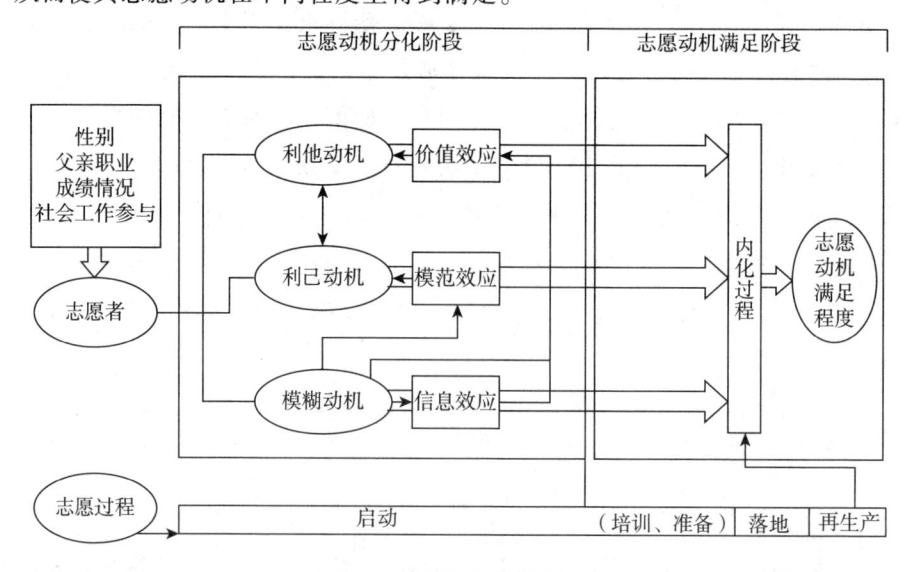

图 3-6 志愿动机的过程模型

（三）数据测量与分析模型

为了对信息效应、价值效应和模范效应这三者进行考察，我们根据调查问卷对各个变量进行了相应的测量，然后选择对应的分析模型进行检验。在因变量方面，我们在问卷中通过两个问题来甄别志愿者的志愿动机类型：首先询问志愿者在选择参与支教时是否具有明确的志愿动机，选择"否"的志愿者的志愿动机类型为"模糊动机"，选择"是"的志愿者继续选择（单选）其最主要的志愿动机，即利他（选择为社会做出贡献、成为改变者、关注弱势群体的某一项）还是利己（体认社会、培养自身能力、获得社会经历）。志愿动机达成程度则通过志愿者对"支教完成后，我认为支教带给我的收获达到了预期"的评价进行测量（不同意=1，基本同意=2，同意=3，非常同意=4）。

在志愿动机分化阶段，志愿者知晓信息渠道（划分为自己策划、媒介宣传、亲朋推荐三种方式）、准备时间（志愿者在选择参与支教项目前了解项目所花费的小时数）和是否进行面试这三个变量可以用来测量信息效应。[1] 志愿者如何知晓信息折射了志愿者对项目的了解情况，选择自己策划项目的志愿者对活动的信息有全面的把握，所以我们在模型中也以此为基准。花费了更多时间来进行支教项目准备的志愿者，也就有更高的概率掌握更多的志愿项目信息。面试在各类支教项目中都比较常见，但不同的支教项目在面试时内容差别很大：有的支教项目组织方只是准备简单的开放性

---

[1] 支教项目的选拔流程一般分为两种，即资料筛选和考试筛选。（1）资料筛选。通常志愿者在报名支教项目时，都会填写相应的表格，表格中一般包含了个人专业、年级、学习成绩、身体情况、特长爱好、联系方式、社会活动参与情况、曾经的志愿经历等，很多支教项目组织方就是通过报名时候志愿者提交的表格进行的志愿者的选拔。大多数支教项目的选拔流程都包含资料筛选。除去个人的基本信息和相关经历之外，组织方在设计表格的时候还会添加一些开放性问题，比如"参与支教的目的和缘由""父母对于你参与支教活动的看法"等，也会让志愿者进行自我评价，对于其性格、优势等方面进行自我描述，进而衡量这些描述和表达与支教项目的匹配程度。（2）考试筛选。资料筛选是比较简单且组织资源投入较少的选拔方式，但是选拔体系完善的支教项目在资料筛选之后还有考试筛选。考试筛选主要有笔试、面试、试讲这三种。笔试和试讲在支教项目中少见一些，主要是研究生支教团招募的时候会有，两者主要关注的都是授课技能。而面试在各类支教项目中都比较常见，像PN大学研究生支教团，一般的选拔步骤是首先在各院系分团委内部进行，再推荐学生参加校级统一的笔试、面试以及试讲，而评审团是由团委联合教务处、学工部、研究生院、研工部等几家单位组成，并且联系相关老师、相关教学方法的教授、附中老师、负责学生工作的党委副书记等，对进入校级选拔的学生进行严格的评估。

问题，比如关于如何应对支教过程当中的常见问题；有的支教项目的面试则有模拟试讲等环节，像 PN 大学 WJ 社团的暑期"三下乡"实践支教项目的面试就包含三个环节，即自我介绍、模拟试讲、话题讨论。组织方从态度、技巧和性格这三方面为报名者综合打分，并且在评分当中引入心理学量表，最终选出符合项目要求的志愿者。面试不仅是招募志愿者的方式，还是组织方和志愿者首次面对面接触、相互了解的平台，直接的沟通也能让志愿者对于支教项目的内容和意义有更清晰的了解，从而使其有更明确的志愿动机。

支教项目类型（研究生支教团、暑期"三下乡"实践支教项目、高校团委发起的支教项目和社团或个人发起的支教项目）、支教次数（支教者参与同类支教项目的次数）和相识人数比例（志愿者已认识的团队成员比例）这三个变量可以用来检证价值效应。具体来说，首先，研究生支教团的组织机制最为稳定，志愿成效最为显著，所以参与研究生支教团的志愿者相比于参与其他支教项目的志愿者更容易认为自身服务能够发挥积极影响。其次，长期参与支教项目的志愿者的专业技能更丰富，其对自己所发挥的作用更有信心。最后，当支教团队中的志愿者大部分都已经相识，那么支教团队的整合程度和协作效率会较高，他们就会投入更多的精力和时间在提升支教服务成效上面。①

---

① 相识人数比例是支教团队中的一个重要的组织特征。如果这些志愿者已经相识，他们在接受培训和一起进行支教之前就已经具有一定的社会连带关系，一方面志愿者之间的相识可能便于今后活动的开展和联系，但另一方面志愿者若已经相识，支教就不是唯一可以维持这些志愿者关系的活动，其并不能给志愿者在社会网络层面提供新的、独有的资源。一般导致志愿者在团队活动前就已经相识的原因有三种：一种即该志愿者报名参与此项活动就是通过朋友、同学间相互传播信息而带动的，也就是被"拉"入支教项目的；另一种就是支教项目的组织与党、团、班级活动结合在了一起，以班级、团支部或党支部的整体参与到支教项目中，从而全部的支教团队成员都相互认识；还有一种就是由于巧合，部分支教团队成员通过其他的途径相互认识，偶然地共同加入了一个支教项目。不同的支教项目在招募组织方面更倾向于采取不同的方式：比如暑期"三下乡"实践支教项目常常通过先在班级内部进行招募成员，然后再通过已有的成员"拉"人熟人的方式组队；而高校团委发起的支教项目与党、团、班级活动联系紧密，所以团队中已经相互认识的志愿者占团队志愿者总数量的比例也较高。在调查中，暑期"三下乡"实践支教项目的相识人数比例的平均值超过了50%。并且值得注意的是，在暑期"三下乡"实践支教项目中，有20%的支教团队的相识人数比例都达到了100%。这个比例达到了100%，也就是说支教团队是完全的熟人团队，这说明高校环境下的支教项目的组织与已有的社会网络脱不开关系，它们倾向于通过已经建立的网络来宣传项目信息并招募志愿者。

志愿者所在高校对志愿者的激励种类（对志愿者进行学分认证、鼓励荣誉、推研资格、资金奖励等）和志愿者参与组织工作情况（志愿者是否在团队中承担组织工作）这两个变量可以用来检证模范效应。高校对志愿者的激励种类越多，志愿活动也越能成为一个塑造模范的平台。而相比于参与具体的志愿实践，参与一定的团队组织工作能够让志愿者的个人组织、领导能力得到更好的锻炼，作为个人经历也能更好地传递出志愿者管理和领导能力较强的信号。

在志愿动机满足阶段，模型选取志愿者参与专业培训的情况（是否参与）、教案编写情况（只有教学计划、根据传统版本修改）、服务学校信息匹配问题（服务学校不适合、对支教资源需求不高，四维度的Likert量表）和同类经验获得问题（很难获得同类项目的相关信息和经验，四维度的Likert量表）作为对应信息效应的变量。志愿者是否参与感情建设和教学秩序维持情况（在课堂上无法有效地进行教学或维持秩序和控制气氛，四维度的Likert量表）这一变量可以作为对应价值效应的变量。而教案编写情况（团队编写）和团队支教态度不积极问题（团队中有志愿者热情不足、参与态度较为消极，四维度的Likert量表）可以作为对应模范效应的变量。支教组织会根据自身的情况，选择不同的方式来组织教案的准备。当只是设计相对简单的教学计划或者根据传承版本修改时，这不利于模糊动机的志愿者进一步了解支教项目，其志愿动机满足的程度就会降低。而当整个团队来编写教案时，访谈中显示，志愿者相对会依赖其他成员的投入，对活动的主动投入和思考都会降低，也就削弱了支教对其能力的锻炼。支教组织的培训活动覆盖了从简单的动员到专业的培训，是非常多维的。而其中，感情建设以提升团队凝聚力为目标，会促进成员之间正式与非正式的交流，这有助于志愿者内化目标、协同开展活动，从而更好地服务对象、实现利他目标。

在控制变量方面，我们将志愿者性别、志愿者父亲职业类型（专业技术者、单位负责人、办事管理者、商业服务人员、生产劳动者）、成绩情况（专业排名百分比）、社会工作参与情况（平均每周在社会工作上所花小时数，社会工作包含团委、学生会、社团等高校工作岗位，实习和兼职等方面）放入分析中。在志愿动机满足阶段，可以通过五个变量对内化过程进行测量，即支教者对支教活动的评价（相较于其他的志愿项目我更喜欢支教项目）、反思（反思过支教活动的意义）、价值观改变（支教活动改变了我的价值观，重新树立了我的人生意义）、人生规划改变（支教活动改变了我之前的人生规划或职业选择）、社会认知改变（增进了我对社会、民生的认知），均为四维度的 Likert 量表（不同意 = 1，基本同意 = 2，同意 = 3，非常同意 = 4）。

围绕志愿动机的分化和满足两个因变量，我们采取两个阶段的分析模型来展开检证：第一个阶段围绕影响志愿动机的分化过程进行探索，由于因变量志愿动机被划分为模糊动机、利己动机和利他动机三个无序离散维度，因而可以选取多项 Logit 模型对不同类型志愿动机形成的影响因素进行测量；第二个阶段围绕志愿动机的满足过程进行探索，分析对象对因变量的评价为有序离散变量，由此选取有序多项 Logit 模型进行测量。

（四）分析与结果

1. 志愿动机分化的影响因素

从统计结果来看，自己策划、设计项目的志愿者比通过亲朋推荐得知的志愿者更倾向于具有明确的志愿动机，而通过媒介宣传加入的志愿者具有利他动机的概率比自己策划项目的志愿者平均少 50.4%（$1 - e^{-0.701}$）。这说明，近乎信息"全知"的志愿者相比之下更倾向于具有明确的志愿动机。研究还发现，支教活动的准备时间对利他动机的形成具有显著正向影响，每多投入 1 小时，志愿者具有利他动机的概率就平均增加 0.8%（$e^{0.008} - 1$）。参与过面试环节的志愿者具有利他动机的概率是没参与过面试环节的志愿者的 1.489（$e^{0.398}$）倍。访谈资料也佐证了这一发现，比如 B 大学 BQ 协会的组织者 J 同学就认为，支教项目通过安排笔试和面试考察报名同学的沟通能力和教学经验，进而来选拔志愿者，并非通过差额选拔"择优"，而是建立一个相互沟通的渠道，一方面组织者可以了解志愿者的情况和特点，另一方面组织者也可以向志愿者介绍情况。

志愿者参与的支教项目类型会影响志愿者的志愿动机形成。研究生支教团以"志愿加接力"的长效工作机制为组织形式，这保证了支教的连续性，不打破服务对象的正常教学，相比于其他支教项目，能更显著地提升服务学校的教育水平,而且志愿者在价值效应下更倾向于具有利他动机。结果也的确如此,参加暑期"三下乡"实践支教项目或高校团委发起的支教项目的志愿者具有利他动机的概率平均是参加研究生支教团志愿者的32.7%($e^{-1.119}$)和23.0%($e^{-1.470}$)。同时模型显示,志愿者参加支教的次数每增加1次,其具有利他动机的概率就平均增加13.1%($e^{0.123}-1$);而相识人数比例每增加1个单位,志愿者具有利他动机的概率就平均增加1.57倍($e^{0.942}-1$)。这也在访谈中得到了一定的证实,Y大学义务支教协会会长J同学就提及,熟人组成的支教团队"真的能起到一些改变作用"。

并且,模范效应会使志愿者更倾向于以利己为主要志愿动机。学校对支教者的奖励、支持政策每增加1项,利己动机产生的概率是之前的1.30倍($e^{0.249}$)。参与团队组织工作的志愿者,其利己动机产生的概率约增长71.1%($e^{0.537}-1$)。在访谈支教项目的组织者时,我们确实也发现他们很看重支教对自身能力的提升,比如J大学青年志愿者协会的Q同学就认为,自己参与支教本质上和参与其他的学生工作并无差别,尤其是随着组织工作的深度参与,"让我长期坚持下来的动力还是期望能够完整、稳定地组织一个团队、一项活动,这样也能真正锻炼能力、做出成绩"。

在控制变量中,女性比男性更可能具有模糊的志愿动机,而成绩与形成明确的利己动机之间呈负相关。相比于父亲职业为生产劳动者,父亲职业为办事管理者的志愿者更不倾向于形成明确的利己动机。

2. 志愿动机满足的影响因素

为了比较具有不同志愿动机的志愿者如何在志愿动机满足阶段受到来自志愿管理各环节的因素的影响,本书将来自三类效应的变量共同放入这三类志愿者各自的有序Logit模型中。

从统计结果来看,具有模糊动机的志愿者的志愿动机满足的确是通过项目信息的不断丰富来实现的。因为动机模糊的志愿者往往对于支教的预期仅是"体验"。所以,专业的培训能够促进他们深入体验,也就会提高他们志愿动机的满足程度($e^{0.709}>1$)。比如,ZC大学SN协会X项目的G同学就充分认可了专业培训的意义,他这样描述了培训前后的感受:

一开始也没太想清楚为什么参加,所以对于前期的培训,我的心态并未摆正，可以说是准备去"打酱油"，但培训后我觉得这件事情还是挺有意义的。

当动机模糊的志愿者在实践中遇到信息不对称（$e^{-0.265}<1$）或者获取信息遇到障碍（$e^{-0.259}<1$）的问题时，他们的志愿动机满足程度就会降低。并且，只有教学计划或只需要根据传承版本教案修改等简单的教案准备工作会使动机模糊的志愿者失去深入了解支教活动的机会，其志愿动机满足的程度会随之降低。

对于具有利己动机的志愿者而言，他们一方面需要在支教过程中锻炼、施展个人能力，另一方面也需要周围环境认同他们的服务活动，这样他们才能建立"模范"形象。比如，T大学的Y暑期实践支教团队的Y同学就认为评奖可以激励大家更好地准备和参与志愿活动：

> 虽然并非为了得奖，但评奖的话会对自身要求更严格些，准备工作也更充分些。我们团队确实很多人是因为学院要求有实践学分才参与的，但我们总结的时候，这些同学也觉得自己各方面收获很大，甚至比孩子们的收获都大。

另外，当具有利己动机的志愿者以团队编写的方式来准备教案时，个人得到锻炼的机会变少，其志愿动机满足程度就会降低。并且，在支教过程中，若其他成员出现消极的态度，利己动机的志愿者就容易认为其作为"模范"的志愿形象受到了削弱，他们的志愿动机满足程度也会降低（$e^{-0.325}<1$）。

价值效应在以利他为主要志愿动机的志愿者那里继续发挥作用。比如，在访谈R大学T协会的支教项目时，H同学曾提及：

> 确实还是能看到改变的，我们是一直去一个学校嘛，那个学校刚刚全市摸底考试完，那边的教务老师和我说他们成绩均分有提高……这对我们来说是极大的鼓舞。

感情方面的交流可以增加团队的凝聚力，促进支教者对支教"事业"性的定位，从而提高具有利他动机的志愿者的志愿动机满足程度（$e^{0.512}>1$）。比如，BH 大学的 C 支教团队队长 M 同学在访谈中提及了感情建设活动的重要性：

> 我们项目是每个学期招募一次，要求每人每周都去同一个打工子弟小学，这样能让支教项目长效化，但对每个志愿者的时间和精力投入要求就很高。所以开展感情建设特别重要，这样能凝聚团队，大家在互相交流中，也能收获更大。

再者，如果以利他为主要志愿动机的志愿者在教学活动中遇到秩序难以维持的问题，他们就无法有效开展教学活动，其志愿动机满足程度也会显著下降（$e^{-0.219}<1$）。

就志愿者的内化过程而言，当具有模糊动机和利己动机的志愿者认为自己对支教活动进行更多的反思、通过支教项目改变价值观的程度越高时，其志愿动机满足的程度就越高。当以利他动机为主的志愿者通过支教活动改变人生规划的程度越高时，其志愿动机满足程度也越高。而所有的志愿者的志愿动机满足程度都与其偏爱支教活动的程度、在支教活动中的社会认知收获和其对于支教活动的认同程度具有正向关联。

表 3-9　志愿动机分化与满足的影响因素

类型	变量名	志愿动机分化阶段			志愿动机满足阶段		
		利己动机 vs. 模糊动机	利他动机 vs. 模糊动机		模糊动机	利己动机	利他动机
信息渠道效应	信息渠道（自己策划=0）			专业老师、机构培训	0.709 * (0.309)	-0.110 (0.291)	0.140 (0.239)
	亲朋推荐	-0.616† (0.358)	-0.802 * (0.333)	服务学校不适宜	-0.265 * (0.131)	0.020 (0.129)	-0.023 (0.117)
	媒介宣传	-0.365 (0.330)	-0.701 * (0.309)	同类经验难获得	-0.259 * (0.133)	-0.072 (0.157)	-0.049 (0.117)

续表

类型	变量名	志愿动机分化阶段 利己动机 vs. 模糊动机	志愿动机分化阶段 利他动机 vs. 模糊动机		志愿动机满足阶段 模糊动机	志愿动机满足阶段 利己动机	志愿动机满足阶段 利他动机
信息效应	报名准备时间	0.003 (0.004)	0.008* (0.003)	教案：传承版本	-0.794* (0.365)	-0.474 (0.391)	0.084 (0.317)
信息效应	是否经过面试	0.386 (0.247)	0.398† (0.238)	教案：教学计划	-0.712* (0.336)	-0.933** (0.321)	-0.356 (0.286)
价值效应	支教类型（研究生支教团=0)						
价值效应	暑期"三下乡"实践支教项目	0.030 (0.729)	-1.119† (0.616)	感情交流及建设	0.256 (0.268)	0.130 (0.279)	0.512* (0.222)
价值效应	高校团委发起的支教项目	-0.271 (0.770)	-1.470* (0.661)	教学秩序难维持	0.031 (0.113)	-0.085 (0.128)	-0.219† (0.114)
价值效应	社团或个人发起的支教项目	0.015 (0.776)	-0.629 (0.657)				
价值效应	支教次数	0.046 (0.053)	0.123** (0.048)				
价值效应	相识人数比例	0.455 (0.352)	0.942** (0.331)				
模范效应	激励措施	0.249† (0.129)	0.128 (0.127)	教案：团队编写	0.218 (0.276)	-0.478† (0.261)	0.202 (0.215)
模范效应	参与组织工作	0.537* (0.273)	0.332 (0.261)	支教态度不积极	0.124 (0.128)	-0.325* (0.135)	-0.024 (0.112)
控制变量	女性	-0.532* (0.230)	-0.610** (0.219)	偏爱支教项目	0.412*** (0.114)	0.199† (0.112)	0.623*** (0.093)
控制变量	父亲职业（生产劳动者=0)						
控制变量	商业服务人员	0.0645 (0.327)	-0.139 (0.322)	反思支教项目	0.212† (0.123)	-0.023 (0.124)	0.258** (0.100)
控制变量	办事管理者	-0.807* (0.389)	-0.398 (0.349)	价值观改变	0.280* (0.124)	0.282* (0.136)	0.086 (0.096)
控制变量	单位负责人	-0.177 (0.321)	-0.138 (0.305)	人生规划改变	0.005 (0.103)	0.001 (0.103)	0.145† (0.086)
控制变量	专业技术者	-0.157 (0.342)	-0.207 (0.327)	社会认知改变	0.365** (0.133)	0.954*** (0.147)	0.808*** (0.123)
控制变量	成绩排名	-0.223* (0.111)	-0.137 (0.104)	认同程度	0.191** (0.067)	0.134* (0.066)	0.212*** (0.057)
控制变量	社工时间	-0.008 (0.010)	-0.002 (0.009)				

续表

类型	变量名	志愿动机分化阶段			志愿动机满足阶段		
		利己动机 vs. 模糊动机	利他动机 vs. 模糊动机		模糊动机	利己动机	利他动机
	常数项	0.599 (0.895)	1.541* (0.786)	/cut1	6.923 (1.118)	6.925 (1.249)	10.296 (1.043)
				/cut2	8.407 (1.153)	8.725 (1.285)	12.312 (1.101)
				/cut3	10.666 (1.229)	11.315 (1.354)	14.645 (1.173)

注：(1) $^\dagger p<0.10$，$^* p<0.05$，$^{**} p<0.01$，$^{***} p<0.001$；(2) 括号中的数字为标准误。

（五）作为过程的志愿动机

并非所有的志愿者都具有明确的某种志愿动机，不少志愿者是带着朦胧的、模糊的想法参与到志愿活动中的。而在这其中，有些人能够通过自己前期搜集的相关信息，或者参加志愿项目组织的面试等环节来明晰自身的志愿动机；有些人则一直停留在模糊的阶段，抱着浅尝、体验的想法进入到实践中。这说明，志愿动机具有一个"模糊-明确"的分化过程。在跳出了以往文献对志愿动机分类研究的维度之争后，我们结合志愿的过程模型，拓展出志愿动机的过程视角，把志愿动机形成、分化和满足的过程视为一个连贯的体系，并且将这个体系与志愿活动的各个环节联系起来。研究发现，志愿者具有怎样的志愿动机不仅取决于个体差异，还取决于他们所处的社会环境、相关志愿活动的各类情境，这其中主要是信息效应、价值效应、模范效应三种机制在发挥影响。

通过统计数据和访谈资料可以发现：了解更多志愿信息的志愿者的志愿动机会更明确；如果所处情境能让志愿者认为其可以为服务对象带来实质性改变，志愿者会更倾向于以利他为主要志愿动机；当所处情境让志愿服务成为志愿者的"模范"信号时，志愿者会更倾向于以利己为主要志愿动机。可见，信息效应主要通过活动的宣传、准备以及志愿者的个人探求来发挥影响。价值效应和模范效应发挥影响则是凭借一种结构性的机制，由志愿者的个人经历、志愿团队等环境结构因素来决定，发挥一种预制性的效应。组织者虽然可以通过调整环境来影响这两种效应，但也容易陷入两难的境地。比如在访谈中，T 大学的 JYFP 协会会长 C 同学就探讨了团队中新旧队员的比例的问题，如果以老队员为主，他们相互熟悉，目标明确，更多地从支教对象的角度来考虑问题，但随着他们年级的增高、面临毕业，很可能一个项目会完全流失；但如果以新队员为主，大家一开始没有明确的预期，相互磨合需要耗费时间，行动效率也相对较低。

在志愿动机满足阶段，动机模糊的志愿者能否通过各个环节进一步深入了解支教，对其志愿动机的满足程度有重要影响，这正是信息效应在进一步发挥作用。以利己和利他为主要志愿动机的志愿者的志愿动机满足程度也分别受到了模范效应和价值效应的影响，但他们对志愿活动的组织管理"要求"更高，很容易在遇到一些困难和问题时产生消极的心态，导致他们难以认可志愿活动。

志愿动机不是静止的状态，而是在志愿活动逐步开展过程中形成、分化和被满足的，志愿动机本就是一个复杂的动态过程。[①] 而不论志愿行为是在怎样的志愿动机引导下开展的，都对推动社会有机运转有重要的作用，也有利于转型时期的社会建设。在这点上，模糊动机、利他动机或利己动机之间的差别不过是"黑猫""白猫"：脱离了有效的活动管理和设计，极富爱心的志愿者也可能"好心办坏事儿"；在组织有序的志愿活动中，"自私"的志愿者也可能发挥真正积极的影响。志愿活动如何组织、管理对志愿者形成怎样的志愿动机，以及志愿动机能否得到满足，都具有显著而千差万别的影响，所以应当为志愿者提供充分的信息，并且塑造模范、促成志愿者的价值实现，使得志愿者能够在自省、服务中自我成长。显然，志愿者一时热切的愿望是远远不够的，因为这种愿望本身是不断变动的，只有将志愿行为进行情境化的理解和阐释，促进志愿组织管理不断成熟，才能触及志愿活动持续机制的根本。

[①] Jonathan H. Turner, "Toward a Sociological Theory of Motivation", *American Sociological Review*, Vol. 52, No. 1, 1987, pp. 15 – 27.

三 "共同体"的形成

当志愿者、服务对象以及相关的组织、政策、资金资源集结、凝聚在一起时,一项支教活动就此孕育。但若要使得支教活动能够有序开展、有效率地实现目标,各方面的资源和制度并不能只是简单的累积,而是需要有机结合在一起,能够相互调动、协同起来,也就是形成一个由志愿者、组织者、服务对象等各方具有共识的"共同体"。[①]

这种"共同体"能否形成,取决于一系列的筹备活动如何开展。这些筹备活动不仅包含财务、后勤等方面,例如交通购票、团队资金筹集、安全预案等,还包含与服务对象的沟通、志愿者培训、支教方案的设计与制定。从ZJ大学J学院赴四川省凉山州西昌市佑君镇河西中学的支教项目来看(见表3-10),各方的沟通、基于沟通对支教方案的确定、对于志愿者的培训等筹备工作一直交织并行。

表3-10　ZJ大学J学院赴四川省凉山州西昌市佑君镇河西中学
支教项目的筹备情况

时间	准备事宜
6月前	确定活动主题、内容、目的和意义,并以此为基础吸收团队核心成员,由负责人与当地学校和政府联系,初步确定活动场地和内容,获得支持。初步决定活动时间、大致地点和活动路线;和学院团委联系,促成四川河西中学和浙江大学建筑工程学院建立暑期实践基地
6月1日至6月10日	大规模招募成员,确定成员后进行成员联系,了解成员性格、特长等基本情况,讨论活动主题并搜集相关资料,集思广益,对活动内容进行可行性验证并做适当修正

[①] 这里借用哈斯马特和许所提出的认知共同体(epistemic community)的概念。认知共同体是从国家与社会关系的角度出发,在当前中国语境下政府与社会组织关系的探究中所提出的。而在这里,笔者主要借用这一概念所强调的各方在认知上的一致性,而并非对支教组织和其他组织关系的探查。在支教活动开展的过程中,各方实际上是在不断相互了解中求同,从而在活动的形式、目标等方面达成一致,进而来提高活动的效率,即让各方更愿意持续地参与活动,对支教活动的评价更高。参见 R. Hasmat and J. Y. Hsu, "Isomorphic Pressures, Epistemic Communities and State-NGO Collaboration in China", *The China Quarterly*, Vol. 220, 2014, pp. 936-954.

续表

时间	准备事宜
6月11日至6月15日	再次跟当地联系，确定大致情况；向老师、学长讨教实践活动中的有关情况，吸取经验教训，完善并递交策划
6月15日至6月20日	支教、宣讲知识的搜集准备；支教培训；调研表格设计，采取形式的优化等；具体设备筹集，队旗、文化衫等的设计制作，礼品准备等（分工完成）
6月21日至6月25日	活动行装和工作用品准备，成员必备知识交流和经验分享，同时根据新问题和需要与活动地联系交流
6月25日至7月1日	夏季学期考试复习及停课考试
7月2日至7月11日	出发前行装检查并做最后补充准备；实践分队出发前最后一次会议
7月12日	乘火车出发前往四川

这方方面面的准备、沟通，以及各种制度、保障的设立都需要支教成员花费心血、投入时间。并且，随着支教项目日益增多、组织管理越发成熟，各方都意识到如何开展筹备与活动有效推进、延续有着紧密的关联，也都在筹备上投入了越来越多的时间。但由于不同类型支教项目的实践时间长短不同、去往地域的社会经济状况不同、与高校的距离不同，它们对筹备活动的投入也有较大差异。

研究生支教团的实践周期较长，需要提供持续一年的支教服务，去往支教的地方较为偏远，实践内容与当地普通教师的工作内容基本无异。但大部分研究生支教团成员先前并无相似的工作经历，所以支教者在去往当地前就需要经过充分的培训，以更好地适应教学与服务所在地的生活。并且研究生支教团的服务对象相对固定，每届的志愿者之间传承性较好，所以与服务对象的需求沟通也较为充分。统计来看，平均每位研究生支教团成员投入了约102小时来进行各类筹备工作，明显高于其他几类支教项目。

暑期"三下乡"实践支教项目的组织以高校团委为依托，在大学生中广泛动员，进而让学生们自发选择主题、形成团队开展实践。支教就是其中常见的主题。而暑期"三下乡"实践支教项目的组织化程度参差不齐。一部分实践团队是初次组队，而一部分实践团队则是高校院系的品牌实践项目，这些品牌实践项目进行以支教为主题的团队招募，然后通过既有的项目组织形式影响实践实施，组织化程度相对较高。所以这类支教项目的前期投入时间分布较为分散，有大量投入时间进行前期准备的团队，也有筹备工作较为仓促的团队。

在高校中，不论是高校团委发起的支教项目，还是社团或个人发起的支教项目，志愿者在筹备上投入的平均时间较少，不足 10 小时（见表 3－11）。一方面，这些支教项目中存在大量临时性的、非固定的项目，因而从发起到实践的过程通常比较短暂，筹备的时间就十分紧凑。另一方面，不少支教项目是日常性的，其组织志愿者利用周一到周五中的半天到一天，或者周末的时间就近开展支教活动。所以，受限于大学生在学期中的学习安排，志愿者在筹备上能够投入的时间相对有限。

表 3－11　四种支教项目在筹备上投入的时间

单位：%，小时

投入时间	研究生支教团	暑期"三下乡"实践支教项目	高校团委发起的支教项目	社团或个人发起的支教项目
少于 5 小时	4.88	26.62	73.19	60.98
5~10 小时	9.76	27.10	13.19	25.85
10~50 小时	43.90	33.09	10.64	12.20
50~100 小时	19.51	9.35	2.55	0.49
100 小时以上	21.95	3.84	0.43	0.48
平均值	102.12	26.70	9.76	8.61

这些多样的筹备工作和大量的时间投入都是以塑造共识为目标的。志愿者需要与服务对象建立联系，针对支教的目标和方式达成共识；支教团队要通过各种各样的培训，让成员们在信息、知识、情感等各方面获得相通的看法、形成共鸣。而不论是与服务对象达成的共识，还是成员相互达成的共识，都需要通过制度建设来稳定和确立。最终，这些共识呈现在支教方案的制定上，继而通过相应的保障措施得以维系。

（一）外界共识：志愿者与服务对象的交流

支教团队与服务对象的交流一般包含两个层面：其一为两者建立沟通

渠道，互通基本的信息，例如支教团队对当地的基本生活情况、服务对象情况（服务对象的班级和人数、学生使用的教科书、学生家庭背景等）等的了解；其二为服务对象对支教内容的需求，例如学生、老师、受援学校的管理层等对于支教者的授课方式、教授内容、教学方案等的想法和建议。而这些交流都是为了促进各方对于支教的目标和形式达成共识，来保障支教活动得以顺利地推进和延续。

1. 建立联系

绝大部分的支教项目在开展之前都会通过电话等通信方式或去往实地与服务对象进行多次联系，尤其是对学校概况、地域发展进行相关了解。比如 T 大学暑期 J 支教团队在出发之前先行派出两名成员"打前站"，对当地相关教育部门进行调研，并和服务学校进行沟通。也有一些支教项目是先联系地方上的政府等相关部门，然后根据地方上的建议进行学校选择。所以这些项目在出发前可能并未确定服务的学校，而是在去往当地之后再对服务学校进行调研和了解。这样的确立方式也会加大志愿者前期筹备的成本。例如 PN 大学 BG 协会发起的支教项目就是先去往支教地，再确立学校。支教团队为了应对不确定的情况，需要在筹备时寻找大量的趣味学习书籍，在去往当地之后再根据实际情况进行调整，这使得"很多备课材料都用不上，（团队）准备教案的压力比较大"。

2. 对接需求

在已经建立联系的情况下，支教团队通常都会与服务学校、老师等针对支教内容的具体安排进一步交流沟通，从而对接需求，尽可能地提升支教的效果。有的服务学校会对支教内容进行定位，比如是否与学生的日常教学有承接关系，还是仅作为课外活动拓展学生眼界。像研究生支教团的支教活动内容基本都是由服务学校决定的，因为支教者的角色、职责与当地老师无异。而 WJ 大学 WX 协会在暑期去往辽宁的支教活动，则在当地学校的建议下，更侧重于英语的教学。BY 大学支教团也是采纳了其所服务的农民工子弟小学的建议，即"不要和班主任上同样的课，尽量多上一些副科"。ZC 大学志愿者所服务的 NS 中学则希望支教团队可以充当教师的辅助——"心理助教"的角色，多进行学生心理问题的调节和疏导。

而有的服务学校则在支教方案的确立中发挥了决定性的作用，比如要求支教团队预先提交支教方案,来对支教内容进行把关。例如 PN 大学 WJ 社团志愿者准备的教案都需要先通过当地教师的审查,然后才能进入试讲环节。当然,如果支教团队和服务对象彼此在实践中建立了信任,服务学校也会转而"放松"对支教方案的把控。例如 CL 大学青年志愿者协会的支教项目,最早时支教团队必须给服务学校提前发送教案内容,而伴随着支教基地的建立,服务学校对团队也愈益熟悉和了解,不再对队员的教案进行"审查",只需要提前告知参与的志愿者人数即可。

对接需求对于支教项目的进行是极为关键的。例如 BY 大学去往城市周边农民工子弟小学的日常支教项目就由于交流不足、沟通不畅,未能充分考虑服务学校的想法,得到"干扰了正常教学"的抱怨,最终只得中断。

从这些分析中可以看出,支教团队与服务对象在筹备期间沟通的充分程度是支教项目顺利实施、建立固定的支教基地、明确支教活动的短期目标的基础。并且,除了基本信息的沟通、确定支教方案等,服务对象有时还会参与其他类型的筹备工作。比如 XJ 大学 W 系团委组织的暑期去往初中的支教项目,服务学校的老师会帮助支教者在校内选拔 200 名初中生参与支教活动。再比如,BY 大学的日常支教项目去往的学校会对志愿者的着装提出要求。服务学校通过这些参与可以促使临时的、非常态的支教项目进一步融入学生的常规化的学习生活,进而提升项目开展的效率。

(二)成员共识:志愿者培训

志愿者培训不仅是要提高志愿者提供服务的能力,也是为了整合团队力量,提高团队的凝聚力,使团队成员具备共同的目标和愿景。对于支教项目而言,志愿者培训通常是在志愿者招募之后开展的。不过,也有支教项目将志愿者培训与招募过程结合起来,通过宣讲服务对象所在地的情况等活动,一边号召志愿者报名,一边进行志愿者的基本培训。当然,这样的培训相对粗略、单一。从当前支教项目的整体情况来看,志愿者培训的主体日益多元,既有提供专业培训的社会组织,也有支教成员所在的高校。而培训内容也很丰富,包含了团队建设、能力提升、认同培养等各个方面。

1. 培训主体

从调查来看,组织和提供志愿者培训的主体一般有四类。其一是支教团队中的志愿者、组织者。例如 XC 大学的日常社区一对一支教项目,每月都在出发前安排一次由组织者设计的培训。其二是支教者所在的高校、群团组织的基层组织等。比如,研究生支教团的培训主要是通过全国集中培训和高校团委自己组织进行。其三是服务学校。例如 WJ 大学青年志愿者协会在正式进行实践前,会让服务学校的老师为志愿者进行培训,讲授教学技巧等。其四是提供志愿者培训服务的社会组织。例如 PR 大学知行协会的暑期"三下乡"实践支教项目就与社会组织 H 协会合作,在完成招募后对支教者针对教学能力、沟通能力等进行专业培训。而选择哪类主体,都是由团队自身或高校来确定的。

2. 培训内容

面向志愿者开展的培训在内容上主要有三个层次,即了解环境、提升能力、建立认同感。以了解环境为目标的培训主要是帮助志愿者进一步了解服务学校所在地的风俗习惯、语言文化等;以提升能力为目标的培训包含了针对志愿者沟通能力、合作能力等基本素养的提高,以及对志愿者教案设计、课堂气氛调节等教学能力的提升,也有着力提升整个团队的协同能力的培训;建立认同感的培训则是指通过感情建设活动、志愿者精神动员等形式,促进支教者建立对支教团队或支教实践的认同情感的培训活动。[①] 根据统计结果来看,志愿者最普遍参与的培训是以建立认同感为目标的培训,诸如"老人"向"新人"介绍经验、团队成员的聚会等。而在各类培训中,由专业老师或机构组织的培训的覆盖率最低,只有约 1/4 的志愿者参与过。

表 3-12 志愿者参与各类培训的比例

单位:%

培训目标	内容	参与率
了解环境	服务学校及所在地风俗、文化介绍	43.77

[①] 当然,在实际的支教过程中,这三个层次并非排他的,而是经常结合在一起,体现在某种类型的培训中。比如在建立认同感的各类培训中(志愿者的经验分享、感情建设等),也经常涉及对服务地的环境介绍、对教学经验的积累等。此处的划分是根据访谈资料中志愿者对各项形式的培训的认识而总结,仅是一个供读者了解各个培训内容如何分布的权宜性分类。

续表

培训目标	内容	参与率
提升能力	专业老师或机构的能力培训	25.03
	安全培训	42.78
建立认同感	与有经验的志愿者交流	66.32
	聚餐等形式的感情建设	60.63
	行前动员	29.08

(1) 了解环境

这类培训主要是为志愿者介绍服务地的风俗、文化等。具体而言，之前在该地进行过支教的志愿者或者负责与当地进行联络的团队成员会向整个团队普及当地的基本信息、强调注意事项等。例如 B 大学 XBX 暑期实践团在去往会宁支教前不仅通过联络者对当地进行了解，还组织志愿者通过网络、书籍了解会宁的历史概况、地理环境、教育发展现状、经济情况、政府政策等信息。并且，暑期实践团联系了对会宁熟悉的老师和同学，向他们征询建议、寻求帮助。此外，暑期实践团还通过向当地居民发放调查问卷，来对会宁进行多角度、更深入的了解。还有很多支教团队以手册的形式将服务地的各方面情况记录下来，供志愿者了解、参考。例如 ZJ 大学 J 学院暑期社会实践支队去往四川河西中学的支教项目就是如此，成员们会通过自行学习手册来了解当地的环境。有些支教团队还会在前期安排专人去考察服务地，搜集和整理相关信息。比如 Z 大学青年志愿者协会去往潮州九村中学的支教项目就选取了两位志愿者提前去往潮州，以充分了解当地的风俗、文化情况。

(2) 提升能力

以提升能力为目标的培训是包罗万象的，大致可以从生活技能和教学技能这两个角度进行分类。生活技能中最为重要的就是安全培训。对于绝大部分志愿者而言，服务地是一个完全陌生的环境。并且大学生支教者的生活阅历、社会经验等较少，应对突发事件的能力不足。所以，支教组织及其所在高校都非常重视志愿者的安全问题。除了购买保险等防范措施外，支教组织一般还会设立相应的安全预案，并且围绕预案进行有针对性的培训，尤其是急救常识、自卫常识的普及等。例如 T 大学团委为每个暑期实践支队指定了一名联系人，暑期实践支队每天都会向这一联系人汇报团队的安全情况。还有的支教团会有带队老师参与到实践中，这会极大地提升团队应对安全隐患的能力。

提升能力的培训中最为重要的一环，就是教学技能的提升。教学技能包含许多方面，例如与学生的沟通能力、对课堂气氛的掌控能力等。而这种提升也有两种不同的层面，即理论性的提升和演练式的提升。前者由相关的专业老师和培训机构进行经验分享、介绍教学知识结构等；后者则是通过试讲等教学实践模拟教学场景，让志愿者在演练中提升能力。研究生支教团的志愿者都要经历试讲环节的训练，才能站上受援学校的讲台，成为合格的教师。有些支教项目还会邀请心理咨询老师来介绍教学中应当着重注意的语言、手势、氛围把握等问题，例如 XJ 大学 E 学院团委的暑期"三下乡"实践支教项目就会邀请本校心理中心的老师来进行辅导。也有支教团队直接邀请受援学校的老师对志愿者进行教学培训的，例如 XC 大学百年职校项目就邀请了百年职校的老师介绍支教内容、如何调节学生情绪等注意事项。

（3）建立认同感

在各类组织、团队中，建立认同感是促使成员们有效凝聚起来的重要途径。而在支教项目中，认同感的建立一般包含了三种类型的活动。

一来通过与有经验的志愿者进行交流，以讲故事的方式生动地分享感受、展开探讨。例如 T 大学 Y 暑期实践支队就在去往河南支教前联系本校的扶贫公益协会的会长 C 同学一起参与培训，与团队成员分享他的支教经历，共同探讨支教的作用与意义。

二来是促使志愿者相互认识、熟悉、建立感情，由此建立团队成员之间的认同感。DN 大学 Z 协会赴贵州省高芒村的 ZSQC 支教项目就组织志愿者聚餐、相互认识，并且在日常通过 QQ 群进行沟通。即便很多支教团队不专门开展感情建设的活动，但也会将感情建设融入集体会议等活动中，比如成员自我介绍、促进合作的小游戏等环节。在感情建设中，团队也会形成一系列具有集体性、仪式感的文化符号，比如团队名称、理念、宣言，甚至设计队歌和标志。例如 ZE 大学星火农村发展促进会的一个暑期"三下乡"实践支教项目队伍将名字起为"暖源"，寓意其"将温暖带到需要我们的荒原上，带到孩子们荒芜的心灵草原上"，其口号是"风雨无阻，一路相随"，这些都是促进成员形成并维系团队认同感的载体。

三来是通过行前动员等仪式性的活动，引起大学生志愿者对支教意义的共鸣，激发成员的"使命感"。研究生支教团通常都会开展行前动员。例如 SC 大学研究生支教团在召开行前动员会议时，校团委书记等老师会对同学进行鼓舞；而 GZ 大学行前动员则是以"送别"队员为主题，通过仪式来建立团队成员的认同感。

从数据统计来看，几乎全部的志愿者在进行支教前都会参与某种类型的培训。尽管所谓的培训也许只是聚餐或集体会议，但于志愿者而言，这能够促进其迅速地认识其他成员，对于整个团队的凝聚力提升也是必不可少的。并且，支教团队组织的培训种类是多样的。从表 3-13 来看，近 1/4 的志愿者参加过多于 4 种类型的培训。

表 3-13 志愿者参与培训种类的情况

单位：%

种类	比例
未参与过培训	0.31
参与过 1~3 种培训	74.95
参与过 4~6 种培训	24.73

3. 培训模式

不同类型的支教项目在培训模式上也是各异的。于研究生支教团而言，其采取的是一种多元化的培训模式。从表 3-14 来看，每位研究生支教团成员平均参与近 5 种培训。访谈资料显示，研究生支教团成员在开始为期一年的实践前，还会参与一些日常性的支教项目来熟悉教学、积累经验。而对于暑期"三下乡"实践支教项目的团队而言，新老志愿者之间的经验传递和成员感情建设是其最普遍组织的培训内容。另外，半数以上的暑期"三下乡"实践支教项目团队还组织了介绍服务地的风俗文化的培训。而对于高校团委与社团或个人发起的支教项目来说，不少支教团队是在学期中去往邻近的农民工子弟小学的，所以它们面临的服务地等情况相对简单，对服务学生的信息获取更为容易，组织的培训内容也更为单一。

表 3-14 四类支教项目的培训情况

单位：%，种

培训目标	培训内容	研究生支教团	暑期"三下乡"实践支教项目	高校团委发起的支教项目	社团或个人发起的支教项目
了解环境	介绍服务学校及所在地的风俗、文化	83.3	52.67	26.14	36.11
提升能力	专业老师或机构的能力培训	73.47	24.22	17.50	24.07
	安全培训	81.63	49.78	26.97	37.04
建立认同感	与有经验的志愿者交流	85.71	62.22	72.20	63.89
	聚餐等形式的感情建设	85.71	61.11	59.58	55.09
	行前动员	65.31	34.67	21.58	17.59
	平均参与支教种类	4.73	2.85	2.24	2.33

（三）制度共识：正式的角色与安排

通过一系列的培训，团队成员得以在一定程度上建立对实践目标和方式的共识，共享情感和认同感等。这对于团队凝聚起来、形成高效协同的"共同体"十分重要，但与此同时，正式的制度建设也必不可少。

1. 团队角色

支教团队成员一般都有两个角色，一个角色承担团队分工，例如负责宣传、调研策划等，另一个角色则是服务学校的教师，负责某一门课程或某一个活动的开展。团队分工在准备期间与实施期间会有所不同，但每个团队成员负责的具体内容会有所传承，例如 PR 大学 T 协会赴四川的支教团队在临行前就明确了准备期间与实施期间的分工。

表 3-15 PR 大学 T 协会一次支教活动的分工安排

准备期间	实施期间	人员
队长	活动组织	LZT 同学
副队长	安全员	WJW 同学
视频处理	网络博客	LXX 同学
宣传	视频、照片拍摄	WGQ 同学

续表

准备期间	实施期间	人员
支教策划	会议记录	HSQ 同学
支农策划	文艺活动	LMR 同学
调研策划	出纳员	LGC 同学
医务	安全员	DS 同学
会计	财务员	ZSR 同学
联络	生活员	WZK 同学

2. 制度确立

支教团队的管理制度主要是由其自身设计、确立的。其包含了对队员出行、实践等各方面的行为约束，还有对队员的考核和相应的奖惩办法。例如，PN 大学 BG 协会陕西暑期社会实践团就对队员做出了如下要求：

（1）白天除有集体活动和调研任务外，任何人员需要离开营地，要经过带队老师批准，带队老师不在时，须征得调研总负责和支教总负责的同意。晚上 9：00 后无特殊事情一律不准外出，更不准夜不归宿。未经批准而外出的团队成员，记过一次。夜不归宿人员，一经发现，立即遣回学校。

（2）每位队员要严格服从整个队的统一安排，外出要结伴而行，未经批准而单独行动者，通报批评一次。

（3）每位队员不仅代表着 BG 协会的形象，更代表了 PN 大学的形象，因此，在公共场合要注意自己的言行举止和着装打扮，公共场合不准抽烟，白天不准穿拖鞋。开展公众性活动时，不准追打嬉闹，不准有损害大学生形象的行为，违反者通报批评一次。

（4）个人利益和集体利益发生冲突时，个人利益要服从集体利益。

（5）由带队老师或调研、支教、支农总负责同学严格执行队员考核制度，所有积极表现和违纪情况均记录在册，力求做到奖惩分明。队员的一切行动均受领队和副领队的督促和监督。

（6）实行每日工作例会制度，会议期间，要严肃对待会议内容，尊重他人，不得在例会期间窃窃私语，有什么观点和想法在会议上提出来，大家讨论决定。因特殊情况不能参加的须向带队老师或调研总负责、支教总负责请假，迟到者通报批评一次，故意旷会者记过一次。

（7）下乡期间，每一位队员要积极参加各项活动，认真履行自己的职责，若出现旷课、缺旷活动和调研的情况，记过一次。

（8）外出调研时，至少要有一部手机，一切行动听从组长安排，合理分工，路途中要保护农作物，不准拿农民一针一线，否则，通报批评一次。调研时态度要诚恳，要谦虚谨慎，力求调查到与主题相关的真实情况。每天调研结束归队后，当晚要及时做调查总结，交给组长，组长做好最后总结工作。违者通报批评一次。

还有的支教团队对队员穿着、态度、言行也提出了相应的要求。例如PR大学T协会赴四川支教团就要求队员：

穿着朴素自然，不得穿过于花哨的衣服，言行举止得体大方、对人有礼貌，维护志愿者健康向上的形象；要有良好的团队精神，互帮互助，坚决服从团队决议，不得搞小团体；全心全意为农民服务，尊重农民，服务农民，虚心学习，坚持和农民群众打成一片；不对当地孩子和村民轻许诺言，做事善始善终，承诺的事情一定要尽量办好。

对于初创的支教团队，管理制度的确立一般是以团队集体协商，或者专人制定后再征求集体同意的方式进行。而对于组织过多次实践的支教项目，其一方面会将以往确立的制度传承下来，另一方面也会不断根据每次的具体经验来对以往的制度进行调整、修改、补充。

（四）共识的呈现：支教方案的制定

在与外界、内部都对支教的目标和实践方式达成共识后，支教团队会基于共识来制定完备的支教方案。支教方案的制定也会贯穿在与服务学校的沟通、对支教成员的培训中。

大多数支教项目在项目启动时都会有初步的教学计划，但这些计划还需要经过组织者与志愿者进一步的细化来转变成详尽的教案。越是与服务学生的日常教学接轨的支教项目，也就越要求支教团队去编写具体的教案。如表 3-16 所示，研究生支教团中出现只有教学计划、不编写教案的情况是最少的。

表 3-16　四类支教项目编写教案的情况

单位：%

	研究生支教团	暑期"三下乡"实践支教项目	高校团委发起的支教项目	社团或个人发起的支教项目
只有教学计划、不编写教案	16.33	19.42	25.50	28.77

有的支教项目基于前期搜集的信息，在临行前就完成教案的设计与编写；而有的支教项目则是在去往服务地之后，再完成教案的编写。比如有些研究生支教团的志愿者，就是到达当地后才知晓自己被分配的教授科目、年级和地点等，再根据具体的情况去编写教案。还有些支教项目的形式类似于家教，即为学生进行作业等课堂知识的答疑，就不编写具体的教案了，比如 CL 大学青年志愿者协会的日常支教活动就是如此。

1. 教案素材

教案的素材一般来源于服务学校的老师。或者，志愿者参考以往志愿者留存、传承的教案进行编写。再或者，志愿者自行通过网络等渠道寻找教案的素材。

SC 大学百年职校的项目就是通过职校老师先逐个了解学生的基本情况，然后每个志愿者"认领"学生，也就是形成一对一的模式。在这之后，志愿者根据结对学生的情况，再结合职校的教材来备课。有些服务学校则向志愿者提供现成的教案，而志愿者在这些教案的基础上进行调整和修改。例如 WJ 大学青年志愿者协会就是先收到服务学校老师发来的关于家政、实践、文化课程的教案，然后与各方充分沟通后才确立最终方案。

SC 大知行协会、BY 大学义务支教协会建立了固定的支教基地，也就在往复的活动中形成了教案库。志愿者在以往教案的基础上进行适应性调整，形成每次活动的具体教案。当然，这种建立固定支教基地的情况相对少见。绝大部分的支教活动都是面对陌生的服务地、服务学校，尤其是暑期"三下乡"实践支教项目。不过，高校、社会组织等也会为作为"新手"的志愿者、支教组织提供一些参考,比如其他团队的教案,来帮助、促进"新手"志愿者完成教案的编写。

而根据统计数据,这种服务学校提供教案、有传承版本来参考的情况毕竟是少数。如表3-17所示,六成以上的志愿者需要通过自己查找资料来编写教案。例如XJ大学的A学院组织的支教活动,就要求志愿者通过自行搜索信息、参考服务学校同学的教材等来完成教案的编写。再比如,在ZC大学青年志愿者协会组织的日常支教项目中,志愿者通过网络来搜索其他同类项目的教案,再结合其项目的特点来编写教材。对于师范类院校的学生来说,他们本身具有教学的专业技能和知识,在编写教案上就十分得心应手。例如PR师范大学B支教团M同学就认为,相比于其他学校的志愿者,他们在教案设计上能够发挥自身的专业优势,因而在教学开展上也更为顺利。

表3-17 教案素材来源情况

单位:%

素材来源	覆盖率
服务学校提供	12.51
传承版本提供	22.65
自行查找资料	66.70

2. 编写方式

教案编写可以采用集体备课或个人编写的方式,也可以结合两种方式——以成员个人编写配合集体备课,来达到集思广益、拓展思路的目的。结合两种方式的编写既能锻炼志愿者个人能力,也能在相互配合中形成操作性更强的教案,但对时间的投入要求高。例如PR大学T研究会去往四川的支教活动就先集体商讨活动内容,然后分开进行个人教案编写,临行前再集体修改。

还有的支教项目则是安排其中一部分有支教经验的,或是具有相关专业知识背景的志愿者来负责编写教案,然后再通过培训"传授"给其他团队成员。例如CL大学的YB支教项目,就是让三位有朋辈培训经验、文字功底较好的成员分头编写,然后再合起来形成最终的教案。

表 3-18 志愿者编写教案方式的分布情况

单位：%

编写方式	覆盖率
只集体备课	17.52
只个人编写	44.25
结合两种形式	38.24

集体备课一般是团队成员们面对面的讨论。成员们针对课程如何设置提出自己的思路、想法，并且搜集相关素材来分享给其他成员。通过这种集体的讨论，不同成员在分头编写时也能形成相互之间的对应和连贯，使得各部分汇集在一起后不是简单的拼凑，而是成体系的教案。比如，ZC 大学的青年志愿者协会 L 同学就认为，"支教人员集体备课的话可以让大家相互帮助、相互指导"。

不过，集体备课需要协调、统一各个成员的时间，而大学生志愿者各自的课程等学习安排又是刚性的、迥异的。限于此，很多支教项目主要采用志愿者个人编写的方式。组织者按照科目或者时间段的划分，将支教任务进行分解，分工给每个队员进行编写。例如 WJ 大学 WX 协会就是由组织者为每位成员排课，而志愿者根据排课表自行备课。相比于集体备课，个人编写教案的方式更为灵活，也能让每个志愿者都参与进来、承担编写任务，这也让更多的成员能够因此得到锻炼。不过，成员们在分头编写中缺乏沟通和协同，这就使得团队的教案体系化不足。

3. 树立特色

在教案内容的导向上，志愿者会参考自身团队的特点来树立自身项目的特色。像 XC 财经大学的暑期"三下乡"实践支教项目就以财商训练为特色，为服务学校甚至服务地的农民普及税收政策。而 HN 大学电子学院则是去往湘西永顺县松柏镇，在开展针对留守儿童的支教活动之外，还以节能环保和安全用电为活动特色，通过发放传单、张贴海报和悬挂横幅等方式普及相关知识。再如，ZM 民族大学开展的去往四川的支教项目还添加了民族文化教育的课程。

也有支教项目是从服务对象的特点出发来建立自身的特色的。例如 W

大学去往湖北省大别山区留守儿童聚集村镇的支教项目,就是根据留守儿童容易出现心理问题的特点,开展团体辅导活动,并且还应用了心理实验法来测量其团体辅导活动的效果。与此相似,许多在2008年、2009年去往汶川地震灾区的支教项目也是根据灾区儿童需要关爱、鼓励等心理支持的情况增加了心理辅导的内容。

(五) 共识的保障

除了制度的设立、方案的确定,支教团队还会在实践前采购所需物资、设立财务规则、进行安全准备等一系列活动,以保障各方的共识得以体现和维系,从而使得支教能够顺利进行。

1. 物资筹备

支教项目的资金来源一般是通过高校获得支持、外来赞助、个人支付或是后期总结获奖。研究生支教团的资金补助由国家统一规定、各高校自行下发,具体数额不同的地方、不同年度均有差异。一些高校会提供额外的补助,如BH大学会寻求企业赞助等。暑期"三下乡"实践支教项目与其他社团、高校团委组织的日常支教活动的资金来源是比较多样的,这取决于各个支教项目自身的具体情况。各个高校为志愿者提供的补助情况都不同:有的高校不提供支持;有的高校统一为"三下乡"志愿者提供支持,例如T大学R学院会给每位参与暑期实践的同学补助200元;有的高校选择特定的支教项目来提供支持,比如XJ大学校团委通过学院对重点支队提供上限5000元的支持;还有的高校则是对支教团队进行评比,根据评比结果对部分支教团队进行资金的奖励。而且,不同的高校对支教团队获取外部赞助持有不同的态度。例如,CL大学对外部资金限制较多。而L大学和ZC大学等高校则鼓励支教团队去争取外部赞助,还为支教团队搭建联系外部赞助的平台。L大学每年与LY基金会合办评比活动,为优胜团队提供奖金。ZC大学会则是选送优秀支队申请Q公司赞助的项目,申请到的资金可以支付支教费用。支教团队也会通过队员的私人关系去联系外部赞助。例如WJ大学WX协会去往四川的支教项目,就通过家乡在成都的同学联系父母所在的企业去动员资金支持。也有不少支教项目是支教者自行支付费用的。支教团队一般会预先向队员收取一定的费用作为流动资金来购买支教物品、支付旅费等，当支教团队获得外部支持时再支付给队员。

支教团队的花费主要聚焦在差旅支出、教材购置、礼品准备等方面。有的高校会向支教团队提供物资支持。例如 XJ 大学校团委会为志愿者提供队服、帽子、药品、手电筒、雨衣、队旗等。支教团队也会向其他机构募集物资，作为对服务对象的捐赠。例如 SC 大学"快乐篮球"项目就在邻近学校的社区募集书籍等，然后带往服务学校捐给受援的学生。

表3-19　四类支教项目资金支持概况

	资金来源
研究生支教团	国家统一支持，部分高校额外补助
暑期"三下乡"实践支教项目	多渠道来源： 国家、高校支持；外来赞助、获奖；个人支付
高校团委发起的支教项目	
社团或个人发起的支教项目	

2. 财务规则

支教团队的财务规则包含了财务员的设立、预算申报、经费使用、报销等程序。如表3-20所示，PR 大学 T 协会去往四川的支教团队就在团队中设立了会计和出纳岗位，并且对经费使用、报销等制定了相关的申请和审批程序。

表3-20　PR 大学 T 协会财务制度的示例

类别	具体程序
动用经费流程	1. 申请动用经费，向出纳提交借条——出纳将借条交给会计——会计得到队长批准后，出纳向申请人借出款项——申请人将借款花费后，取得凭证（发票或收据等）——申请人将凭证交给会计，会计审核合格后归还借条 2. 申请动用经费——申请人先垫付经费，并取得凭证——申请人将凭证交给出纳报销——出纳将凭证交给会计，会计得到队长批准后，出纳向申请人报销
日常财务管理	1. 收到经费后，由出纳保管，会计需依凭证填写支教小组财务收支状况（内部账目：经费来源表包含日期、经手人等信息） 2. 发生经费支出时，由出纳提供经费，会计需依凭证填写支教小组财务收支状况（内部账目：经费支出表包含用途、相关人、发票号码及日期、金额等信息） 3. 发生经费支出时，由出纳提供经费，会计还需依凭证填写支教小组财务收支状况（外部账目：经费支出表包含开支日期、发票号码等信息）

并且，支教团队通常会制定一个详尽的预算方案，对各项物资的购置进行规划。表 3-21 就呈现了 WJ 大学 WX 协会赴甘肃支教的预算。其显示，这类暑期"三下乡"实践支教项目中最大的开销在于交通、生活。而相比之下，在高校周边进行的日常支教活动涉及的支出费用少，支教团队在财务上的安排十分简单，也不会设立如此详细的规则和预算安排。

表 3-21　WJ 大学 WX 协会赴甘肃支教的预算

类别	具体情况
一、交通和保险费用 总计：12312 元	1. 往返 北京西—兰州：硬卧：390（元/人）*12（人）*2＝9360 元* 兰州—庆阳：大巴：73（元/人）*12（人）*2＝1752 元 2. 保险费：100（元/人）*12（人）＝1200 元
二、生活费用 总计：5340 元	1. 支教期间伙食费：20（元/人/天）*12（人）*16（天）＝3840 元 2. 医疗药品费用：300 元（用于防暑、防蚊虫以及一些日常疾病的预防和治疗） 3. 生活用品支出（包括席子、被子、枕头、衣架等）：100（元/人）*12（人）＝1200 元
三、教学器材费用 总计：1450 元	1. 教师及学生书籍（包括为在建立图书馆所购新书）支出：1000 元 2. 教学用具（包括体育器材）：250 元 3. 给当地小学学生奖品等：200 元
四、改善教学设施费用 总计：2000 元	根据学校具体情况而更改，暂定 2000 元（根据以前活动的经历，改善教学设施包括给支教的小学修缮教室、桌椅，为小学购置电视机、录音机等）
五、托运费用 总计：500 元	邮寄书本、体育器材等费用：500 元
六、宣传费用 总计：1230 元	条幅：40 元*2＝80 元；文化衫：60 元*10＝600 元；社标：100 元；宣传展板：60 元*2＝120 视频制作：80 元；光盘与相片冲洗：20*10＝200 元；打印费用：50 元
七、预备费用 总计：1000 元	整个支教活动的预备费用（以备突发事件发生）：1000 元
所有费用合计 23832 元	

*注：因志愿者来自不同地方，部分人员可能超过 390 元，部分人员可能少于 390 元。最终实行规则：实际费用不足 390 元的，只报销实际费用；实际费用超过 390 元的，在剩余资金内尽量予以报销；如果剩余资金不足，由志愿者自行给付超出部分；剩余资金富余的，待开学返校后全部购置成教学用品邮寄给服务小学。

3. 安全准备

除了对团队成员进行一系列的安全教育、培训，支教团队还要设定以保障安全为目标的行为规范，对紧急事件的发生提前制定处理预案，并且还要购买公共的常用药品、统一的服装等。在表3-22和表3-23中，就显示了PR大学T协会和PN大学BG协会的支教团队的安全细则。可以发现，支教团队还会通过人员安排进行安全准备，例如对部分成员进行急救培训、设立安全员等。

表3-22　PR大学T协会安全细则的示例

1. 在决议时出现争议，实行民主投票、每人一票制，少数服从多数，队长拥有对大事的决定权。在发生安全问题时，安全员可以一票否决
2. 每天早上起床跑步，实行安全员点名制度。吃饭前唱队歌
3. 活动期间，不得单独行动，尤其是女队员。任何外出须保证至少两名志愿者并确保手机信号畅通。非常规外出活动，须把外出缘由、外出时间、出行人员、负责人等报给安全员，得到批准后方可出行。安全员要做详细记录。出行人员返回后要通知安全员
4. 注意饮食安全，不得随便购买东西或接受不明来源物
5. 尽量乘坐安全的交通工具
6. 身体有特殊情况的志愿者要提前报告给安全员
7. 发生安全事故以及突发事件，须及时向队长、项目负责人报告，由团队解决，不得隐瞒情况

表3-23　PN大学BG协会赴陕西暑期社会实践团安全细则的示例

（一）住宿问题的处理方法	1. 住宿地如突遇火灾、水灾等情况，由带队老师和主要负责人组织疏散，到达安全区后由调研支教支农总负责人马上清点人数
	2. 住宿期间，谨防盗窃、人身伤害等事件的发生。主要负责人保证每天休息之前以及白天房间没人的时候检查门窗是否关好，并且及时提醒队员保管好贵重物品
（二）队员突发疾病、意外伤害问题的处理方法	队员在途中突发疾病、意外伤害，主要负责人立即联系保险人员，视轻重由医疗组人员做处理，或就近送医院。在火车上生病情况危急时要与列车员联系请求帮助。视情况而定，必要时在最近的站点下车，由两名队员护送至当地医院救治
（三）队员走失的处理方法	1. 保证队员之间均留有联系方式，以便电话联系
	2. 如发现队员走失，切不可大意、拖延，应立即组织就地寻找
	3. 在寻找过程中加强管理，避免再次发生类似情况

续表

（四）交通事故的处理方法	1. 有严重受伤者即刻拨打120、110，并立即组织抢救
	2. 调动相应力量，视伤情确定立即送医院，还是紧急处理后送医
	3. 保护好现场，其他队员撤离至安全地点
	4. 安抚队员情绪，询问、检查队员受伤情况，受轻伤队员送医院检查、诊治
	5. 成立事故处理小组，分别负责家长、公安、医疗、保险各方接洽，妥善处理善后事宜。写出书面报告，总结经验教训

在"共同体"的塑造中，各方通过多样的沟通方式在支教的目标和形式上达成共识，并且透过具体的制度建设、方案设置让共识得以呈现和存续。而这种共识也进一步结合物资筹备、财务规范设立等获得实践的可行性。"动"起来的各方不仅要集结起来，更要在一系列琐碎而又面面俱到的筹备工作中整合起来。如此，支教项目才能得以启动。

在启动中，不仅志愿者在信息接收、自我反思中塑造动机，各方都在进一步地认识或重塑自身对支教的理解、寻求认同。这本就是精神文明建设的一环。也就是说，即便支教实践尚未展开，志愿者尚未去往受援地开始服务活动，各方"动"起来的过程已经折射了奉献、友爱、互助、进步等精神。并且，本章分析并未局限在"启动"这一环节，同样将"动"起来的机制与支教活动的持续机制进行了关联性的分析。可以看到，支教如何启动与其在实践中能否发挥效用、能否满足各方、怎样持续下去等都是密不可分的。

总之，志愿者们怀揣不同的动机和想法组建了支教团队，并且酝酿了一系列的安排、制度，承载着各方的期望，试图给欠发达地区和人口带去教育资源。但这些想法和计划能否得到实施、如何落地，也就是说，支教究竟是否具有成效，还与当地的情况、筹备充分程度、活动体系的设计等有着紧密的关联。下一章将针对支教实践的始末展开具体的总结和分析。

第四章

志愿落地的始末

支教发挥影响、践行目标，是通过志愿者落实支教服务、实施支教计划来实现的。所以，支教的实践过程是整个活动中的核心环节。支教的落地伴随着两个线路的过程，即提供教育支持服务和志愿者在当地的生活。在提供教育支持服务过程中，不论是志愿者面对的服务对象类型，还是授课的内容、形式，都非常多元。服务对象的规模，以及志愿者与服务对象的比例等参与结构，都与支教内容和形式的选择相关联。对于没有太多教学经验的志愿者而言，服务对象人数越少越有利于他们掌控课堂氛围。志愿者会根据支教项目的理念、主题、目标，以及服务对象的特征来进行相应的安排。这样来看，具体的实践内容不仅是指志愿者以教师的角色进行授课，还包含了志愿者在课余时间进行的家访、调研等活动。当然，授课教学仍然是支教活动的主线。志愿者在开展支教活动时，不仅要迅速进入教师的角色，还要适应服务所在地的生活环境和文化习俗，这就不免会遇到教学、生活中的各类问题。

支教落地的过程既承载了志愿者与服务对象在多个维度上的互动，也是一个冲突激发与化解、集体认知的过程。在这个过程中，支教团队在启动时做的一切准备，即撒下的种子——如何搭建平台、如何吸引注意力、如何塑造志愿者的动机、如何做行前筹备等——都相继发芽、开花，在实践的土壤上长出了形色各异的果实。这些果实又引导着志愿者、志愿团队、志愿组织对支教活动的进一步理解、认识和行动。

一　互动模式：支教者与服务对象的关系

（一）支教者与服务学生的规模比较

从表4-1的调查数据来看，一个支教团队平均有20人，相对而言，服务学生的平均规模达到200人。这样看来，单次的支教项目在辐射范围上很广泛，平均每名志愿者服务了约16名学生。在对B大学XBX实践的组织者X同学进行访谈时，她就认为1名志愿者与20名左右的学生这样的组合比例，更适合支教活动的运行：一方面志愿者能够比较好地组织教学、控制课堂氛围，进行有效的互动；另一方面也能服务到更多的学生。

表4-1　支教活动的参与规模信息

	平均数	标准差	最低值	最高值
参与活动的志愿者总数	21.24	23.35	1	107
参与活动的受援学生总数	229.80	528.60	4	3250
学生总数比志愿者总数	16.27	43.52	0.2	272.73

而在四类支教项目中，志愿者规模、服务学生规模、"志愿者-学生"的组合形式有共性也有差异。如表4-2所示，不论是哪类支教项目，志愿者规模主要集中在30人以下。进一步而言，半数以上的志愿者团队的志愿者规模都在10~20人（含10人）的区间，尤其是研究生支教团和暑期"三下乡"实践支教项目的志愿者规模更是集中在这一区间。在访谈中很多支教项目的情况也符合这样的统计结果，比如XJ大学E学院团委的暑期"三下乡"实践支教项目每次都招募10~20名志愿者，去往固定的服务基地开展支教活动。相比之下，在高校团委发起的支教项目中，接近30%的志愿团队规模在30人以上（含30人），这也是因为这类支教项目常常与班级、党团等集体活动结合在一起。而社团或个人发起的支教项目在志愿者规模上的分布就比较平均，说明其项目构成较为多元。

表 4-2 四类支教项目的志愿者规模情况

单位：%

志愿者人数	研究生支教团	暑期"三下乡"实践支教项目	高校团委发起的支教项目	社团或个人发起的支教项目	总比例
10 人以下	15.38	13.90	25.61	21.85	19.10
10~20 人（含 10 人）	84.62	63.71	40.24	31.93	50.45
20~30 人（含 20 人）	0	16.99	4.27	33.61	16.40
30 人以上（含 30 人）	0	5.41	29.88	12.61	14.05

这四类支教项目的服务学生规模主要集中于两个区间，即少于 50 人和 100~200 人（含 100 人）。从访谈中我们发现，少于 50 人的服务学生规模一般是日常性的、非典型教学的支教活动。高校团委发起的支教项目就是这样的典型例子（服务学生规模少于 50 人的占 63.40%），这类活动通常去往高校周边的农民工子弟学校，而这些学校本身容纳的学生就不多，所以服务学生规模也较小，志愿者主要是在学生的课外时间开展一些辅助性的教育活动。比如 CL 大学青年志愿者协会的红花小学支教项目，就选择了 43 个农民工子弟进行家教形式的活动。

而与其他支教项目相比，研究生支教团的服务学生规模十分大，因为其去往的服务学校一般办学规模较大，服务受众较广，一般在 1500 人以上。例如 PN 大学研究生支教团去往的库尔勒第四中学，一个班有 70 多个人，高中一个年级有 15 个班，初中一个年级有 10 个班，共 5000 多名学生。

表 4-3 四类支教项目的服务学生规模

单位：%

	研究生支教团	暑期"三下乡"实践支教项目	高校团委发起的支教项目	社团或个人发起的支教项目	总比例
少于 50 人	0	36.05	63.40	34.45	42.70
50~100 人（含 50 人）	0	18.22	5.22	5.88	11.46
100~200 人（含 100 人）	18.18	33.72	22.88	36.13	30.87
200 人以上（含 200 人）	81.82	12.01	8.50	23.54	14.97

此外，在不同形式的支教项目中，"志愿者 - 学生"的组合形式也相差甚远。例如，"家教型"的支教项目一般可以分配 1~2 名志愿者给 1 名学

生进行辅导。而在研究生支教团中，志愿者根据服务学校的安排，有时是在服务学校的团委等学生工作岗位上提供支持，面对的对象则是整个学校的上千名学生。所以在实际的活动中，"志愿者－学生"的组合有着很大的变动性，会根据诸多因素进行调整。比如当服务学校提出具体的需求时，根据支教内容和形式的调整，"志愿者－学生"的组合就会有相应的改变。像 T 大学的 JYFP 协会就遇到过这样的情况，当支教团队去往 M 中学开展暑期"三下乡"实践支教项目时，M 中学希望他们在特定的几个班级开展教学活动之外，能够面向全校学生开展一些学习方法的讲座活动，支教团队也根据这样的想法调整了活动安排，"志愿者－学生"的组合也据此变动，志愿者辐射的服务学生范围也更为广泛。

（二）辅导型、教学型和引导型

结合访谈材料进一步分析，"志愿者－学生"的组合实质上蕴含了不同类型支教项目的互动模式，依互动的充分程度可以划分为三种类型，即辅导型、教学型和引导型。

表 4－4 三种支教组织形式

单位：%

类型	学生人数/志愿者人数（每位志愿者直接服务的学生个数）	研究生支教团	暑期"三下乡"实践支教项目	高校团委发起的支教项目	社团或个人发起的支教项目
辅导型	少于 5 人	0.00	49.22	80.39	43.70
教学型	5～10 人（含 5 人）	0.00	26.74	13.07	6.72
	10～50 人（含 10 人）	18.18	20.54	5.23	41.18
引导型	50 人及以上	81.82	3.48	1.31	8.40

1. 辅导型：补充课堂教学

在辅导型的支教项目中，每位志愿者直接服务数量较少的学生，甚至多位志愿者负责服务一个学生。志愿者可以与学生进行充分的沟通，交流内容以课内作业、习题为主，起到了补充课堂教学的作用。这种类型的组织形式应用比较广泛，尤其是在高校团委发起的支教项目中。例如，XC 大学百年职校项目在开展时每次去 15 名志愿者，对全体 3 个班共 79 名学生进行一对一的辅导。

辅导型的支教项目不会打断服务学生的日常教学，并且由于交流充分，志愿者可以依据学生的具体情况针对具体问题进行讲解、学习经验的传授，或者给其以鼓励和慰藉，发挥社会支持的作用。但辅导型的组织形式需要稳定的"志愿者－学生"组合，也就是固定的志愿者为固定的学生提供辅导。否则，若是志愿者经常更替，一方面会带来志愿者开展辅导的成本过高，双方需要花费较多的时间相互了解；另一方面辅导只能根据服务学生不断变动的需求进行，无法连续、有目标地提升学生对某一方面、某一科目的掌握能力。也有一些暑期实践的支教项目采用了辅导型的组织形式，例如 CL 大学 YB 项目，由于支教者住在农户家，刚好支教的时候赶上了暴雨，支教团队基于对安全问题的考虑，就把支教计划变为在家中给学生进行作业辅导。

2. 教学型：加强教师资源

如果说在辅导型的支教项目中，志愿者的角色是家教，那么在教学型的支教项目中，志愿者的角色则是学校临时教师，这也是支教活动最典型和最常见的一种形式。例如 XM 大学赴藏 ZQT 支教团队，团队成员共 33 人分三组去往 3 所学校，在每所学校中面向 4 个年级教授 5 个科目，而根据不同学校的情况，具体教授的科目有所不同。相比于辅导型的支教项目，教学型的支教项目需要志愿者加强与服务对象的前期沟通，尤其是对服务学校在使用教材、授课进度等方面的了解，以及与服务学生就成绩情况、学习能力等方面的交流。

3. 引导型：带动规模效应

对比志愿者在辅导型支教项目中的家教角色和教学型支教项目中的临时教师角色，在引导型的支教项目中，志愿者的角色更像是同辈。引导型的支教项目通常是指志愿者团队面向大规模的服务学生，提供非常规性的教育支持的活动。比如在研究生支教团中，有些志愿者不直接代课，而是在服务学校承担部分学生工作，如在高校团委工作，负责组织学生活动等。而对于高校、社团组织的日常活动或暑期实践这类周期较短的支教项目而言，引导型的支教项目则一般是以讲座的方式，在较短的时间中传递学习经验。这一形式的优势在于可以规避课堂气氛掌控难等教学、互动问题，让志愿者选择自己擅长的领域和主题，来开拓、启发学生们的思路。但这种形式的缺陷是无法针对学生的具体需求和具体情况开展教学，往往并不能实际解决服务学校的教育资源短缺问题。例如 B 大学 XBX 暑期实践在面对党岘乡中学开展活动时，就采用讲座的形式，让相关院系的同学围绕数学、英语、语文的学习介绍经验。还有的支教项目是以励志为主题的，如 CL 大学的 GNXH 支教项目，就是每次选择一所学校，面对 1000～2000 名学生进行广场演讲，鼓励大家努力学习、树立高远的人生理想。

二 各显身手：多样的内容和形式

（一）多元化的教学内容

这三种支教组织形式对应的内容和设计方式也不尽相同。辅导型的支教项目基本上是由志愿者根据服务学生或服务学校的情况和需求来决定内容的；引导型的支教项目则更多的是由志愿者根据自身情况来设计内容的；教学型的支教项目的教学内容则是由志愿者和服务对象双方经过沟通共同决定的。不过在一个支教项目中，往往也会融合两种甚至三种组织形式，如 W 大学 ZS 工作室赴湖北大别山区支教项目，该活动一方面包含了英语、科学、文化、体育、美术、音乐等教学课程，另一方面以"一对一帮扶"的形式让志愿者在课余时间辅导学生。

所以在多元的组织形式下，支教的活动内容也非常多元，不仅包含了小学、初中、高中所涉及的各类科目，并且志愿者会根据服务学校的情况选择相关主题，例如心理辅导、励志教育、环保宣传、法律普及等，并设计新的科目类型。在 Z 大学青年志愿者协会赴潮州九村中学的支教项目中，就有急救常识、书法、武侠小说、世界人物等不同寻常的科目，这主要是为了开阔学生的视野，从而结合志愿者与服务学生的兴趣爱好。但从这项活动的安排可以看出（见表 4-5），支教的主流内容主要还是语文、数学、英语、物理等学校课程计划内的科目，这也是服务对象最直接需要的。

表4-5　Z大学青年志愿者协会赴潮州九村中学支教课程安排

星期	时间	8月1日	8月2日	8月3日	8月4日	8月5日	8月6日
一	8:00~8:45	语文	英语	数学	语文	数学	趣味运动会
二	8:55~9:40	数学	语文	英语	英语	英语	
三	9:50~10:35	音乐	体育	性教育	体育	物理	
四	10:45~11:30	物理	数学		物理	语文	
五	14:20~15:05	急救	物理	音乐	急救	班会	
六	15:15~16:00	舞蹈	书法	武术	书法	书法	
		百科知识	武侠小说	百科知识	百科知识	武侠小说	
		世界人物	音标	音标	武术	女子防身术	
			世界人物		音标	音标	
						舞蹈	
		8月8日	8月9日	8月10日	8月11日	8月12日	8月13日
一	8:00~8:45	语文	英语	数学	语文	数学	告别会
二	8:55~9:40	数学	语文	英语	英语	英语	
三	9:50~10:35	物理	体育	急救	体育	物理	
四	10:45~11:30	音乐	数学	语文	物理		
五	14:20~15:05	主题班会	物理	音乐	急救		
六	15:15~16:00	武术	书法	武术	书法		
		百科知识	武侠小说	书法	世界人物		
		女子防身术	百科知识	百科竞赛	武侠小说		
		音标	音标	音标	音标		
		舞蹈	世界人物	舞蹈			

1. **语文、数学、英语教学**

语文、数学和英语是大多数服务学校教学安排中的基础科目，也是支教中最常见的教学内容。这一方面是由于服务学校和服务学生的重视，另一方面是由于这三个科目的教学改善都以能力提升为基础，不论服务学校使用什么样的教材、进度怎样，志愿者都可以从能力提升的角度，结合自身优势进行教案设计。

从 DN 大学 Z 协会 ZSQC 项目赴贵州省高芒小学支教的例子中，就可以深入观察到大学生支教团队的支教过程。该支教团队利用暑假时间在高芒小学支教21天，覆盖了二年级到六年级的语文、数学、英语、历史、地理等 12 个科目的教学,而语文、数学、英语科目则占据了一半以上的教学时间。语文和数学的教学内容主要是帮助学生巩固日常所学,并且试图从培养学生的学习习惯入手,来夯实其知识基础。语文科目的主要目标在于提升学生的口头表达及写作能力,而数学科目则主要是通过培养学生逻辑思考能力,进而促使学生学以致用,使其在面对日后的学习时可以更容易、更轻松地掌握知识。英语科目只面向五年级、六年级学生开放,除了帮助学生进一步加深对已有知识的记忆以外,支教团队也试图通过趣味的方式激发同学兴趣,例如学唱英语歌曲,并且也向学校周边的初中生开放,鼓励他们一同来旁听。

DN 大学 TG 系 H 同学是 ZSQC 项目中五年级的"班主任"(每个班由两名志愿者充当"班主任"的角色),主要负责数学课程。他在带领学生们回顾关于最小公倍数和最大公因数的内容时,发现他们虽然之前已经学过这方面的知识,但班里能够掌握这方面知识的却只有 3 个同学,H 同学为了让他们巩固这方面的知识,给他们留了课后作业,但收效却不明显。后来他借鉴"副班主任"的方法,在班里进行男生和女生的"PK 赛",例如男生和女生的作业有满分的每次给各自队伍加 3 分、上课的时候上台写对一道题目加 3 分等,通过竞赛的方式激励学生学习。另一位来自外语学院的 H 同学负责六年级教学,她以自身专业出发开设了英语科目,从教英语字母表开始授课,却发现,虽然对于学生来说按照顺序读下来没有问题,但难点在于任意挑选进行发音,于是她每天都要求学生在课上听写字母表,并且纠正了学生的书写错误。在支教结束前一天,她对六年级的学生进行了简单的测试,即默写字母表上的 26 个字母,很欣慰地发现大部分同学都能正确、规范地默写出所有内容。

在 DN 大学 Z 协会 ZSQC 项目的例子中,尽管支教时间只有短短的 21 天,但志愿者都能从自身对每个科目的理解出发,去培养学生们的学习习惯,使他们掌握学习方法,从而为他们日后的学习打下更坚实的基础。

在活动中,语文、数学、英语这些课程的教学特色往往都是以激发学生兴趣、培养能力为主。如此一来,既能有效地弥补以"应试"为动力机制的日常课堂教学,又能让志愿者有更多的空间,通过教学方式的改变和调整来放大支教的短期效应。从统计数据来看,这三个科目的教学也构成了最主要的支教内容，近80%的支教项目都开展了语文、数学、英语科目，尤其是暑期"三下乡"实践支教项目，其通常都是以这三个科目的教学为主线配合其他素质拓展内容设计教学安排。

2. 政治、历史、地理、物理、化学、生物等教学

相对而言，政治、历史、地理、物理、化学、生物等科目在服务学校的受重视程度，不如语文、数学和英语这三门课程高。在小学，这些课程主要是自然、科学等启蒙性课程；而在中学，这些课程同样是教学体系的核心。由于这些课程需要有针对性的知识系统，所以在发展较为落后的边远地区学校，经常出现专科教师资源短缺现象，比如我们在对贵州省D县第三中学Z老师的访谈中就发现，历史、地理、物理、化学等科目的老师"最难找"，他分析说，这是因为很多师范学校的学生在选择专业时通常都喜欢选择语文、数学等"主科"，而不愿意选择历史、地理等"副科"，从而导致"主科"教师资源过剩，而"副科"经常没有老师。于是长周期的、日常性基地式支教项目的志愿者通常会更倾向于充当这些"副科"课程的老师，去弥补"副科"教师资源的缺失。所以，统计数据显示，有近80%的研究生支教团志愿者都做过"副科"教师，甚至可以完全充当服务学校的相关课程老师。部分暑期"三下乡"实践支教项目团队也设置了这些课程，同语文等课程一样，也是从巩固学生已有知识和提升学习兴趣出发的。

ZJ大学AE学院2012年暑期赴四川省河西中学实践项目中就包含了历史课程的教学，并且以"借我们的眼睛看世界"为主题向学生们介绍古今中外的历史知识，安排志愿者H同学讲述各个国家的近代史。从教学效果来看，学生们对于重大历史事件及其意义都非常感兴趣。而CQ大学TM工程学院LYZ青年服务团赴重庆市西沱镇小学校实践项目为学生开设了趣味地理课程，主要内容是利用中国地图初步认识省级行政区的划分，运用拼图游戏的方式加深学生的记忆，并且组织知识竞答活动来帮助学生反复记忆所学的知识。据负责教学的L同学介绍，这个课程的设计是为了"给孩子们介绍世界地理，希望他们不要局限于生活的小圈子，放眼世界，看到外面世界的美好，产生走向外面的梦想"。

如果说历史、地理等"文科"课程的设置大多以开阔视野为目标，而物理、化学等"理科"课程则更多地从加深掌握、灵活运用已有知识的角

度出发。例如，在 ZS 大学青年志愿者协会 PGY 支队的支教项目中，物理课程的教学就是从一些有趣的实验现象或生活现象出发，进而引导学生们产生对物理理论知识的学习兴趣。但志愿者发现，大部分学生对课内知识的掌握十分有限，比如志愿者向学生提到一个涉及连通器原理的水壶设计问题，很多学生答不上来。于是志愿者调整了教学方法，在介绍理论时尽量减少使用物理名词，而是尝试用通俗易懂的方法来努力维持学生兴趣。比如，志愿者不先展示实验结果，而是让学生们预测结果。PGY 支队的物理教学涉及了多方面内容，如家用电器、通信设备、家庭电路、雷电、机械等，拓宽了学生的知识面，但志愿者还是认为，"整体上而言，大家（学生们）在兴趣和思维能力上的提高还是比较有限的"。

不论是"主科"还是"副科"，这些在现有教学体系中已经固定存在的科目在短期支教项目中的教学基本都是以开阔视野、知识介绍、提升兴趣为主线，并且与支教项目的主题结合在一起，和学生日常教学中的同类科目相差较远。这样一来，支教一方面弥补了服务学校日常教学中缺失的个性化关注和教学手段创新，另一方面却由于与日常教学较为脱节，带来的影响具有不持续、不确定的特性。

3. 素质拓展教学

素质拓展教学是短期支教项目中最为常见的内容，DL 大学 LG 协会赴青海省爱心支教项目的志愿者就说道：

> 我们的课程不是对他们本身的功课进行教授辅导，因为我们授课时间短，且授课对象是西部大山里的孩子，所以我们将课程重点放在拓宽他们视野、激发他们学习兴趣、展示外部世界上，即课程包括用"google earth"演示介绍世界地理课、折纸手工课、电脑演示体育课、素质拓展课、创意英语课、故事课、电影课。我们的课程对孩子们产生了极大的吸引力，为他们带去了平时上课学不到的东西。

素质拓展教学一般指的是音乐、体育、美术等科目的教学。这些科目虽然也在服务学校的教学计划中，但一般由于服务学校硬件设施和教学设备的不足，往往在实际开展中都不能起到素质提升的效果。而对于志愿者而言，组织素质拓展科目相比于"主科""副科"都更为轻松，内容上容易吸引学生，短期效果也更为显著。在 CL 大学的支教项目中，很多学生"第一次见到了大屏幕和投影仪""第一次用漂亮的印花纸做各种手工"。而素质拓展活动除了通过课堂教学的形式进行之外，还经常以集体活动的形式进行，诸如运动会、文艺表演等，这样的素质拓展活动也可以起到拉近志愿者和学生的距离，培养双方感情的作用。例如 CQ 大学 TM 工程学院 LYZ 青年服务团的支教项目就在支教初始设计了一次趣味运动会，包含了螃蟹接力赛跑、袋鼠跳接力赛、打保龄球、托乒乓球赛跑、筷子夹运乒乓球、投篮、齐心运篮球等项目，一方面成功"破冰"，另一方面也让学生感受到协调、合作的重要性。

素质拓展教学随着短期支教的兴起，渐渐在支教项目中占的比重越来越大，甚至有的时候成为支教项目的全部内容。正如 B 大学 N 学院的 M 志愿者所言，"支教要探索一种新的模式，不能单纯地以讲授知识为主，而是更多地关心孩子们生命的完整成长及健康积极心态的培养"。从而，受时间、经验所限，创造性强又容易组织的素质拓展教学成了支教实践内容的首选。

4. 心理辅导

以心理辅导为主题的支教项目，一般面向两类服务对象：一类是受灾地区学生，另一类是留守儿童。2008 年汶川地震发生后，世界各地的志愿者为汶川提供了各类援助，其中就包括心理援助，例如 BH 大学 CHMT 公益社就由此开展了赴四川为受灾乡亲搭建遮阳布、分发救灾物资、送去书籍杂志、进行心理疏导的援助活动，在 2008 年后逐渐发展成以对当地学生进行心理辅导为主要内容、配合知识教授的支教项目。

支教团队去往的地域的社会经济发展水平一般较为落后，人口外出务工的比例较高，往往也是留守儿童的聚集地。而随着社会、学术界对留守儿童的关注，不少学者号召社会要更关注留守儿童的心理健康问题，因为他们缺少父母关爱，需要更多的心理支持，于是许多支教项目逐渐以心理辅导为内容。W 大学赴湖北 ZS 支教项目就是以留守儿童为服务对象，除了安排相应的英语、科学、美术、音乐等课程，还进行了团体心理辅导的内容，通过游戏的形式让学生敞开心扉、勇于交流、有团队意识、借助团队的力量解决个人问题等。志愿者 L 同学就非常认可心理辅导的意义：

> 团辅的正能量是巨大的。游戏的参与性、带动性在改变孩子的性格方面起着巨大的作用。比如我带的一个叫 C 的 4 年级女生，刚开始她一直不怎么参与集体活动，经过几天的团辅活动，我们发现她其实也挺喜欢做游戏的，团辅活动也让她能够积极地和我们交流了。

表 4-6　W 大学赴湖北 ZS 支教项目团体心理辅导内容示例

ZS 支教项目团体辅导记录和效果简要评估示范表格 （第四次团辅）	
时间：8 月 19 日	地点：小学操场
主持人：魏卓明、李孟平、李毅单、郭勇超	参与人数：28 个小孩

活动流程
● 诺亚方舟
给每个小组一张 4 开大的完整报纸，平铺在地上作为小船，将报纸以外的地方看作汪洋大海，所有小组成员要用一切办法让自己家族的成员全部站上船而不掉进海里，并维持 10 秒，有一个成员掉进海里就算失败。每次成功后将报纸面积减半，代表小船发生某种事故，承载范围缩小。最后面积最小的小组获得冠军
● 感恩之旅
由部分成员来扮演"盲人"，另一部分来扮演"哑巴"；"盲人"蒙上眼睛，然后在"哑巴"的搀扶下，沿着主持人选定的路线，带领"盲人"在室外活动，穿过千难万险，最后取得装有钥匙的宝盒；"哑巴"在这个过程中不能讲话，只能用手势、动作帮助"盲人"体验各种感觉

活动效果及遇到的问题
● 诺亚方舟游戏的参与度很高，孩子们热情高涨，竞争对抗意识很强，有两队发生了争吵，认为对方有不合规则的嫌疑，最后问题得到了解决
● 感恩之旅出现了一些问题，主要是队员内部没有协商好，在摆完障碍物之后，发现太阳下很晒，于是将障碍物转移，但是又没有和在餐厅等待的、已经安排绑好眼睛的人员说明，在操场还在摆放障碍物的情况下将孩子带过来，造成场面混乱，不得不将孩子们又带回餐厅
● 前期准备工作比较充足，这是做得好的一点。考虑到买眼罩花销大，于是将眼罩改为红领巾，提前一天和孩子们说，让他们带红领巾过来

5. 其他专项教育

专项教育就是指具有特定内容主题的支教活动，例如"环保""励志""法律普及"等。CQ 大学 TM 学院 LYZ 青年服务团就将感恩的主题融合到语文课的教学中，其分为"感恩知识知多少""感恩故事有多少""写下感谢和祝福"三个版块，介绍感恩的名人名言、成语故事，并且让同学们在

提升语言表述能力的同时交流感恩故事，也在锻炼写作能力的同时写出对身边人的祝福。PE 大学 E 工程学院赴北京市西罗园社区支教项目就是以环保为主题的，除了进行环保教育和宣传之外，志愿者们还会教社区的中小学生回收身边的废旧物品，并改制成工艺品，例如运用废纸板制作 DIY 月历和运用废旧饮料瓶制作花瓶。专项教育指的是对特定理念的宣传或专题知识的介绍。有的专项教育是将理念蕴含在一些科目、课程里，比如语文、美术等，有的专项教育则是直接讲述、宣传相关主题的内容，作为支教项目中的特色活动来进行。

表 4-7　四类支教项目的内容覆盖率

单位：%

教学内容	研究生支教团	暑期"三下乡"实践支教项目	高校团委发起的支教项目	社团或个人发起的支教项目	总比例
语、数、外	69.23	85.92	78.33	51.20	75.97
政、史、地、物、化、生等	76.92	40.00	36.67	40.80	39.97
素质拓展（音、体、美等）	61.54	75.27	67.78	36.00	64.42
心理辅导（心理咨询、心理游戏等）	53.85	38.18	40.00	35.20	38.45
其他专项教育（励志、环保、法律等）	53.85	34.91	35.56	29.60	34.40

总体上，短期支教项目通常采用"知识传播＋心理辅导/素质拓展/专项教育"的形式，以知识传播为基础内容，附加心理辅导、素质拓展和专项教育中的一种或多种，这样使得支教在带有典型的教育支持特征时也具有各自项目的特色。多样的内容使得支教的价值也愈发多元。这样一来，支教能够吸引更多的志愿者，获得服务学校的认可与支持，发展为周期确定、服务对象固定、具有"品牌"效应的支教项目，这样方能将短期支教项目的影响长效化。而对于研究生支教团来说，志愿者不只是参与服务学校的教学活动，还越来越多地参与到各类活动中，尤其是学生工作中。支教通过对内容的调整和挖掘，促使大学生更好地与学生建立友谊，从而激发大学生发挥更积极的作用，也使其不断探索支教的定位。

（二）激励式的教学形式

为了在短期内和学生建立信任、提升教学效果，志愿者往往会采用以激发学生们兴趣、鼓励学生们主动表达为目标的教学形式。这样的教学形式通常采用竞争性的、荣誉性的方式来调动学生们的参与热情，例如运动会、小组比拼、趣味竞赛等。T 大学 ZM 支教组织去往河南省新蔡县支教时，不仅将这种激励形式放入课堂，还将激励的方式贯穿到整个支教活动中。比如，支教团队对于课上表现优秀的学生会奖励两颗糖果和一种特有的、流通于支队内部的货币"Shell"，而同学们可以用"Shell"到支队特有的商店里购买队员带来的礼品。

并非所有支队在准备教案时都能设计出具有完整教学过程和形式的教案，激励式的教学形式在更多时候，其实是志愿者根据实践的进行而"顺势"选择的。因为激励式的教学形式可以帮助志愿者在短时间内掌控课堂气氛，获得学生的尊重和喜爱。

（三）教学外的支持活动

除了进行知识教学、心理辅导等直接影响服务对象的支持活动，支教项目也会开展相应针对服务所在地的调研、科普、联欢活动。

调研活动有针对服务对象开展的，例如以留守儿童问题、教育资源分布、农村教师职业生存状态等为主题，尤其是暑期"三下乡"实践支教项目基本都会附带类似主题的调研活动；也有针对服务所在地的社会经济状况、历史文化等进行调研的，诸如 CQ 大学 TM 工程学院 LYZ 青年服务团就在支教之余结合志愿者们的专业对石柱县西沱镇建筑文化，尤其是吊脚楼的建筑结构进行了研究。

此外，还有支教团队会面向服务所在地的居民开展科技、环保、法律等知识和理念的普及活动。HN 大学 E 工程学院就在支教之余，以"环保"为主题进行了系列宣传活动，面向镇上的居民宣传"安全用电""低碳环保"的理念，通过在集市发传单、贴海报、讲解等方式进行。

不少支教团队都在服务学校举行了联欢活动。虽然大多数联欢活动缺少学生参与，却也有团队组织了更大范围的联欢活动。例如，ZC 大学 XH

支教团每期都联合服务学校宣汉中学以及当地的艺术中心筹备联欢晚会。在2011年时，XH支教团组织的第五期支教活动还成功在宣汉县人流最集中的东门广场举办了晚会，引发了公众对留守儿童的关注，也丰富了当地百姓的生活。

教学外的支持活动在暑期"三下乡"实践支教项目中最为常见，大学生志愿者通常将社会调研和实践结合起来，在体认社会的同时尽己所能地服务社会。尽管大多数的调研报告并不能对服务所在地的发展起到实质、直接的影响，但调研的经历却能促进大学生自身的思考，帮助他们反思人生价值、明确自我定位。

三 多重体验：志愿者在"异乡"的生活境况

研究生支教团、暑期"三下乡"实践支教项目与部分社团发起的支教项目都以去往经济发展欠发达的农村、县城为主，而这些地方的语言、文化，以及生活方式、风俗习惯都与大学生所熟悉的环境有较大差别。但有限的支教周期又要求志愿者快速适应和融入当地生活，在这一过程中志愿者既对新环境充满新鲜、好奇，也难免会遇到一些问题。

（一）生活环境：志愿者的交通与食宿

根据志愿者所在地和支教实践地的距离远近，不同类型的支教项目的志愿者会乘坐不同的交通工具赴支教实践地。研究生支教团去往的支教地点普遍较为偏远，志愿者主要乘坐长途汽车和火车；而高校团委发起的支教项目的志愿者通过步行、地铁、公交汽车等就可以到达支教地点。从去往支教地点的路途耗时来看，研究生支教团和暑期"三下乡"实践支教项目一般是高校团委和社团或个人发起的支教项目的3倍。

不同项目中的志愿者在食宿方面的情况差别较大，这与项目去往的服务所在地的贫困程度、项目本身受到的政策与资金资源支持有较大关系。高校团委发起的支教项目，社团或个人发起的支教项目通常都是当天往返，并不涉及住宿。研究生支教团的志愿者会获得中央财政给予的每月补助，

表4-8　四类支教项目交通工具的选择和路途耗时

单位：%，小时

交通工具	研究生支教团	暑期"三下乡"实践支教项目	高校团委发起的支教项目	社团或个人发起的支教项目
步行	0	2.96	28.05	19.20
自行车	0	8.52	1.22	1.60
地铁或公交汽车	0	7.04	50.00	40.00
出租车	0	0.37	0.61	0
长途汽车	33.33	31.48	7.32	6.4
火车	66.67	46.30	12.80	32.80
飞机	0	3.33	0.00	0
平均来回路途耗时	22.46	20.56	7.73	7.37

而补助额度也呈现逐年上升趋势。但不少研究生支教团志愿者在当地的食宿情况还是较为拮据的。例如BH研究生支教团的Y志愿者，他参与了青年志愿者第十二届研究生支教团，每月获得600元的生活补助，但其认为"600元肯定不够生活，还是要自己补贴，生活费一般需要700~800元，基本都花在吃饭上。而且那边做饭条件很有限，我主要吃方便面、鸡蛋之类的"。同去的志愿者也发现"当地收入水平很低，但是不知道为什么消费水平和北京没差，超市里面的东西，最便宜的一碗面条都要7块钱"。

表4-9　历届研究生支教团补助政策情况（第十一届至第十六届）

支教团届数	补助政策
第十一届	招募高校向每名志愿者提供每月600元的生活补贴和每年两次往返服务地的交通补贴（向在西藏以及四川甘孜州、阿坝州、凉山州，青海海南州、海西州、海北州、黄南州，云南迪庆州服务的志愿者每人每月发放800元生活费）
第十二届	招募高校向每名志愿者提供每月600元的生活补贴和每年两次往返服务地的交通补贴（向在西藏以及四川甘孜州、阿坝州、凉山州，青海海南州、海西州、海北州、黄南州，云南迪庆州服务的志愿者每人每月提供每月800元生活费）
第十三届	向每名志愿者提供每月不低于680元的生活补贴和一定数额的每年两次往返服务地的交通补贴（其中，向在西藏以及四川甘孜州、阿坝州、凉山州，青海海南州、海西州、海北州、黄南州，云南迪庆州等藏区服务的志愿者每人每月提供不低于900元生活补贴；向在新疆和新疆生产建设兵团服务的志愿者每人每月提供不低于800元生活补贴）

续表

支教团届数	补助政策
第十四届	中央财政给予一定生活补贴，生活补贴为每人每月 760 元。同时，服务地在艰苦边远地区的志愿者享受艰苦边远地区津贴（每月津贴标准分别为：一类区 65 元，二类区 120 元，三类区 215 元，四类区 515 元，五类区 900 元，六类区 1490 元），按月发放。交通补贴按西部计划交通补贴标准每年发放两次。同时，各校要根据本校实际积极争取学校党委、行政关心支持，整合资源，确保必要经费，支持支教志愿者更好服务
第十五届 第十六届	志愿者服务期间，中央财政给予一定生活补贴和津贴，按月发放。生活补贴为每人每月 1000 元。服务地在艰苦边远地区的志愿者按有关规定享受相应标准艰苦边远地区津贴。交通补贴按西部计划交通补贴标准执行，每年发放两次。同时，各校要根据本校实际积极争取学校党委、行政关心支持，整合资源，确保必要经费，支持支教志愿者做好服务

资料来源：《全国大学生志愿服务西部计划项目管理办公室下发的历届关于组建中国青年志愿者研究生支教团及有关工作安排的通知》。

而在暑期"三下乡"实践支教项目中，部分志愿者寄宿在当地家庭或者学校，自行负责日常食宿，在提供志愿服务的同时也体验生活。例如 T 大学赴四川省杨柳村支教团队就住宿在当地公益机构提供的住所，由队员安排分工负责采购、做饭，志愿者 S 同学提到这样的经历时说道："要自己做饭使得整个支教过程都非常有趣，每天在支教的间歇期很大一个共同话题就是今天吃什么。"而 Z 大学 PGY 支队赴潮州九村中学支教项目的志愿者就集体住在服务学校：

教室宿舍是一栋四层高的小楼，叫作"毕星楼"，男生住在二楼，外间是校长办公室，我们平时开会的聚集地，里间是男生们的床和洗漱间。三楼的两间房是女生们的宿舍，夜里女生们就在三楼的走廊上乘凉。孩子们晚上就会上楼来，找我们聊天玩乐。三、四楼的转角是我们 14 人共用的浴室和洗衣间，因为只有一间，经常等所有人都洗完衣服歇下，已经是一两点了。至于伙食，我们到校门对面的一家餐馆包餐，在那里吃午晚餐，早餐我们就到当地的小超市里买罐装八宝粥或者面包解决。

服务所在地的食宿环境对于大学生而言，大都是一种全新的体验，尽管整体设施、条件较之其校园生活相差甚远,但大多数志愿者认为生活条件"并不艰苦",偏远地区不便利的、较为贫乏的物质生活还是给部分志愿者带来了极大的震撼,促使其在体验基层、体认社会的同时进行了深入的思考。

(二) 教学环境:服务学校的教学设施

服务学校的教学设施基本都非常稀缺、落后。有的支教项目还针对服务学校的教学设施进行了主题调研,分析学生、教师等对教学设施的需求程度和满意程度。这些调查都显示,服务学校的教学设施较之发达地区存在着很大差距,但也正在逐年得到改善。

部分偏远地区服务学校的教学设施还处于较为初级、原始的阶段,例如B大学XBX暑期实践团去往的会宁县中小学,其校舍等教学设施长期处于欠维修状态,志愿者发现:

> 很多校舍,特别是边远山区小学,危房现象大量存在,同时缺乏配套运动、活动设施。有些村办小学几个年级的学生挤在一间瓦房上课,教室桌椅板凳毁坏、残损状况严重,影响学生日常学习。西北山区冬天气温低,乡村小学教室缺乏必要的取暖设备。

DL大学LG协会赴青海省爱心支教夏令营去往的学校也是同样的境况,志愿者也分析了当前条件改善的困难:

> 项目配套资金筹措难度大,对项目开工建设和施工进度造成一定的影响,此外校舍安全工程加固维修的单价偏低,其包含了加固和节能改造两个方面。而每平方米800元的预算使得完成建设困难极大。

也有支教团认为服务学校条件还是不错的,例如BH大学研究生支教团的Y志愿者就认为,学校"教育设施还是很不错的,不会像电视上那种茅房、土房"。PN大学赴内蒙古自治区的支教团队发现去往的服务学校还为教师配置了电子备课室,方便教师及时利用网络资源查找教学材料,并且给文理四个重点实验班配备了多媒体教学设备。不过多媒体的教学设备并没有得到充分的利用，一来普通班没有条件使用，二来实验班也很少使用。支教团队认为，这一方面是因为教龄较长的教师不习惯使用多媒体教学设备，更倾向于传统的板书展示；另一方面是因为多媒体教学设备比较珍贵，学校对其的使用也就设了许多限制。所以服务学校面临的问题不仅是教育资源的缺失，教师与学生使用先进教育设备的意识和能力也是亟待培养的。

此外，支教活动所面向的服务学校还有特殊教育领域的学校，例如视听障碍者教育中心，而志愿者去往的这类中心的教学设施情况大都较好。例如 CS 大学 FC 协会去往合肥市特殊教育中心开展志愿服务，该中心设置了测听室、多功能训练室、微机室、健身房、多媒体教室、图书阅览室、按摩室等，而且中心新建的教学楼也已经完工，正要投入使用。不过也有志愿者认为，相比于国际上的同类机构，该中心的教学设施仍未达到先进水平。

（三）互动融入：语言与文化

服务所在地的语言、文化环境对于大多数志愿者而言都是较为陌生的，这样的陌生环境虽然可以为志愿者带来多元文化的体验，但也为志愿者提供志愿服务增加了沟通上的障碍。像 ZJ 大学 AE 学院赴四川支教队去往大凉山地区，当地百姓基本都使用方言，而且不同的少数民族使用的语言也不同，志愿者在沟通上就遇到了很多困难，只能通过当地学生或者当地县团委、教育局的老师的陪同和参与来解决这个问题。因此，不少支队在成立时就针对语言和文化环境的问题制定了解决方案，比如 DL 大学 LG 协会赴青海省爱心支教团队，他们在招募志愿者时注重招募家乡在青海的本地志愿者，并且在对相关活动进行分组时每组都注重安排一名本地志愿者跟随，"作为我们和当地家庭进行工作的桥梁"。

虽然志愿者对服务所在地的文化氛围非常陌生，但在支教的实践过程中很少有因此而产生的摩擦，反而志愿者因此收获了很多新鲜的体验。PN 大学研究生支教团去往新疆支教的志愿者 H 同学针对民族文化方面介绍道：

平常和少数民族之间的关系还比较好，与学生相处不会感觉有什么民族差异，生活中也不会不舒服。去维吾尔族的家里玩的时候他们即便都不会说汉语，但是还是非常热情，就是进去借用卫生间，都会给葡萄干吃。

尽管语言和文化差异带来的支教障碍确实存在，但这种障碍可以通过预案的设置和人们的应对来克服，对支教的开展没有带来很大的负面影响。而陌生的文化和风俗让志愿者获得了多重的体验，也加深了他们对于不同民族、地域的认识和了解。

四 面对困难：动力、能力与反思

志愿者在支教过程中会遇到各种各样的问题，比如与服务对象沟通不畅、信息不对称、生活条件艰苦带来的问题等。但从志愿者的角度来看，在提供支教服务的时候主要遇到的是两个层次的问题。其一是志愿者的动力问题，志愿者可能在支教过程中出现动力不足、热情消退现象。其二是志愿者的能力问题，志愿者在支教活动中扮演了教师的角色，但志愿者的能力参差不齐，并不一定都能较好地掌控课堂氛围，传达学识、信息。这两个方面的问题能否得到解决直接影响支教的落地是否顺利、是否能达到目标、是否能有效地进行教育支持，志愿者也会根据支教过程的推进对支教活动进行反思，比如质疑支教活动本身的意义等。

从调研结果来看，近90%的志愿者都从未在支教过程中遇到热情消退的问题，一直都保持了较为饱满和积极的态度。而超过半数的志愿者都在教学过程中遇到了无法有效地进行教学，或无法维持秩序、控制气氛等困

表4-10 志愿者在动力、能力和反思上的情况

单位：%

问题	遇到	没有遇到
参与支教活动热情不足，态度较为消极	10.44	89.56
课堂上无法有效地进行教学，或维持秩序和控制气氛	51.00	49.00
质疑过支教活动的意义	47.37	52.63

难。并且，近一半的志愿者在活动中质疑过支教活动本身的意义。

志愿活动的不断发展一直受到社会各界的关注，对其效果和意义的争议也非常多。志愿者对于志愿活动的认知和理解一方面随着实践过程的进行和志愿经历的积累而不断变化，另一方面也会受到来自舆论的影响。虽然每位志愿者对于支教活动的认识都非常多元，但整体上其对于支教活动的意义——为服务学生传授新的思想和知识——都是肯定的。当然，有些志愿者在支教落地前就对支教活动的意义和效果心存疑虑，正是期望通过实践来解答心中的问题。但不可忽视的是，由于很多支教项目周期短、专业性不足、筹备不够充分，所以志愿者在落地前后会不可避免地产生认识上的落差。

比如，ZS 大学青年志愿者协会 PGY 支队在去往实践地开展活动时，就发现短期支教项目中有四个方面的因素会导致支教项目的无效率：第一，支教项目组织者对于当地的情况了解不够深入，对于当地的需求和想法不能做出准确的估计，这可能导致支教项目会给服务对象带来负面影响；第二，由于志愿者来自不同的专业，教学专业知识和能力都较为欠缺，这样不专业、不规范的教学不仅没法给服务对象带来他们需要的知识，反而可能破坏他们已建立的知识体系，使得日常教学也受到阻碍；第三，志愿者原本与服务对象并不相识，相互的熟悉、信任还需要一定的过程，但由于支教时间较短，所以相识的过程不免又影响到教学进度；第四，很多支教项目在开展上缺乏计划性，往往是一次性的，只在服务学校开展一次活动后就不再有后续的活动，或者在组织一些附加活动，例如在捐赠、调研时，没有进行先期信息的搜集，反而造成了不良的影响。

伴随着支教的落地，志愿者会根据其遇到的情况，不断思考、判断。当志愿者教学经验丰富、教学能力较强时，他们就会更肯定支教的意义，也就更愿意继续参与到支教活动中，对于支教也就更具有认同感。而首次参与、没有经验的志愿者，或者教学技能欠缺的志愿者更容易遇到各类困难；若是困难没有迅速、有效地得到解决，他们就更容易对支教实现价值的能力产生怀疑；若是支教团队共同克服困难，那么志愿者也会继而对支教活动产生深刻的认同感。ZS 大学青年志愿者协会 PGY 支队的 W 同学对整个团队成长进行了这样的描述：

开学第一天报到时,第一次与孩子们见面,无论是小恶魔还是小天使的一面都还隐藏在他们腼腆有礼的微笑下。但是我们很快就错了,甚至不到半天,他们调皮好动的小恶魔一面就露出来了。满教学区的跑、追逐打闹,我们怎么叫都不回教室,或者自由随意进出教室,自己选择班级就读,完全打乱了原来校方编排好的分班……我们发现其实他们也是很听话的,前提条件是你赢得他们的信任和喜爱。他们还是一群正处在青春期、活泼爱动的孩子,这是调皮的正常表现。在正确的时间地点下,和他们一起玩闹一定会是非常开心的一件事。而在不正确的时间地点下(例如课堂),你就要有技巧地提醒他们注意一下,当然我们觉得只要你的课上得生动有趣,并且尊重学生,他们自然会积极地投入你的课堂中。所以我们在支教过程中试着去做孩子们的益友,授课的同时,与他们像同学一样一起探讨问题,一起学习,并将我们自身的一些生活学习经验代入教学,与他们一同分享成长的快乐。避免生硬刻板的课堂教育,避免师生之间过分清晰的界限间隔,以我们自己的独特定位真正做到走近学生、帮助学生。

可以看到,在支教活动的启动中,支教项目的动员机制、志愿者抱有的想法、支教团队形成认知上的"共同体"都对支教落地产生了极大的影响。尤其是在实践的具体过程中,启动中的资源动员情况、志愿者具有的动机、各项筹备工作进行得如何直接影响着志愿者和服务对象互动的模式、活动的顺利开展、志愿者迅速进入角色的情况、支教团队共同克服遇到的困难的情况等。

伴随着支教的落地,志愿者与服务对象每时每刻都在互动,在大大小小的事件中不断制造、拥有、共享记忆。而这些互动又推动着志愿者、支教团队、支教组织不断反思,在回顾原先的想法、计划中更新和重塑对支教的理解。并且,这些互动也进一步引导着各方展望未来:支教的目标、意义究竟何在?应当如何定位支教?如何理解志愿者的角色?支教应当如何发展?今后如何去面对支教,是继续参与还是就此终止?是否有更有效的活动开展方式?等等。

支教落地的过程是一系列支教行为、认知、理念激励碰撞的过程,也是作为志愿服务的提供者和服务对象相互磨合、理解的过程。在落地过程中，各个参与主体通过自身的行为和认知评判着支教是否达成了目标，并且对支教的意义、理念目标、如何组织等产生了各自的想法。而在实践结束后，这些想法在集体的省思中得到了交流、汇集，影响着支教进一步的走向——就此止步，抑或在价值、行动上再生产。

第五章

行动与价值的再生产[*]

在支教落地的过程中,怀揣各种想法的志愿者践行志愿精神、传播志愿文化,号召整个社会关注教育机会和资源不均衡的问题,力所能及地为欠发达地区和低收入人口提供教育支持。志愿者们给服务对象带去教育物资、知识和理念、发展的动力等,助其拓宽视野,与其建立了情感联系。而即便在支教落地后,以此为目标的行动往往并未戛然而止。从志愿者来看,有些志愿者与学生保持联系和沟通,有些志愿者想要把支教活动当作一份事业持续地进行下去,有些志愿者给别人讲述、在媒体平台上传播自己的支教经历,从而使更多的人对支教产生兴趣并参与其中。

不仅是志愿者自己,整个支教团队都在评奖等组织化的活动中,或者在与服务地的后续跟进过程中进入集体的省思,反思支教的成效。也就是说,志愿者、志愿团队、志愿组织仍然在行动和认知上投入支教活动中,让支教所蕴含的实践理念、行动体系、服务方法、文化符号、价值意义等不断传播、放大,推动支教的再生产。

建立支教基地是支教项目得以再生产的一种方式。除了研究生支教团外,其他类型的支教项目历时短,很难给服务对象的境况带来显著的改变。

---

[*] 本章中关于支教项目的持续性和对志愿者使命养成的探讨,所使用的数据和分析已发表,有删改。见罗婧、王天夫《何以肩负使命:志愿行为的持续性研究——以大学生支教项目为例》,《社会学研究》2012年第5期。

但是不少支教项目在实践后,会积极动员各方建立支教基地,即和服务地、服务学校或具体的服务对象确立周期性的服务计划。这不仅需要与服务对象建立信任、制订计划,也需要获得其他相应的政策支持、资金支持等,尤其是要求支教项目能够稳定地招募到志愿者。从而,志愿者愿意继续参与支教、养成使命感,也是支教再生产的重要体现。

基地的建设显示了支教项目从临时性的活动走向常设性的活动,而志愿者的持续参与则展现出支教逐步成为社会成员的日常生活的一部分。这都说明,支教再生产中最核心的议题莫过于常态化的实现。志愿服务不论要发挥精神文明建设的作用、成为社会治理的参与平台,还是促进社会的健康转型,关键都是要实现常态化,让价值的再生产和行动的再生产得以进行、统一起来。那么,何为常态化?进一步而言,在志愿服务领域中,如何定位和理解常态化?志愿的常态化又有哪些机制?这都亟待探寻。

一　集体的省思

支教实践虽然结束了,但很多志愿者与服务学生的社会关系并未中断,支教项目也进一步聚集更广泛的资源得以长期发展、建立基地,从而走向长效化。如果说一个支教项目得以稳定、重复地运作是青年支教在数量、规模上成长的关键,那么支教团队对于每次支教实践过程、效果的整理、反思,以及关于支教对志愿者、服务学生产生意义的探讨则是支教活动在质量上前进的源泉。而这种评估、整理和反思酝酿有很多种形式,不仅志愿者参与其中,高校、媒体、政府、社会组织、企业等也都参与其中,通过举办评奖活动、报道活动等,将志愿者的总结传递、放大到社会中,而社会各界也就此参与,展开讨论,质疑或支持,共同为支教寻找未来发展的方向。

(一)意义与效果:支教团队的整理与反思

支教团队对于实践过程、效果的梳理和思考并非在实践落地后才开始,而是伴随着支教的推进不断深入、反复探讨,在支教项目启动下一次实践活动时，成为重要的参考依据和经验来源。不过，当实践结束后，支教团队、支教组织往往会通过一系列专门的总结活动来把所有的思考和想法进一步整理成各种形式的资料。不同类型的支教项目对于这种评估和反思的重视程度、投入的时间都不同，收获与成果也自然有所差异。一般而言，支教项目的总结内容主要可以划分为三个层面，分别是材料整理、效果评价、意义内化，从项目发展、对服务对象的影响以及对志愿者自身改变三个层面进行整合与探究。

1. 志愿团队后期总结的类型

志愿（支教）团队的总结在类型和形式上非常多元，并且，服务对象，提供支持的高校、社会组织、企业等也会根据自身的需求和思路对支教团队的总结提出一些个性化的要求。例如 YZF 公益基金会要求其支持的支教团队和组织在实践结束后参与其主办的支教论坛并进行相应的汇报和展示。有的企业在提供支持的同时，会要求支教团队的宣传品——例如队服、实践手册、后期新闻报道等——要带有企业的名称或标志，从而在公众中树立企业履行社会责任的形象。综合来看，从目的和性质出发，支教团队的总结大体上可以分为评估性、经验性和宣传性三种。

评估性总结指的是志愿团队对于支教中的某些方面或全程进行自我评估性的总结，即对于志愿者在实践中的表现、收获，以及活动组织的情况进行记述和评价。这种总结一般是通过实践报告、调研报告这类书面材料展现的。在各类总结会、答辩会中，支教团队进行的口述式汇报、展示等也属于评估性总结。评估性总结也是各类评奖活动中，对支教项目进行比较、评价的主要根据。报告形式的评估性总结的篇幅，一般取决于志愿团队所参与的评奖活动提出的要求。而当一个团队参与了多项评奖活动时，其也会根据要求准备多个版本的总结，少则几百字，多则几万字。但有些评奖活动并没有对总结报告的形式和篇幅进行明确规定，参与评奖的支教团队提交的总结材料就会十分不同。比如，在 YZF 公益基金会组织的评奖活动中，B 大学暑期赴会宁支教团队提交的总结材料近 3.5 万字，包含了其对服务学校所在地经济发展情况、服务学校教育问题、支教内容和安排等各方面的整理和分析；而同时参赛的 PE 大学 E 学院在北京市西罗园社区的支教团队，其提交的总结材料只有 4000 余字，只简单地针对其准备过程和实践过程进行了记录。

经验性总结则是以促进项目发展和提升为目标的总结。志愿团队将实践准备、实施等环节所积累的经验进行梳理、提炼，为同一或者同类支教项目的再次开展进行更充分的铺垫，进而促使后续的活动更具成效和影响力。较之于评估性总结，经验性总结不只停留在支教团队自身进行思考和整理，而是具有更为丰富的形式。比如通过与其他支教团队进行互动，让项目支持方、服务对象等也一同参与讨论，在多方的相互启发和交流中来积累经验。研讨会、交流会、论坛等是经验性总结常见的形式，大多是由支教团队、高校、社会组织等发起、组织的。相比于评估性总结，经验性总结的开展就没有那么普遍了。不过，不少总结活动实际上有着评估性和经验性双重性质。例如，JS大学举办青年发展论坛来纪念研究生支教团成立十周年，这一活动不仅对研究生支教团工作的开展充分交换了想法、意见，也对志愿者和志愿团队进行了奖励、表彰。

评估性总结与经验性总结主要面向已经参与过支教的志愿团队和志愿者，而宣传性总结则主要面向公众。宣传性总结既可以是对支教理念、经验的宣传，也可以是对潜在志愿者和资源支持方的号召。宣传性总结的渠道非常多样，除了借助报刊、电视报道、广播等传统媒体，还积极通过新媒体，诸如数字电视、手机媒体、自媒体平台等社交网络平台进行宣传。宣传的内容可以是志愿者个人，也可以是团队；宣传形式可以是文字、图片，也可以是视频。例如T大学Y支教团队，在支教团队的主动联系下，服务学校所在地的报刊、电视台、广播相继报道了支教团队的活动，并且，支教团队还主动通过社交平台和数字电视对其总结的支教经验进行传播。再比如，TS大学研究生支教团成员M同学就在支教结束后在高校内开展了摄影展，展出了其在实践期间拍摄的照片；而NC大学会宁支教团也举办了支教图片展，并且还将照片制作成明信片吸引同学购买，然后把该项收入捐给其在会宁提供服务的学校，用来改善学校的教学设施。

2. 志愿者总结的时间投入

统计分析结果显示，志愿者在实践完成后的总结中，平均每人投入近10小时，而参与不同类型支教项目的志愿者的人均时间投入有较大差异，见表 5-1。

研究生支教团的志愿者在总结上投入时间最多，志愿者的平均总结投入时间近 30 小时。这是因为研究生支教团实践过程较长，教学活动比较深入，总结覆盖的时间阶段更长、内容更广。

而在高校团委发起的支教项目，社团或个人发起的支教项目中，志愿者在总结上平均投入的时间相对较少，超过 70% 的志愿者仅投入不到 5 小时。前者是因为实践时间较短，可总结的内容少；而后者则一般是由于项目组织成熟度较低，对志愿者的总结一般没有统一的要求，志愿者主要是出于个人需求和意愿进行总结。

表 5-1 四类支教项目实践后的总结时间投入情况

单位：%，小时

投入时间	研究生支教团	暑期"三下乡"实践支教项目	高校团委发起的支教项目	社团或个人发起的支教项目	总体
少于 2 小时（含）	6.00	16.41	56.59	45.54	33.06
2~5 小时（含）	18.00	29.71	25.19	32.59	28.59
5~10 小时（含）	18.00	25.28	6.98	8.93	16.38
10~50 小时（含）	44.00	22.17	6.98	4.91	15.36
50 小时以上	14.00	6.43	4.26	8.03	6.61
平均投入时间	29.20	12.99	4.71	4.20	9.70

（1）支持情况与志愿者总结投入时间

随着青年支教的"流行"，广泛的社会资源被撬动起来，从而很多社会组织、企业都以各种方式参与到支教中，为支教提供各种支持，比如资金的赞助、信息的提供等。而在提供支持的同时，支持方也会提出相应的要求，比如监督资金的使用、项目的进程，以及敦促支教项目进行总结，还会对总结的形式、内容做出一定的要求，所以志愿者在总结上投入的时间也会与项目受到的支持情况有一定关联。

从调查统计结果来看，较之于志愿者的平均情况以及受到高校支持的支教项目的志愿者，受到社会组织和企业支持的支教项目的志愿者在总结上平均投入时间更多。而受到企业支持的支教项目的志愿者投入时间分布较为集中在 2~5 小时（含），投入 50 小时以上的志愿者比例则较小。这可能是因为企业对于其所支持的项目往往都有类似汇报、答辩形式的总结要求，但较之于公益组织的支持，企业的支持传承性较小，其支持的程度、支持的团队等在每期之间都有较大差异，所以总结要求类型也大都是评估性和宣传性的。

表 5-2 支持方不同的支教项目的志愿者在总结上时间投入的情况

单位：%，小时

投入时间	高校团委支持	社会组织支持	企业支持	总体
少于 2 小时（含）	30.81	28.85	15.48	33.06
2~5 小时（含）	27.78	26.92	41.67	28.59
5~10 小时（含）	21.21	17.31	15.48	16.38
10~50 小时（含）	15.40	21.15	25.00	15.36
50 小时以上	4.80	5.77	2.37	6.61
平均投入时间	9.53	12.05	13.13	9.70

（2）组织持续与志愿者投入时间

如果支教项目有固定的服务基地，那么支教团队对其历次实践过程进行经验提炼、总结记述就非常关键，因为这对于项目后续开展十分重要，能够帮助新进的志愿者提前了解支教环境和设计教学活动，掌握更多关于服务对象的信息。所以，当基地刚刚建立时，为了后续项目的发展和基地的建设，志愿者会投入更多的时间进行总结；而当基地建设较为成熟之后，由于对服务对象相关的信息和情况都已经进行了较为充分的积累，志愿者在总结的时候只需要在原先的基础上进行更新即可，反而投入的总结时间就减少了。如表 5-3 所示，在具有固定基地的暑期"三下乡"实践支教项目、高校团委发起的支教项目、社团或个人发起的支教项目中，志愿者在总结上的投入实践都呈现时间两极化的分布。

不过，总结投入时间只能帮助我们从"量"上认识和理解志愿者的整理、反思活动。以下我们则从"质"的角度，来看看支教组织究竟进行了哪些方面的整理和分析。

表 5-3　组织持续情况不同的支教项目的志愿者在总结上时间投入的情况

单位：%

投入时间	研究生支教团	暑期"三下乡"实践支教项目			高校团委发起的支教项目			社团或个人发起的支教项目		
	固定基地	重新选点	新兴项目	固定基地	重新选点	新兴项目	固定基地	重新选点	新兴项目	固定基地
少于 5 小时（含）	30.77	55.29	35.14	44.59	75	77.59	78.63	37.5	68.75	81
5~10 小时（含）	15.38	18.82	37.84	18.92	25	10.34	6.84	50	12.5	10
10 小时以上	53.85	25.89	27.02	36.49	0	12.07	14.53	12.5	18.75	9

3. 材料的记述与传承

支教组织和团队在进行总结时，很重要的一项工作就是对支教项目在启动、落地时的一系列材料进行整理。这些材料记述了支教组织如何开展和组织活动、支教服务具体如何运行等，是后期评估支教活动的成效、支教项目进行传承和发展的重要参考。如果这些材料能够得以完整、有条理地被保存和记录，一方面可以为支教组织再次启动项目时，进行联系服务对象、团队招募、团队建设等提供参照，减少重复工作，并且有利于基地的建设；另一方面也为其他支教项目的发起、组织提供了"模板"，从而带动了整个支教活动的发展。例如 B 大学赴会宁支教项目团队在总结中将组织材料按照"行程安排、实践地介绍、活动筹划流程、安全预案、合作支持方"的框架进行了整理，并且发布到社交媒体上供其他组织参考。总结材料可以被划分为两种，即组织过程材料和组织制度材料，前者主要是支教启动和落地过程中产生的文化符号、信息记录等，后者则是制度化的、关于组织如何运行的材料。

(1) 组织过程材料

在支教的筹备过程中，支教项目的组织者进行了一系列的"队伍建设"，通过设计队名、队服、队歌、队旗等方式来促进志愿者对支教项目、支教团队、志愿角色等建立认同感。队名、队服、队歌、队旗等都是支教团队和组织的文化符号，对于团队的凝聚力、组织的协调性都有着重要的影响，比如 CQ 大学 TM 学院赴石柱县西沱镇的支教项目就在总结中详尽地记录了队歌、队服、队旗、工作证的设计思路。

除了这些文化符号，与服务对象、支持方的联系方式也是一种重要的组织过程材料。比如，B大学赴会宁支教项目团队在总结材料中标注了提供相关支持的高校社团、赞助支持、服务对象信息。而有些支教团队虽然在总结材料中没有标注支持方、服务对象的具体信息，但在团队人员分工中明确标注了队员信息，这样一来，该项目后续的负责人、其他支教项目的组织者都能联系到这些队员，进而获取相应的信息。诸如DL大学LG协会赴青海省爱心支教夏令营就在团队分工中专门设置了"外联组"，并且将队员的联络方式都进行了记录。

另外，伴随实践过程所产生的实践照片、日志、宣传稿件、教案等都属于组织过程材料。这些材料完整地呈现了支教流程的各个环节，像CL大学YB支教团队具体的支教实践历时五天，团队在后期总结了三万多字的组织报告、画册等，并且录制了视频。

（2）组织制度材料

组织制度材料与组织过程材料不同，主要指的是团队组织的运行规则、志愿者章程等制度，而非大量的信息性的材料。例如在支教的筹备过程中，组织者需要针对安全保障、资金使用、团队宣传、每日总结等都做出相应的规定——谁来负责、负责的具体内容、进行的频次等。例如T大学赴Y支教团队，组织者在筹备时就设计了一系列的实践规范，比如支教团队每日要开例会，并且针对例会的流程、内容进行了规定，还要求队员在开会前要唱队歌和念誓词等。

对于初次开展支教项目的组织者和志愿者而言，他们一般在参考以往其他团队、项目的制度的基础上，结合自身的需要来进行调整或者开创性地设立一系列的相关制度。在支教项目落地时，支教团队也会根据实际遇到的情况来对制度、规范进行调整，尤其是像安全预案这类与实践内容、当地情况有着很大关联的制度。所以在总结时，支教团队和组织一方面要留存支教筹备时的制度情况，另一方面也会对预先设计的制度合理和不合理的地方、实践中如何修改等进行记录。再者，很多支教团队也对实践中的"突发状况与处理"进行了总结，这可以为项目在后续发展，以及其他项目在筹备时提供"突发情况"的案例，让筹备工作更为充分。例如T大学赴河南新蔡县中美支教团,就对队员生病及处理情况等突发事件做了详细记录。

不同支教项目对于组织材料的留存、收集和整理都有着较大的差距。L大学的 L 基金会支持的 N 支教项目要求成员每天写工作日志和通讯稿,而支教团队实践后的总结、资料整理用了一个月才完成。而相比之下,有些支教项目的后期总结和整理较为粗糙,有时只是流于形式。比如 N 大学 M 协会的支教项目,支教团队的后期总结只有志愿者简单的感想,没有留存任何组织材料。

4. 活动效果的评估

支教项目期望通过大学生开展教学、素质拓展等活动为服务学生提供教育支持服务,从而起到传播知识、拓宽学生视野等正面的、积极的影响。所以对于志愿者而言,在总结阶段反思活动效果、整理学生的反馈等就十分重要,这直接影响志愿者对支教项目、团队的认可和认同。XM 大学 ZQT 支教队就将其支教成果总结为三个方面,即物资性的支持(图书捐赠)、教学性的支持(升学率提高、宣传性的支持)、带动社会反响和效应,见表 5-4。参考调查中其他支教团队和组织的情况,支教活动效果的整理、统计和评估可以概括为五个方面,即物资支持、教学成果、社会效应、情感支持和观念改变。

表 5-4   XM 大学 ZQT 支教队的成果示例

类型	成果
图书	共计带去图书1800余册,为一所中心小学建立了一个完整的图书馆,为其他两所小学带去数百本图书
教学成果	三所学校累计教学人数达2000余人,年级12个,科目15个。覆盖面积大,人数多,影响力较大。当雄中学学生升学率显著提高,由2011年150多人升入高中到2012年300多人,另有一学生以619分打破当雄县中考历史纪录
社会效应	此次支教活动受到学校和社会各界的关注和支持。学校内部媒体对其进行了深度报道,包括凤凰网、《拉萨日报》、《拉萨晚报》在内的多家媒体进行了30余篇跟踪报道,并得到了一致好评。此外支教队及全体队员还受到了当雄县政府的表彰

(1)物资支持

物资捐赠在支教中十分常见。在支教启动时,支教团队和组织会尝试动员相应的物质资源,比如在高校内开展捐款、捐书、捐衣等募捐活动。像 T 大学 JYFP 协会开展的"电脑传爱"行动,向高校毕业生群体、各个实验室等单位,以及学校周边社区和中小型公司,募集闲置的二手电脑,经过专业维修(已联系特约维修商,提供免费维修),为其支教对应的服务学校建立微机室。此外,支教团队也会联系企业、社会组织等,共同开展捐助活动作为支教实践的配套活动,尤其是近年来不少基金会、社会团体,甚至事业单位等对偏远贫困地区学校都发起了捐助图书馆的活动,像 ZY 慈善基金会、眉县 BA 图书馆等都长期开展捐助图书馆的活动。在电子书不断普及后,又有不少社会组织和机构发起了电子图书馆的捐赠活动,DB 大学在 2009 年开展研究生支教团活动时,就为布尔津县高级中学捐赠了电子图书馆,并提供了相应的技术和经济支持。

对于开展长期图书馆捐赠的社会组织等机构而言,图书的募集和场地的建设并不困难,一般都有着固定的渠道和对接方式,而其中最耗费成本的是图书运输。所以这些机构也乐于与支教团队建立合作,在支教团队去往实践地点时运送部分图书,虽然数量有限,但运送成本较低,可以增加图书的规模并更新书目。

除了捐赠图书之外,教学设备、体育用品、学习用品的捐赠,或设立奖助学金等都是支教中经常附加的物资支持。这些支持着力改善服务学校的教学硬件和教学环境,为服务学生提供了更多的教育资源,缓解了其家庭的经济压力。所以支教团队和组织不仅可以凭借教育支持服务为服务学生传播知识、传递软性的教育资源,还可以通过挖掘、动员社会各界的力量,为服务学校带来物质性的硬件设施,这亦成为支教带来的显著影响之一,也是成效衡量中的重要组成部分。

除此之外,支教团队成员也会自己提供一些附加的物资支持,比如 DL 大学 LG 协会赴青海省爱心支教夏令营的志愿者 W 同学,就在总结中提及了支教团队给当地村民捐赠了衣服和资金,但相比于社会组织、企业等开展的教学设施捐赠活动或环境改变工程等,这些支持比较有限,W 同学就感慨道:"当看到镇藏区抓咱村的奶奶因为贫困而痛苦流泪,我们觉得我们的一包衣物和 600 元钱真的是无济于事。"但这样的捐赠在物资支持外,还传达了志愿者的感情,更像是亲人、朋友间的赠予。

(2) 教学成果

教学成果是衡量支教成效最重要的一环，但也是成效衡量中最难量化的。不少支教项目提供的都是以素质拓展为主要内容的支持服务，教学成果主要是激发了学生的学习热情、兴趣，改善了他们的学习方法，拓展了他们的知识储备和视野，从而间接地培养了他们的学习能力。但这很难直观地反映在学生成绩提高、服务学校的升学率提高等指标上。不过一些长期的、具有固定基地的支教项目经过持续的努力，对学生的成绩、服务学校的教育质量带来了可视的改变，比如 PR 大学 TXZ 协会负责人 L 同学就认为，在他持续去了三年的服务学校中就看到了很多服务学生成绩提高的可喜情况。与此同时，支教活动附带的物资激励也会产生相应的教学效果，比如 CL 大学 GNXH 支教项目的负责人在给学生提供资金支持时，提出的条件之一就是该学生在老师和家长的监督下成绩有所提升，这种后置的激励对当地学生的成绩也确实带来了积极的影响。

不过，社会各界也都对支教的教学成果产生了不少质疑。首先，服务学校的升学率、学生成绩与该学校生源质量、该地区考试制度的变化等很多因素有关联，而支教产生的影响很难独立于这些因素之外。其次，支教项目中除了研究生支教团周期较长之外，其余的支教项目的服务时间大都不会超过一个月，不论是否具有固定基地，相比于正常的教学活动，支教项目的教学活动都欠缺整体规划和系统设计，很难给学生带来切实的成绩提高。比如，参加 XC 大学理财协会支教项目的 M 同学就认为，"在教学生怎么学的时候只能以点带面，不可能系统性"。支教在素质拓展性的课程方面，有较大的提升作用，例如音乐、美术、体育等。这些课程的教学需要相应的硬件设施和教师资源，在服务学校日常的教学中比较欠缺，所以支教对于这种欠缺可以发挥显著的弥补作用。但对于数学、语文、英语等科目，支教的提升作用就不显著了。SC 大学的志愿者就提到：

> 一个学校就一个体育老师，（学校）在体育这块非常匮乏，我们把体育知识进行普及，像热身运动这些，帮助还是挺大的。英语就不说了，没有延续性。

即便有经验丰富的志愿者和成熟的支教方案,比如在 PN 大学 BG 协会中,志愿者同样认为局限于短暂的实践时间,再加上学生的吸收能力也有限,能够带来的教学影响是很小的。

所以,从提升教学成果的角度来看,支教应当加强长效性的设计,尤其是将教学活动进行规范化、专业化。不过很多支教项目都在教学成果之外赋予了活动更丰富的主题和理念,所以也应当从更多元的角度来评估支教的成果。

(3) 情感支持

由于服务学校通常位于偏远贫困、发展欠发达的地区,而这些地区很大概率也是劳动力输出的地域,所以学生中有一定比例的留守儿童、流动儿童。他们缺少父母陪伴,对于情感性社会支持的需求也更高,所以很多支教项目针对这种情况调整了目标,将给予学生情感支持作为重要的活动功能之一。

较之于物资支持和教学成果,支教带来的情感支持效果更为显著。在某种程度上,情感支持也是伴随支教实践的必然产物。基于"大学生"的光环和年长者的身份,在支教落地的过程中,学生往往带着崇拜、喜爱的感情与志愿者进行互动。并且,相比于老师的威严,志愿者更倾向于以"知心朋友"的角色来面对学生。ZC 大学青年志愿者协会的志愿者 D 同学谈到,"学生往往对志愿者怀有崇敬的感觉,会不自觉地模仿与听从我们"。由 XJ 大学 A 学院分团委组织的缤纷假日活动就是主要面向留守儿童开展的,该活动在设计和安排时也增加了情感支持的内容,该活动的组织者 F 就说道:

> 孩子们就好像多了一个哥哥(姐姐)一样,非常依赖我们,我们也很开心能够对独生的留守儿童起到心理慰藉的作用。

当然,志愿者在情感上对学生的影响和双方性格也有关系,像 PN 大学 BG 协会的志愿者 N 同学认为自己"有点放不开,所以和小孩关系没有那么亲近"。并且,情感支持的成效随着实践活动的结束也较难延续下去。

(4) 观念改变

支教的活动内容多元,尤其是包含了视野开阔、学习兴趣激发等一系列的课程设置或活动安排，这除了能够间接培养学生的学习能力之外，还能够影响学生的观念塑造。以 XJ 大学 E 学院团委组织的什邡市八角镇中心小学支教项目为例，"由于受到当地打工潮的影响，孩子们普遍觉得上学没用"，而 XJ 大学支教队伍的到来，"让孩子们看到了更大的世界和知识的力量，活动的开展重新让学生认识到学习的作用"（摘自该支教团队总结材料）。

在访谈中，志愿者也普遍对支教带来的观念改变作用非常认同，认为这是支教当中最有意义、最关键的。而且，绝大部分的支教团队在整理和总结中，也都探讨了学生观念改变的情况，像 DL 大学 LG 协会组织者 G 同学就总结道：

> 在与他们相处的时间里，我们向他们展示了外面的世界，我们的一举一动将会深深烙进孩子的心中，肯定会有一部分孩子就此而树立一定的梦想，他们的学习因此而充满动力，哪怕只有一个，我们也算是成功了。而且更重要的是，我们通过亲身的体验，将这些鲜为人知的状况带给了外面世界的人们，用我们的行动感染他们，影响他们关注祖国西部发展，关注自身发展。

支教不仅改变了学生的观念，也给学生的父母、服务学校的教师，以及当地的民众带来了观念的冲击和影响。像 SC 大学的志愿者 H 同学就认为，支教的一个重要效果就是让家长们感到社会、大学生对欠发达地区还是十分关注的，让他们觉得当个大学生还是不错的，鼓励孩子继续读书。她发现，去往的支教地的学生大都很早就订婚了，"七八岁才开始读书，订婚又早，十三四岁就订婚了，不读书了，结婚的也早"，父母对学生学习方面要求不高，而支教活动可以通过志愿者向当地传达学习、知识的重要性，提升当地民众对于教育的重视程度。

（5）社会效应

支教主要是通过两个渠道来产生社会效应的，即通过支教团队的宣传性总结，以及支教团队在启动、落地、总结过程中对于社会资源的动员。前者面向公众传播了服务对象的信息，可以引起社会各界对服务对象的关注，从而为服务对象带来更多的资源支持；这一过程同时也传递了支教团队的志愿服务信息，有利于该支教项目的发展和延续、打造"品牌"支教项目，从而在社会层面营造志愿氛围，倡导和激发公众的志愿热情。后者则直接面向政府、高校、各类社会组织、企业等社会主体，为服务对象直接对接更丰富的社会资源。

所以社会效应的成果衡量可以从该支教团队被各类媒体报道的报道量、该支教团队动员社会资源的物资量等来进行。

整体而言，不论是哪一种类型的支教成效，都与支教项目的实践时间有着紧密的关联。从支教项目的类型来看，研究生支教团这种稳定的、系统的支教项目在教学成果、物资支持等方面的成效都能获得较好的保障和延续，而其他短期的、不稳定的支教项目则很难产生长期的、深层次的影响。像 L 大学的 L 基金会支持的 N 支教项目的志愿者说的一样："孩子们没有深层次的收获，只有短期的快乐。"对此，SC 大学行知协会的同学有着更深入的体会：

> 短期支教存在的一些问题：志愿者的能力、性格都会影响山区的孩子，有积极的，也有可能有消极的影响。志愿者离开之后又回到原来的生活状态，可能会对比志愿者和原有的老师。但是总体上我认为意义还是大于整体的影响。

与此同时，媒体舆论也不断地对支教成效进行讨论，敦促了支教项目的组织者、志愿者深入探讨支教活动的立意和目的，也促使整个社会不断认知支教项目，为其发展不断提供建议和寻找方向。

5. 志愿意义的理解与内化

支教不仅对服务学生有着极为重要的意义，而其作为一个大学生社会实践活动、服务学习的平台，对于志愿者本身也具有多元的作用和影响。支教给大学生提供了一个了解、体认社会的机会，促使志愿者通过实践提供服务、感染他人、反思自身。在总结环节中，较之于评估志愿活动对于服务学生的效果和作用，志愿者更深刻地、更多地思考了实践活动对于自己人生规划、价值理念的影响和改变。例如 T 大学 Y 支教团队的志愿者们在总结研讨会中就一致认为，支教对于自己的成长意义要远远大于对学生的成长意义。而这种成长意义具体而言有三个层面，即促使其了解社会以及建立基本的社会责任感、进一步完善自己的人生规划、提高自己的社会生活能力。基于对这种影响的感知，志愿者逐步建立了对支教和志愿服务的认同感，并且将这种认同感内化，将活动的信息告知更多的大学生，在自己的社会关系网络中宣传支教项目，继而促使该支教项目进一步发展。

（1）深入了解社会与对社会责任的认识

支教为刚刚步入社会的大学生提供了一个以实践服务来接触社会的平台。志愿者能够去往我国欠发达的地区，了解基层、认识民生。不少大学生志愿者从小成长在城市里，对于我国农村的生活、发展情况都不甚了解，甚至从未体验过乡村生活。所以，不论活动时间的长短、预期目标如何，当支教项目把服务目标锁定在了社会问题集中、经济发展较为落后的地区时，大学生志愿者就有机会去思考如何解决其所目睹的社会问题，进而剖析问题背后的深层原因，比如结构性的短板、涉及的各个利益群体之间的关系等。在这种体认的基础之上，大学生也会对自己的社会责任有更为准确、深刻的定位。

参加H大学研究生支教团的Z同学表示研究生支教让她"过了从来没有过过的生活，体验了从未体验的环境，面对了从未面对的困难"，同时"把自己的家乡与支教地进行比较，看到了发展的问题，看到了自己身上沉甸甸的社会责任"。N大学青年志愿者协会G同学在当地职校进行短期支教时，也表示这让他"接触到了不一样的生活与成长轨迹，感触颇多"。在参与支教前，大多数志愿者对于社会责任的认知仅仅停留在"为社会做贡献""回馈社会"等这类词语的表面含义，无法与自身的实际情况关联起来，也无法将社会责任落实到具体的事情上。而支教让参与的志愿者从媒体报道、他人意见等间接渠道之外直观地感触真实的社会环境、情况，看到自己与社会发展相联系的纽带，从而建立了有实际含义和内在价值的社会责任感。

（2）提升综合能力与人生规划的完善

支教不仅为志愿大学生提供了"看社会""想问题""做贡献"的平台，也是大学生"看自己""想未来""挖潜能"的机会。大学生在思考社会问题、面对现实社会所带来的认知冲击时，一方面通过自己的应对和实践更清晰、更深入地探索了自己的价值取向和能力所在；另一方面也由此思考、定位自己的人生规划和发展方向，试图去回答"我擅长什么""我适合什么""我喜欢做什么""我认为做什么有意义"等一系列问题。尽管短暂的支教经历并不能使志愿者对这些问题有明确的答案，但却成为其解答这些问题必要的参考经历。

支教提升了志愿者方方面面的能力，诸如学习能力、沟通能力、应变能力等，促使大学生的综合能力得到迅速提升。不同的志愿者在实践中显著提升的能力也不尽相同，但其中，生活能力和沟通能力是志愿者们提及最多、最能获得共鸣的。在短期支教项目中，参与的大学生年级一般偏低，大多尚未体验过独立生活。而支教要求志愿者们远离熟悉的环境，自行照顾自己和团队成员的饮食起居，这虽然是极为琐碎的生活能力，却也是很多大学生在校园生活和家庭生活中非常难接触到的、难以获得的锻炼，而这种经历也是许多志愿者常津津乐道的美好回忆，像 TJ 大学赴宁河区小坨村支教团队的成员 T 同学就这样总结道：

> 与此同时，我们实践队后勤组的队员们也开始忙碌起来，开始了第一顿晚餐的准备工作。从清洗案板到削皮切菜，从大火翻炒到文火慢炖，队员们小心翼翼地摸索着最合适的烹调方法，努力将手头上简单的菜品做成一顿美味佳肴。几个小时后，一顿简单却可口的晚餐出现在了我们面前。

不只是生活技能的掌握，志愿者还知晓了许多被忽视的生活常识，该支教团队的 M 同学也这样描述道：

> 在实践的过程中，我们发现自己对药品的知识掌握不够。很多药物只知道药品名称，而对商品名称的民间叫法等知之甚少。

在沟通能力提升方面，志愿者不仅在跨语言、跨文化、跨年龄阶段的情况下学会了沟通技巧，还提高了化解矛盾、解决冲突的能力，例如 ZC 大学 SN 协会 X 支教团队就记录了志愿者如何解决了与服务学校的工作人员的冲突：

一到支教学校没多久一位志愿者就与做饭阿姨发生了矛盾。这件事归结为两个鸡蛋发生的矛盾，纯属误会。队长、督导都赔礼道歉了，但做饭阿姨依然是不依不饶，还愈发地怪罪支教的志愿者小心眼儿。后来我们事后通过和学校方面的沟通分析，发现其实阿姨和学校在支教期间的工资上有所计较，而与志愿者的误会成了阿姨"爆发"的导火索。后来我们马上和学校老师沟通涨了她工资，又好言好语地把阿姨给安抚了。关系处理，重要在于沟通，我们在当地支教，不是让学校、让村民适应我们，而是要我们去适应他们。相互沟通，多和当地居民、学校老师聊聊天，了解他们的需求、他们的习惯，努力去适应，这样才能处理好志愿者和当地居民的关系。

不仅是生活与沟通的能力，志愿者在筹划项目、参与实践、后期总结中还全方位地提升了组织能力、合作能力等，W 大学 ZTY 协会的志愿者 K 同学就认为：

　　在本次实践活动中，从前期的人员选拔、策划、宣传片的制作、物资准备，到实践中的临场应对、课程准备、每天的总结分享，再到后期的整理、纪录片的制作，很多环节我们都是第一次接触，充分考验了我们的学习能力和应变能力。

而伴随着能力的提升，很多志愿者在这个过程中认识到自己能力提升的空间，C 大学青年志愿者协会参与支教的某同学通过支教"看到了自己的能力不如期望的高，看到了自己努力的方向"。

在认知社会和认知自己的基础上，志愿者也进一步反思自己的职业规划和人生规划。大多数志愿者表示支教让自己结识了不同的群体，获得了更广泛的社会资源，也会更多地关注与投入到公益、慈善事业中。CL 大学 GNXH 协会的组织者 B 同学就表示，"传播教育理念本身就属于人生规划的一部分，是一项伟大的事业"。而参与研究生支教团的大学生志愿者们，由于年级较高、支教时间较长，支教对于他们在价值内化、人生规划方面的影响也更明显。例如参与 BH 大学研究生支教团的 L 同学，在实践结束后就

"打算在今年或者明年考教师资格证。教师是一个很神圣的职业,我以前比较爱慕虚荣,但现在不会特别热衷于娱乐活动,而且责任心增强,非常希望学生从课堂上学到更多知识"。参与H大学研究生支教团的C同学也在访谈中提到,曾有同学参加完支教后放弃了保研资格,直接留在了当地继续工作。

(3)号召他人的参与

在志愿者充分体会、思考支教意义后,若他们十分认同支教,就会进一步将这种认同转化为对他人的影响,进而号召身边的同学、朋友,甚至亲属参与到支教中去,而号召人数的多少也可以在一定程度上反映志愿者对支教项目的认同程度。

在不同的支教项目中,志愿者的认同程度有较大差异。研究生支教团的实践时间长,志愿者在这个过程中更充分地思考和探讨了支教的意义,也对支教有着更强烈的认同,从而号召了更多的人参与到支教中。

表5-5 四类支教项目中的志愿者后期号召他人参与的情况

单位:%

告知其他人	研究生支教团	暑期"三下乡"实践支教项目	高校团委发起的支教项目	社团或个人发起的支教项目	总体情况
0人	8.16	16.14	17.32	19.09	16.72
1人	10.20	11.36	7.09	10.45	9.97
2~3人	26.53	33.86	33.86	27.27	31.98
3人以上	55.11	38.64	41.73	43.19	41.33

此外,不同类型的互动形式与志愿者号召他人参与的情况也有一定关联。较之于辅导型和教学型的支教项目,引导型的支教项目更容易促使志愿者认同支教、号召他人参与,超过半数的志愿者都将所参与的支教项目推荐给了3个以上的人,更多地将自己的社会关系网络纳入到支教中来。引导型的支教项目通常以励志讲座、学生工作等形式开展活动,这些属于志愿者更容易掌握的领域,志愿者更容易感受到其对服务学生的影响力,也就更能产生认同。而在教学型的支教项目中,由于大多数志愿者经验不足,很容易遇到课堂教学中出现无法掌控节奏、教学内容不符合需求等各类问

题，志愿者就更容易质疑支教的意义，号召他人参与时也就更为谨慎。

表 5-6　不同支教组织形式下志愿者后期号召他人参与的情况

单位：%

告知其他人	辅导型	教学型	引导型	总体情况
0 人	15.48	18.35	16.67	16.66
1 人	8.42	12.08	10.00	9.93
2~3 人	34.01	30.92	20.00	32.02
3 人以上	42.09	38.65	53.33	41.39

向他人推荐自己所参加的支教项目显示了志愿者对于支教实践效果的认同，这也是支教项目得以延续的内生动力，只有足够多的志愿者不断加入，支教项目才能不断发展和前进。

（二）宣传与引导：社会各界的支持与激励

在对支教的整理、反思中，不仅志愿者参与其中，社会各界——高校、政府、媒体、企业、社会组织等也通过宣传报道、评奖激励、学分认定等形式参与其中，来促进志愿者进行整理和总结，并将志愿者对支教的思考、对活动的记录等进行传播，将已有的活动组织经验提供给尚无经验的、潜在的支教团队和组织，也将其对于支教意义的理解反馈给社会，促使社会公众参与到对支教的讨论中。

1. 宣扬与质疑

不少支教团队和组织都会通过联系媒体来宣传支教。例如 DL 大学 LG 协会赴青海省爱心支教夏令营，在项目启动时通过协会的人人网账号、新浪微博账号等发布活动宣传日志、报名表等，吸引了本地各个高校学生的关注，并且支教团队联络了各种媒体对其进行了宣传性的、跟踪性的、总结性的报道，像 DL 市《新商报》就对其活动进行了一个整版的宣传报道。通过这种报道和宣传，该支教团队得以进一步发动社会资源、宣传活动理念，也通过媒体间接动员了潜在的志愿者。可见，媒体的宣传可以通过信息的推送引导各类社会资源注入支教活动，其宣扬作用对于支教团队进一步号召资源、项目延续发展有着重要的作用。

而各类媒介在向社会各界宣扬支教的同时，也将支教的方方面面都予以了放大，不仅是支教的积极意义，也有支教现有的问题和困境。2010年，一篇名为《叔叔、阿姨，我们不希望你们来"支教"》的帖子[①]在网络上得到了大量的转载，引发了社会舆论对于支教意义的探讨。该帖子从服务学生的视角撰写而成，"控诉"了支教者以旅游的心态开展活动，占用了服务学生的假期，认为这样的活动无法起到教育支持、传递知识的作用，还带来了负面的效果，"你们（支教者）的爱心破坏了我们（服务学生）心灵的安静，你们的奉献破坏了我们传统的善良"，造成了服务学生的心理落差，并且认为服务学生不过是支教者为获得学校奖励学分等"好处"而"利用"的对象。

由此，网络、报刊等媒体对于支教尤其是短期支教项目展开了深入的交流和探讨。有不少网民对该帖子进行了直接的回应，诸如以支教者身份进行反驳，发表对于支教意义的看法，例如《这一篇是反驳最近很热门的帖子"叔叔、阿姨，我们不希望你们来支教"》[②]《驳〈哥哥姐姐们，请你们不要再来支教了〉》[③] 等，这些帖子承认支教活动当前确实存在着支教者心态、活动效果等方面的问题，但对于支教的意义也予以了肯定，认为"优秀的支教团不仅会带给学生知识，更带给了其独立的思想。当我们离去，学生们会用先进的知识反驳陈旧的知识，他们会用独立的思考来质问苍白的说教……""我们每个队员，都会想让自己作为孩子的良师益友"。并且，舆论也开始针对一些支教的具体问题进行深入的分析和讨论，《中国青年报》于2011年发表了一篇题为《大学生短期支教现"副作用"超一半校长不信任支教者》[④] 的报道，介绍了当前支教项目遇到的具体问题，比如"先前支教的大学生给学校带来了些不良影响，致使他们不再信任大学生支

[①] 参见《[转] 叔叔、阿姨，我们不希望你们来"支教"》，http://tieba.baidu.com/p/880622824，最后访问时间：2015年12月21日。
[②] 参见《这一篇是反驳最近很热门的帖子"叔叔、阿姨，我们不希望你们来支教"》，http://blog.sina.com.cn/s/blog_77f1f3f20100q1e7.html，最后访问时间：2015年12月21日。
[③] 参见《转贴：驳〈哥哥姐姐们，请你们不要再来支教了〉》，http://tieba.baidu.com/p/2530616051?red_tag=w0082760660，最后访问时间：2015年12月21日。
[④] 参见《大学生短期支教现"副作用"超一半校长不信任支教者》，http://society.people.com.cn/GB/136657/16193792.html，最后访问时间：2015年12月21日。

教,不得不找借口来推托",服务学生也因为志愿者"来也匆匆,去也匆匆"而产生苦恼。而类似的报道还有很多,从不同的角度反映了志愿者、支教团队的反思,比如志愿者认为自身的成长更多[1]。

不论是宣扬还是质疑,媒体上的讨论都进一步引发了大学生支教团队在筹备、实践、总结中对于支教意义的思考,例如 ZS 大学青年志愿者协会 PGY 支队在总结报告中就提到:

> 出发前,每位志愿者都读过《致支教队叔叔阿姨的一封信》,并组织了对此次支教的意义的探讨。大家都提出了在一次为期两星期的支教活动中,想要快速提高孩子们的成绩是比较困难的。那究竟身为大学生的我们,怀着一腔热血,不顾道路崎岖,千里迢迢奔赴各地,去到那些有需要的孩子们的身边时,我们到底可以为他们做点什么。于是我们坚信我们一定能做到什么,收拾行李,出发去寻找答案。因此,我们选"大学生支教之于支教点学生的意义"这个题目进行调研,想通过此次为期两个星期的支教社会实践活动和支教过程中的反思探究,得出我们对大学生支教这一热门的社会实际活动的思考,展示我们思考得出的答案——关于大学生支教究竟能给支教点的孩子带来什么。

2. 评奖与激励

除去媒体报道之外,各类社会主体——政府、高校、企业、社会组织——还通过评奖的方式来引导支教者进行更为深入的总结,同时也对优秀的支教团队进行鼓励,将优秀团队的经验进行整理和宣传。不同的社会主体起到的助推作用也不尽相同。

各级政府、党团组织层面的评奖通常针对优秀支教组织团队或少数个人进行。例如从 2005 年开始,团中央、教育部开始针对研究生支教团支教项目开展中国青年志愿者扶贫接力计划研究生支教团优秀组织奖评选活动,针对在项目实施过程中组织管理规范、工作成效显著的高校、服务县

---

[1] 参见《大学生支教,帮扶还是添乱》,《文汇报》2014 年 9 月 6 日,http://whb.news365.com.cn/tp/201209/t20120906_661642.html,最后访问时间:2015 年 12 月 21 日。

进行评奖①。该评选在 2007 年开展了第二届②，程序上要求参评的组织提交相应的申报材料，这也促进了活动组织方进行及时总结。此外，很多省、市、县级的地方政府也对优秀的大学生支教者个人进行了表彰和评奖。例如，宁夏大学生志愿服务西部计划项目管理办公室就开展了对优秀志愿者的评选③。而政府部门、团组织还通过对大学生实践、志愿活动进行广泛评奖的平台间接对志愿者进行鼓励，例如中国青年志愿者优秀个人奖等。不少支教者也凭借其支教经历获得了这类奖项，例如来自北京大学的张振东参与了北京大学第十二届研究生支教团，其在支教过程中表现突出，后被评为第九届中国青年志愿者优秀个人④。这种来自政府、党团组织的荣誉、评奖在社会范围内树立了支教团队和支教者的典型。

几乎所有的高校在实践过后都有针对支教团队和支教者的评奖活动，研究生支教团往往通过实践、志愿方面的荣誉奖项进行激励，而暑期"三下乡"实践支教项目则是通过参与高校统一的对暑期实践的评奖来进行评比，不过在有些学校中，由于暑期实践的支教项目较多，专门将支教项目放在一起进行评选。例如 T 大学的暑期社会实践答辩就将项目划分为三个类型，而其中"社会关爱与公益服务"的分类中大多都是支教项目。高校除了针对支教团队和个人进行评奖之外，还针对一些总结素材进行评奖，例如照片、故事、教案等。XS 大学就针对支教优秀教案、优秀摄影作品、优秀数字故事进行征集和评比。高校内的设奖评比对于支教团队和支教者相互交流的促进作用较大，在总结材料公示、答辩等环节中，支教团队不仅进行自身梳理、总结，也能了解其他支教团队的总结成果、感想、思考。并且，获奖的志愿者在本校的学生当中也会有较强的影响力，更容易在大

---

① 《关于开展中国青年志愿者扶贫接力计划研究生支教团优秀组织奖评选活动的通知》，http://xibu.youth.cn/zcwj/200904/t20090402_887744.htm，2005 年 7 月 21 日。
② 《关于开展第二届中国青年志愿者扶贫接力计划研究生支教团优秀组织评选活动的通知》，http://www.ccyl.org.cn/documents/zqblf/200707/t20070718_35435.htm，2007 年 7 月 4 日。
③ 《关于做好 2012—2013 年度宁夏大学生志愿者服务西部计划、第十四届研究生支教团总结和优秀志愿者评选》，http://www.nxgqt.org/web.do?reqCode=docDetail&doc_id=3359，最后访问时间：2015 年 12 月 21 日。
④ 靳戈：《张振东：既然选择了支教 就要去最需要的地方》，http://pkunews.pku.edu.cn/xwzh/2013-06/11/content_275068.htm，2013 年 6 月 11 日。

学生中起到示范作用，不少在启动阶段的支教团队都是通过咨询获奖的支教者、组织者，或是参考他们的总结材料对支教项目进行动员、筹备的。

社会组织、企业对于支教活动的评奖经常与其对支教项目的支持结合起来，也就是在支教实践开展之前就邀请专家在前期针对各个团队的项目策划提出意见、进行评比，筛选出部分支教团队进行跟踪性的支持，而在实践完成之后，再在这些团队中进行评奖。这样的评选方式不仅在后端给予支教者、支教团队鼓励，还可以给支教团队组织反馈专家的建议，帮助他们更好地开展支教活动。例如 Q 公司开展的支教行动总结表彰大会就是典型的例子，该活动收到来自四川、湖南、湖北、广东、广西五个省份的 25 所高校的学生团队所申报的 258 份项目计划书，最终有 119 个优秀项目获得激励奖。而同时，也有社会组织、企业的设奖是在广泛的大学实践范畴下，对教育类的实践活动进行专门的评选，比如 YYZF 公益基金会大学生实践奖、AN 中国大学生社会公益奖，都旨在鼓励在社会公益领域有突出贡献的大学生社团，专门对大学生支教项目进行了评奖。社会组织、企业的设奖与党团组织、政府部门、高校设奖等相互弥补、结合在一起，共同对青年支教起到了极大的推动和支持作用。

值得一提的是，不少媒体平台也结合自身的特点设立了一系列的奖项，来激励支教项目积累经验、分享体验。例如中央电视台主办的《感动中国》年度人物评选活动，其本身较多地涵盖了公益主题，而 2004 年徐本禹的获奖也促使支教活动深入公众，对大学生参与支教起到了助推作用。并且，媒体平台的设奖还可以通过后续的宣传将获奖者、获奖团队的素材进行发布。例如，人民网教育频道"支教心语录"有奖征稿活动就属于此类设奖，其面向社会征集支教感悟，并且将来稿在人民网"我用青春感动中国"专题中专栏刊发，也会择优在人民网首页、教育频道主页刊发。而且媒体的设奖可以覆盖零散的、非团队参与的志愿者，针对个人进行激励。

对于各个社会主体而言，设奖是将社会关注和认可实体化、操作化的一种方式，评奖也向社会传达了支教值得参与、值得推广的讯息，给予了期望通过实践服务认识社会、实现自我价值的大学生一个自我展示的平台和机会。评奖活动推动了志愿者、支教团队对支教活动的深入总结和思考，并且在更广阔的范围内分享这些经验与认识。

在支教落地后，志愿者和支教团队在认知上的反思、总结活动，推进着支教活动走向再生产。而支教活动的再生产不仅是行动上的，即志愿者与服务对象的继续联络、支教组织的继续运行、支教项目形成制度化和可持续的志愿服务品牌等，也是价值上的，即成为公众日常生活中认可的文化价值。那么，什么因素会影响再生产的进程呢？比如，什么因素会影响支教项目的持续进行？志愿者是否还愿意继续参与支教？志愿者如何认识支教项目对目标的达成？对这些问题的探索，也能带领我们找到支教究竟是"奏效"还是"失灵"这个问题的答案。

二 行动的继续

志愿者在去往服务学校完成实践后，在绝大多数情况下都是直接随支教团队一同离开。但他们往往"人走心留"，支教项目也并未随着实践的结束而完结。而这种行动的延续包含了两个方面，一方面是志愿者和服务学生的后续互动，这种延续行动一般是个人化的，支教团队和组织都不会做统一的要求；另一方面是支教项目的后续发展，比如与服务对象建立长期的服务关系，这种延续行动则是组织层面的，需要支教组织的推动。

志愿者和服务学生的后续联系，一般是双方在临别前相互留下联络方式，在实践结束后，双方通过电话、网络等形式保持沟通。在联络时，志愿者对学生的生活、学习情况都很关心，学生们也会向志愿者主动交流自己的想法、咨询自己遇到的问题和困难等。还有一种志愿者和学生的互动是以支教团队作为桥梁的，比如 T 大学 Y 支教团队在实践之后把实践时的照片进行了冲洗，邮寄给了学生们，还为服务学校继续联系相应的捐助等。

支教项目的后续发展则主要是与服务对象建立长期的关系，要么是支教项目的组织方与服务学校协商一致、设立定点支教基地，要么是从支教项目的设计和安排出发，以某个省、市、县为核心区域，按照一定的周期和计划，有规律地提供支教服务。与一次性的、临时的、零散的支教项目相比，建立定点的支教基地能够使联络、培训等筹备工作具有传承性，这样更方便支教组织开展活动，并且组织者也可以根据服务对象的特点设具有连续性的教学内容与目标，这样也更有利于支教影响的长效化。不论是对于志愿者还是对于服务对象，建立支教基地都是更有效率的方式。那么，什么因素会影响一次性的支教项目转化为具有基地的支教项目呢？本章从志愿过程的视角对此进行了分析。

（一）支教者与学生的后续联络：感情延续与社会支持

在形形色色的项目中，支教者在依照已经安排、计划好的教学活动提供服务的同时，也在这些活动中与学生们建立起深厚的感情和友谊。而实践活动的结束，却使得彼此刚刚建立关系的志愿者与学生面临分别。如果他们期望延续双方的关系，就会在实践之后自发地进行联系。但由于支教项目不同，以及志愿者和学生的各方面情况不同，双方联系的频率、主要内容也具有较大的差异。

1. 联络紧密程度

统计结果显示，大多数的志愿者与学生在实践环节结束之后都会相互联络（84.77%），有的联络只是简单的问候，有的联络则针对双方学习、生活等情况进行深入的交流。这样的后续联系是建立在双方在实践环节中充分信任、感情投入的基础上的。通过对志愿者与学生后续联系的调查发现，虽然只有极少数志愿者表示从未与受助学生联系过，但也只有约30%的志愿者表示频繁或经常与学生进行联系，约40%的志愿者与学生维持着偶尔联系的状态（见表5-7）。

表5-7 四类支教项目志愿者与学生的后续联系情况

单位：%

联系情况	研究生支教团	暑期"三下乡"实践支教项目	高校团委发起的支教项目	社团或个人发起的支教项目	总体
频繁联系	46.94	8.80	3.16	8.64	9.22
经常联系	30.61	24.15	15.81	17.73	20.83
偶尔联系	16.33	43.12	42.69	39.09	40.73
几乎不联系	4.08	8.35	18.58	22.27	13.99
从未联系过	2.04	15.58	19.76	12.27	15.23

在不同类型的支教项目中，实践时间的长短差距很大，支教者与学生相处的时间也随之不同，这样双方建立起的感情和友谊的深度也自然有所差别。一般而言，支教者和学生相处的时间越长，感情越深厚，相互之间联系也会越频繁，联系持续时间也更为长久。在各类支教项目中，研究生支教团的实践时间是最长的，从而研究生支教团的志愿者与学生的联系也是最频繁的，接近半数的支教者在实践结束后与受助学生维持了频繁的联系。像 PN 大学研究生支教团志愿者 L 同学在离开实践地后就与学生保持了紧密的联系：

> 和我自己带的学生有特别多联系，学生到北京游玩的时候也会来找我。经常与学生在网上联系，逢年过节都会相互问候。而且不仅仅是学生，我也与学生家长、当地的老师等在实践期间关心过我们的人保持了联络。

各方发起的在暑期进行的支教项目和各方发起的日常支教项目，虽然在整体实践投入的总时间上相差并不大，但是在暑期进行的支教项目是集中进行的，也就是说，志愿者连续的实践时间不同，这带来了志愿者和学生联系情况的差异。在各方发起的日常支教项目中，不论是高校团委发起的还是社团或个人发起的，志愿者与学生联系的频率明显低于平均水平。而各方发起的在暑期进行的支教项目，连续的、集中的实践更有利于志愿者与学生相互了解、交流感情，联系频率也就更高一些。BY 大学义务支教协会的志愿者 L 同学就谈到了他参与不同支教项目的经历，他觉得在日常支教的实践结束后，与学生的后续交往比较"冷淡"，但参与暑期"三下乡"实践支教项目之后，和那些偏远地区的学生反而保持了长久的联络，联系频率也很高。

所以研究进一步把实践天数按照平均水平以上和平均水平以下进行了区分，发现相比于实践天数在平均水平以下的支教项目，实践天数在平均水平以上的支教项目中的志愿者和学生进行频繁、经常联系的比例要高出很多。

表 5-8　实践天数与联系情况的交叉分析

单位：%

联系情况	实践时间在平均水平以下	实践时间在平均水平以上
频繁、经常联系	23.71	68.35
偶尔联系	45.51	24.06
从未、几乎不联系	30.78	7.59

2. 交流的内容

除了联系的频率不同，志愿者和学生联络、沟通的内容也具有一些差异。我们将志愿者和学生联络的内容划分为三类，即信息交流、感情交流和咨询交流。信息交流指的是双方交流彼此的近况，主要是交换、沟通彼此的信息，了解对方学习、生活中发生了什么事情，内容上比较简单、简短。感情交流则指的是双方相互提供精神支持，相互鼓励等。感情交流是在信息交流基础之上的，志愿者进一步听取学生的想法、思考等，给予学生感情支持。而咨询交流则是双方针对彼此遇到的问题出谋划策，一般情况下都是志愿者针对学生遇到的困难、问题，提供力所能及的帮助并提出建议。

这三类交流在内容上存在一定的递进关系：信息交流是最为基本的，也就是双方之间的"寒暄"，交流层次较浅，但可以让双方维系连带关系；而感情交流在信息交流基础上更进一步，也就是不仅"寒暄"，还表达情感、予以鼓舞，这也是在了解对方基本信息的基础之上的进一步沟通；而咨询交流则是在信息交流、感情交流的基础之上目标更为明确的交流内容，不仅了解对方的近况、予以感情支持，还提供对当前问题的解决方案，甚至予以实质的物质、资源上的支持。

从表 5-9 中可以发现，实践天数与交流内容具有一定的关联：实践天数少于 2 天（含）的支教项目的志愿者和学生交流的内容在信息交流、感情交流、咨询交流中基本是平均分布的；而实践天数在 2 天以上的支教项目中，约半数的志愿者和学生的后续交流内容主要是信息交流；在实践天数为 30~90 天（含）的支教项目中，交流内容有 70% 都是信息交流。

这反映出在不同类型的支教项目中，"志愿者－学生"的关系模式是不同的。在短期实践的支教项目中，志愿者与学生相处时间较短，而且支教的内容多为主题专项教育、心理辅导、素质拓展等,对于学生而言,较之于"教师"的角色,志愿者更像是朋友或者长辈,所以双方在建立关系时的交流内容也不仅限于学业,而是包含了生活的各个方面,这样在后期联系中学生也更容易倾诉其所遇到的大大小小、各个方面的问题。

表 5-9 实践天数与交流内容的交叉分析

单位:%

交流内容	少于 2 天（含）	2~7 天（含）	7~30 天（含）	30~90 天（含）	90 天以上	总体
信息交流	31.32	48.73	50.00	70.00	52.38	45.53
感情交流	34.07	27.22	30.35	0.00	21.43	29.67
咨询交流	34.61	24.05	19.65	30.00	26.19	24.80

另外,伴随着短期支教项目的发展,越来越多的项目将支教主题和内容聚焦于建立志愿者和学生的社会连带关系,人们期待志愿者能在日后可以就学生遇到的困难和问题予以帮助和解答。例如,CL 大学 GNXH 支教项目就以励志演讲为主要内容,并且记录参与学生的联系方式,在日后抽取部分同学维持联系并提供帮助;而 XM 大学赴藏 ZQT 支教队也会主动与一部分学生保持联系,并且对完成学业有困难的学生予以资金资助。

而在长期支教项目中,志愿者与学生的关系更近似师生关系,虽然在实践时日常的交流也涉及生活层面,但仍然是以教学为主的,并且在后续联络的时候以近况沟通为主,在涉及咨询交流时,主题也多为人生发展、规划等。

也就是说,短期支教项目中"志愿者-学生"的关系模式更加非正式,倾向于在日后的联络中以感情和咨询导向的问题为交流主题,而长期支教项目中"志愿者-学生"的关系模式较为正式,联络中以信息交流为主。

3. "志愿者-学生"连带模式

除了交流内容之外,我们还应当结合志愿者和学生交流的频率来看待双方的交流模式。所以我们对交流频率和内容进行了交叉分析。从统计数据来看,如表 5-10 所示,在高频率的联系中,双方交流内容主要是以信息交流为主,而在低频率联系中则是以感情交流为主,从而可以归纳出两种"志愿者-学生"连带模式。

表 5-10 联系频率与交流内容的交叉分析

单位：%

交流内容	高频率	中频率	低频率	总体
信息交流	50.52	44.39	30.55	44.73
感情交流	23.53	31.33	41.67	29.87
咨询交流	25.95	24.28	27.78	25.38

（1）双向主动下的强连带模式

在长期支教项目，尤其是研究生支教团中，由于志愿者充当了教师的角色，"志愿者－学生"往往也是基于课堂、教学等正式渠道所建立的关系，且由于相处时间长，建立的连带关系更强，联系频率更高，交流的主要内容是以信息交流为主。结合访谈资料来看，在这种强连带模式中，志愿者与学生都是主动发起联系的主体，也就是说，这样的后期联系是双向的，尽管信息交流是主要的内容，但由于频率高，感情交流和咨询交流的累积次数并不少。

（2）单向主动下的弱连带模式

与长期支教项目中"志愿者－学生"的强连带模式相对，在短期支教项目中，双方建立关系的渠道更非正式一些，后期联系频率较低，但偶尔的交流主要是感情性和咨询性的。从访谈的资料来看，这样的连带模式的特点是单向的，双方在联系时往往有一方更为主动，或是志愿者，或是学生。而在调研中我们发现，一般而言，学生主动联系的情况更多，尤其是在实践环节刚刚结束时，学生们大都会通过短信、电话来对志愿者表达思念。但对于志愿者而言，他们在实践过后需要立刻投入到新的课程和其他活动中，往往"分身乏术"。并且由于相处时间短，双方相互了解有限，这也限制了双方的交流话题，难以将联络维系下去，联络往往在实践过后到达峰值，随后便逐渐减少。

志愿者与学生的后续联系情况也是一个衡量支教活动效果的角度。诚然，一次性的、零散的支教服务能够为学生们带来的改变、起到的帮助是比较有限的。但是从社会支持的角度而言，如果在实践后，志愿者能够通过长期的联系来帮助学生，比如关心他们日后的学习生活、发展规划，也许某个建议、某些鼓励的话语、某些看似无关紧要的信息就能在学生心中埋下种子，带来巨大的支持力量。所以，尽管从联系频率和交流内容的对应来看，高频率的联系主要是信息交流，但是这样的交流若是能够持续下去，那么可能会"发酵"出意想不到的影响。

不过，这样长期的、持续的联系对于志愿者而言，也是一个极高的要求，因为每个志愿者在支教的时候往往面对多个学生。像在研究生支教团中，平均每个志愿者对应150多名学生，即便是在短期的支教项目中，平均每个志愿者也对应近20名学生。另外，志愿者在短期的支教项目中时间投入少，与学生建立的社会连带关系是很难进入到志愿者自身的社会网络中的，即便是长期参与支教的志愿者，他们每次参与的支教项目、去往的学校、面对的学生也不相同。这样，与每位学生都保持一对一的经常联系，对于志愿者而言是一个难度很高的任务。志愿者主动联系的一般也是在实践过程中更为了解、接触更多，而且感情建立更深的学生。由此来看，对于实践时长较短的支教项目而言，有两个实现长效化的切入点。一个是促使支教项目在内容设计、组织安排上给予志愿者更多与学生进行一对一交流的空间，让志愿者自身有意愿在实践结束后自发地与学生保持联络。另一个则是促使支教团队与服务学校和学生建立持续的联络，尤其是通过建立支教基地的方式，将短期的项目变成周期性的、连续的项目，让支教服务的安排和目标更具体系。

（二）支教项目的持续：组织成熟和基地建立

让支教项目得以持续地开展，是支教组织者最为重要的课题。支教项目的持续包含了两种模式，一个是支教团队、支教组织基于获取的经验，在组织同类主题和形式的活动上不断积累经验而形成更为成熟的组织体系；另一个则是支教团队、支教组织和服务对象针对支教的安排达成一致，建立基地，持续在同一所学校或同一个地域提供支教服务。前者将支教的主题和形式作为核心，支教团队每次去往的地域、学校都不同，但是教学内容具有相同的框架和思路；后者则是去往相同的学校，或者以省、市、县为核心区域，针对某地的一个或者几个学校提供支教服务，虽然主题和形式不一定相同，但是每期之间具有传承性。

这两种模式的持续各具特点：以支教的主题和形式为核心的项目持续每期面对的受助学生差异很大，但是教学内容已经形成稳定的模式，对于志愿者的培训也就能形成固定的方案，为支教组织开展后续的活动节省了许多组织成本；而以服务对象为核心的项目持续则针对固定的学生、学校、地域，可以通过连续的活动来积累经验，设计出符合服务对象需求的教学方案，在节省组织成本的同时，也能为服务对象提供有针对性的服务，进而提升支教效果。从访谈来看，第一种持续模式实际上以支教组织为中心，是更为常见的，支教组织通过这样的方式可以逐步形成自身的特色。在开展定期的活动时，在统一的主题下充分利用已经积累的经验、总结自身活动特点，从而树立支教品牌。第二种持续模式就相对少见，因为能否成功设立支教基地受到了诸多因素的影响，需要支教组织开展多重的工作。比如，支教基地的建设首先需要对接到有长期需求的服务学校，虽然欠发达地区、教育资源不足的学校很多，但是并非所有的学校都期望支教团队向其提供教育支持服务。不过，这两种持续模式，都要求支教组织能够动员稳定的志愿者资源，这样才不会因为招募不到足够的志愿者而中断支教服务。这种稳定的志愿者资源与支教项目的各个环节的设计、获得稳定的支持资源有关，也与支教团队成员的社会网络有关。

在过程理论的视角下，支教团队能够长期、连续地提供支教服务需要满足多个条件，缺了任何一个环节，都有可能导致支教项目难以持续下去，如图 5-1 所示。

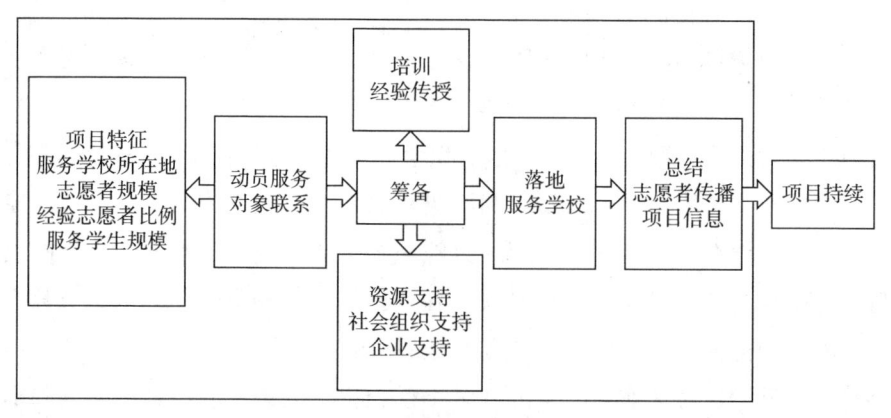

图 5-1 过程视角下的支教项目持续

支教项目的组织者在动员环节，通过项目设计和策划定位支教项目，比如去往什么样的地域、学校进行支教，招募志愿者的规模，服务学生的规模，以有经验的还是没经验的志愿者为招募对象等。这一定位随着支教团队与服务学校的信息而更新，在支教服务落地之前，都有可能随时调整。

在支教项目的筹备过程中，志愿组织会开展各类培训活动，其中包括与有支教经验的大学生进行交流，这也正是为新老志愿者双方沟通而搭建的平台。此外，组织者以及志愿者都会通过各种方式寻找社会组织和企业对项目进行资金支持。可以说，支教项目的启动奠定了其持续进行的基础。

在支教的启动与落地过程中，志愿者通过与其他志愿者和服务学校、学生的互动形成关系网络。而服务学校的类型不同使得其对志愿者前期投入的需求是不同的。因而，志愿者和学生形成的相互之间的关联强度、方式也不同。这也会影响志愿者在后续传播项目信息、持续参与支教时的情况等。而志愿者基于对项目认同的程度和自我收获、感悟，也会鼓励自己的朋友、同学、家人等参与到支教项目中，这种认同也受到了前期各个管理环节的影响。

为了在过程视角下具体地探讨影响支教项目能否持续的因素，我们建立了以支教项目是否长期开展（否=0，是=1）为因变量的二分变量对数回归模型，考察了如下变量对其的影响：支教项目是否有企业或社会组织等资金支持来测量项目稳定的资金支持；支教项目获得信息的方式，即服务对象主动联系、高校联系、资金支持方确定、志愿者自身联系、互联网寻找这五类，以服务对象主动联系为参照；从项目设计的角度来看，支教去往的服务学校类型（小学、初中、高中、成人职业学校、残疾人学校、其他学校，以小学为参照）会影响志愿者的胜任程度；通过支教团队中有支教经验队员占所有队员的比例和支教项目是否组织了与有支教经验的大学生进行交流的志愿者培训内容这两个维度，测量有经验志愿者与无经验志愿者的互动。分析结果见表5-11。

表 5-11　支教项目持续开展的影响因素

		模型 1	模型 2	模型 3	模型 4
项目资金支持	社会组织资金支持	0.727* (2.02)	0.876* (2.10)	1.509** (2.67)	1.543** (2.67)
	企业资金支持	1.570*** (3.90)	2.241*** (5.29)	2.613*** (4.99)	2.652*** (4.40)
项目信息来源 (服务对象主动联系=0)	高校联系		-3.322*** (3.19)	-3.486** (2.95)	-3.853** (3.02)
	资金支持方确定		-4.159*** (3.65)	-4.438*** (3.41)	-5.165*** (3.67)
	志愿者自身联系		-4.405*** (4.24)	-5.134*** (4.32)	-6.280*** (4.66)
	互联网寻找		-3.770*** (3.51)	-4.038*** (3.35)	-5.169*** (3.82)
服务学校类型 (小学=0)	初中			-1.232** (3.05)	-1.274** (2.83)
	高中			-7.176*** (5.76)	-7.319*** (5.44)
	成人职业学校			-0.038 (0.04)	-0.420 (0.40)
	残疾人学校			-2.710*** (3.44)	-2.530*** (3.22)
	其他学校			2.006† (1.81)	—
社会资本	信息传播人数				0.280** (2.85)
	有经验人数比例				-2.404*** (3.71)
	有经验者传授培训				0.594* (2.02)
去往地域 (城市=0)	城乡接合部	-1.175* (2.01)	-1.233* (2.03)	-1.082 (1.43)	-1.488† (1.77)
	普通农村	-1.112† (1.89)	-1.096† (1.78)	-0.472 (0.60)	-1.116 (1.27)
	偏远农村	-1.247* (2.09)	-1.240† (1.95)	-1.496† (1.87)	-2.245* (2.53)

续表

		模型1	模型2	模型3	模型4
组织规模	志愿者规模	0.047*** (3.68)	0.053*** (3.58)	0.039† (1.92)	0.025 (1.42)
	服务对象规模	0.002** (3.17)	0.003*** (3.85)	0.014*** (6.03)	0.014*** (5.93)
城市（北京=0）	成都	0.662** (3.08)	0.704** (2.95)	1.073*** (3.32)	1.024** (2.90)
常数		0.399** (0.67)	3.854*** (3.25)	3.940** (2.88)	5.439*** (3.32)
N		543	542	539	514
R^2		0.1467	0.2438	0.4164	0.4634

†$p<0.10$, *$p<0.05$, **$p<0.01$, ***$p<0.001$。

1. 组织资源投入：联络、资金与培训

支教项目能否顺利地持续运作，与其能否有充足的资源来应对运作成本密不可分。支教项目的运作成本主要有三方面，即寻找志愿需求方的联络成本、组织运作资金和培训准备的投入。

（1）联络成本

如果一个支教组织越容易寻找到有切实需求的服务对象，支教项目就越容易持续进行。在支教项目启动时，支教组织联系服务学校的方式一般有三种：服务对象主动联系支教组织；支教组织通过政府、高校、社会组织等来寻找服务对象的信息；支教团队的组织者、志愿者通过私人关系或互联网自主联系。服务对象主动联系的情况是最为理想的，因为在这种情况下，服务学校对于自身的需求，以及期望支教团队提供什么类型的支持服务是明确的，在大多数情况下服务学校也希望支教团队不只是进行一次活动，而是通过有体系的、有周期的支教服务来弥补自身教育资源的不足。这样的联络方式的成本最低，对建立支教基地十分有利。

通过政府、高校、社会组织等联系服务学校也是相对容易、成本投入较低的联络方式。有些高校设立了类似于扶贫办公室的机构，致力于向欠发达地区开展教育类的扶贫项目，比如T大学教育扶贫办公室，以"传播知识、消除贫困"为宗旨，通过在欠发达地区建立教育扶贫现代远程教学站,将高校优质的教育、培训资源无偿输送给贫困地区。这些教学站往往都设立在欠发达地区的中小学,所以其与T大学的学生公益社团合作,帮助支教组织、支教团队与教学站建立联系,确定服务学校,设立支教基地。而一些支教团队和支教组织则是与公益类的社会组织进行合作,参与到社会组织已有的支教项目中,成为其支教基地的一个支教团队。但是,相比于服务学校主动联系的情况,通过高校和社会组织联系受助地可能会存在信息不对等的情况,服务学校对于自身在支教活动中的需求可能并不明确,对于支教团队提供的服务效果也无法预见。这样一来,在开展几次活动后,很可能因为支教组织和服务学校在定位、内容等方面存在分歧而中断活动。

而通过志愿者私人关系或互联网搜索寻找服务学校的方式无疑是最耗费联络成本的。许多在暑期开展的支教项目都是在组队后,由志愿者通过参考往年支教的经验和网络搜索等锁定地域范围,然后通过招募家乡是该地域的团队成员来进一步寻找、联系支教对象。这样,与服务学校的联系和沟通主要是由某个或某几个团队成员来进行的,而且,这些服务学校的需求往往是"被激发"的。所以,如果与服务学校的协调和沟通工作进行得不够充分,支教组织没能提供契合需求的服务,那么在服务学校看来,接受服务不过是为支教组织"提供便利"。如果支教团队的"关键沟通人"通过自己私人关系联系到服务学校的志愿者,不打算再参与后续的支教,那么支教项目也很难在同一个地域或学校当中继续进行。而通过网络直接联系服务学校的支教项目,一来志愿者对于服务学校需求的了解具有滞后性,二来服务学校不一定具有长期的服务需求,所以长期开展项目的可能性并不大。

对调查数据的回归分析结果也证实了以上的分析,见表5-11模型4。相比于其他的支教项目,服务对象主动联系的支教项目得以持续运行的概率更高。并且在调研中我们也发现,有的支教团队通过互联网发布自己的支教信息,期望有支教需求的学校可以主动联系自己。例如B大学B学院青年志愿者协会,就在百度贴吧的支教吧中发布支教信息,介绍自己"准备在今年7月到8月举办一次支教活动,由于项目启动比较晚至今没有联系到合适的支教单位,现在此发布信息,希望有需要的学校老师或者相关部门与我们联系"。虽然这样的联络方式效率相对较低，服务学校和支教团队能够成功匹配的情况也较少，但为潜在服务对象主动联系支教团队提供了机会和方式，项目在后期持续运行的可能性也会更大。

（2）资金成本

获得充足的资金支持对于支教项目的长久进行非常关键。如果支教项目得到的资金支持越多、来源越广，支教项目也就越容易持续进行，不论是以主题为核心的持续进行，还是建立支教基地。但是，相比于以主题为核心的持续支教，对于基地建设而言，尤其是当服务学校所处地域非常偏远时，资金的支持更为重要。这是因为，服务学校越偏远，交通、生活住宿等费用也会越高，志愿者需要承担更多的资金支出，这对于能够稳定地招募到一定规模的志愿者是不利的。所以，如果支教项目能获得来自高校、社会组织或企业的支持，那么其在建设基地方面会获得更便利的条件，开展稳定、长期的支教活动的可能性就更大。这个论点也得到了回归分析的检证，在得到社会组织和企业资金支持的支教项目中，长期开展的项目也更多。

可见，具有稳定的专项经费支持对于支教项目提升其在潜在志愿者群体中的影响力具有十分重要的作用。我们在访谈中也发现，那些开展较早、时间较长、未间断过的项目大多为与基金会或者公司合作的项目，例如 CL 大学从 2009 年起一直与 JC 基金会合作开展支教项目，每年在该基金会的支持下，招募 1~2 支支教队伍开展活动。不过，资金支持固然重要，但并非"一票否决"性的。例如 PR 大学的 TXZ 社团组织的支教项目并无任何来自社会组织或企业的赞助，但其从 2005 年发起至今从未间断。由于其打出了支教品牌，因而在志愿者招募方面从未遇到问题，每年都能吸引大量的学生报名参与，该社团还建立了严格的志愿者选拔机制。

（3）培训成本

为了让志愿者能迅速地投身于实践，支教组织在项目启动时都会针对支教地域的基本信息、教学内容、授课能力等方面开展培训。在培训方面的投入成本主要取决于两个方面的因素。一方面是志愿者本身是否已经具备支教经验和技能、是否有过类似的实践经历，如果志愿者都是曾经参与过支教的学生，或者是师范专业的学生，那么支教组织方在培训成本方面的投入就较小。另一方面是服务对象是否容易接受支教活动，是否容易跟从志愿者的教学方案和内容参与到支教活动中来。可以推断，志愿者在面对年龄更小的服务学生时，其更容易通过年龄的差距在服务对象中间树立权威，可能更容易胜任自己的工作。并且年级越低的学生面临的升学压力越小，支教内容往往也是课外导向的，例如视野拓展、专题教育等。这种课外导向的支教内容能够给予志愿者更多的发挥空间，志愿者可以结合自身的专长和经历进行教学，备课压力也相对较小。

这两个方面实际上对应了两个变量，一个是支教团队中有经验的志愿者占所有团队成员的比例，另一个则是服务学校的类型。

从培训成本的投入来考虑，如果一个支教团队中很多成员都已经有过支教经验，组织者在进行培训的时候就可以节省更多的资源，建立基地后，每期支教团队之间也有较好的经验传承，但是通过对10所高校调查所得的数据进行回归分析后，有经验的志愿者在团队成员中所占比例却和支教项目建立基地之间具有显著的负相关。我们结合访谈对此进行了探讨。分析来看，有经验的志愿者占所有团队成员的比例不仅与培训成本有一定关联，而且还显示了支教项目的动员模式。具体而言，支教组织在开展每期活动时，招募动员主要面向的是有经验的志愿者还是没有经验的志愿者。如果面向的是以往已经参与过该项目的志愿者，那么有多次参与经历的志愿者的比例就较高，无经验的志愿者只是在招募成员不足时进行"补位"；如果面向的是无经验的志愿者，组织方则是通过广泛宣传的方式，每期重新招募和选拔志愿者。比较这两种动员模式，面向无经验的志愿者的支教项目具有更为丰富的志愿者资源，因为参与支教项目的新鲜力量多，这更有助于支教项目自身扩展影响力。所以，因为志愿者资源不足而中断项目的风险就更小，这为持续开展项目提供了更坚实的人力保障。若主要通过以往项目的参与者持续提供志愿服务，那么该支教团队的志愿者后备资源是不足的。因为大学生志愿者面临升级、毕业，支教项目将会随着支教团队中现有的主要志愿者的毕业而流失。并且，在与支教组织者的访谈中我们也发现，即便是以有经验的志愿者为主的支教团队，也需要在培训上投入大量的时间、组织等资源，因为有经验的志愿者并不是都连续地参与活动，对于服务学校的新需求、服务学生的新情况并不了解，而且每期活动之间虽然具有传承性，但是支教内容更新后，也同样需要根据新的内容进行教学设计、备课，比起没有参与经验的志愿者团队而言，并没有显著地节省培训成本。

支教团队经常去往的服务学校类型主要有小学、中学、成人职业学校、残疾人学校等，类型非常多样。但从调查来看，大多数支教组织都更偏好去往小学开展支教活动，调查中的支教项目有超过60%都选择了小学。P大学AX协会的"万里行"支教项目的X同学就曾在访谈的时候说到，一般选取服务学校的时候都选小学，这是因为针对小学生来安排活动时，内容选择范围较广、知识结构相对简单，志愿者在备课和授课的时候都更游刃有余一些。回归分析的结果也证明，去往小学支教的项目较之于去往初中、高中、残疾人学校的项目运作时间更为持久。相比之下，初中、高中课程的难度较大，且不同地域教材不同，成人职业学校的教学内容更偏向技能，残疾人学校的教学内容涉及更专业、特殊的知识。所以，小学的支教项目在教学内容设计上是最为简单的，去小学支教对于志愿者的能力要求最低，志愿者更容易胜任教师角色，支教项目在培训志愿者时成本也相对较低。

表5-12 持续开展的支教项目在服务学校类型上的分布情况

单位：%

服务学校类型	占比
小学	66.15
初中	12.66
高中	10.85
成人职业学校	4.13
残疾人学校	3.62
其他学校	2.58

可见，组织者如何管理、设计活动内容对于支教项目的持续发展具有很大的影响。基于调研数据所建立的回归模型，可以构造出两个支教持续开展情况的理想类型，即一次性项目和持续项目。如表5-13所示，可以发现具有获得社会组织和企业支持、服务学校主动联系、去往小学这三个特

征的支教项目，建立基地的概率为100%。

表5-13 两个支教项目持续开展情况的理想类型

单位：%

理想类型	类型描述	建立基地的概率
持续项目	获得社会组织和企业支持，服务学校主动联系，且去往小学的支教项目	100.00
一次性项目	未获得社会组织和企业支持，通过志愿者私人关系联系，且去往高中的支教项目	0.46

不过，资金、联络、培训等成本投入的影响只是一方面，这些成本投入能带来什么样的效果、投入资源使用的效率如何，对于支教项目的持续开展也非常关键。很多品牌的支教项目不论是在资金、联络方面还是在培训方面投入成本都很高，但因为支教项目在前期积累了声望，志愿者资源丰富，而且因其支教效果显著，所以得到了服务学校的积极认可。即便一开始是通过志愿者私人关系来联系服务学校的支教项目，如果支教团队能够保持组织经验的传承，以及与服务学校后续的联络畅通，支教项目也能够持续地开展下去。

2. 支教关系网络：传播信息与经验传承

从以上的分析来看，支教项目开展所包含的各个环节都直接影响了支教项目的持续开展。而与此同时，支教团队成员的个人情况同样对支教项目能否持续下去有着重要的作用。志愿者的这种作用主要是通过他们的社会网络来发挥的，其中既包含了志愿者个人的社会网络，也包含了志愿者在支教团队中建立的社会网络。充足的志愿者资源对于支教项目的持续开展是非常重要的，所以如果志愿者能够通过自己的社会网络宣传发展项目，吸引更多的志愿者参与到支教项目中，那么支教项目也就会获得更强大的生命力。另外，对于支教组织来说，通过提供相应平台促进新老志愿者的交流，从而建立志愿者对志愿组织的认同感，这对于支教项目的持续开展同样非常重要。

在统计分析中，我们也考察了志愿者传播支教项目信息、支教项目是否组织以往参与过该项目的志愿者进行经验传授这两个因素与支教项目能否持续开展的关联。统计分析结果发现，志愿者将支教信息告知的人数与项目的持续性呈正相关，也就是说，如果在一个支教项目中，志愿者主动地将支教信息告诉他人，那么支教项目持续运作的概率越高。志愿者号召更多的朋友、同学等参与支教项目，既充实了志愿者队伍，也将志愿者个人的网络融入了支教，这样，支教项目也可以通过"口口相传"逐渐树立品牌。

当支教项目组织以往参与过该项目的志愿者进行经验传授时，支教项目长期开展的概率越高。这种经验传授形式的培训环节是支教项目传承性的重要体现。通过这一环节，以往参与者和新志愿者得以联结起来，有经验的志愿者与新志愿者得以充分沟通，这不仅促使新志愿者对团队产生认同，也能生动、详实地介绍服务对象的需求和特征，还能够更有针对性地提升志愿者的服务能力。

基于表5-11的回归模型可以发现，团队中有经验者的比例与支教项目的持续开展呈负相关。在前文的分析中，这可能是因为低年级的大学生更容易有空闲参与支教项目；当参与者进入高年级后，其可支配的时间受限，该支教项目就有可能因为新生志愿力量不足而停止。但是，以往参与者的经验是非常宝贵的，访谈中也有组织者提及，如果"老志愿者"能够在实践环节和新参与进来的志愿者充分地互动、交流，在授课能力、组织活动等方面亲自指导，那么对于传承支教经验、促进支教项目的持续开展会产生许多正面作用。所以，支教项目要在有经验的志愿者的持续参与和招募新的志愿者之间找到平衡点，并且依据项目各自的情况，注意招募和培养不同年级、不同专业的志愿者，使得志愿者群体多样化，从而既能维持项目运作又能提高项目效率。

通过讨论组织资源投入和团队关系网络对支教项目持续开展的影响，可以发现，这两个方面的因素相互之间也是不可分割的。所以本书基于回归模型，进一步探寻这些变量之间的关系。

3. 初探变量的相互影响

根据支教项目持续开展的回归模型，本书以支教项目的三个特征（支教地域的偏远程度、志愿者和服务对象的规模、志愿者的组成结构）和支教项目的扩散情况（志愿者对项目信息的传播）为核心变量，两两地探讨了变量之间的相互影响（均为控制其他变量的分析结果，具体控制变量见

表 5 – 11)。

(1) 定位:支教项目的特征

虽然不少支教项目在启动时并没有设定持续开展的"宏图",而是在几次同一主题的活动后,或在几次重复去往某一服务学校进行支教服务的基础之上,进一步将主题框架、与服务学校事实上的合作关系确定下来,使其成为一个持续的项目。但是,启动时支教项目的定位以及因此而形成的特征对于支教项目后续顺利地持续开展也有着重要作用。

①支教地域的偏远程度

支教项目去往的地域越偏远,支教项目持续进行的难度越大,这是因为路途远、交通成本高、联络成本高。但是这些支教项目若能够获得社会组织和企业的支持,地域偏远程度对于支教项目持续的负面影响就会大大减小。

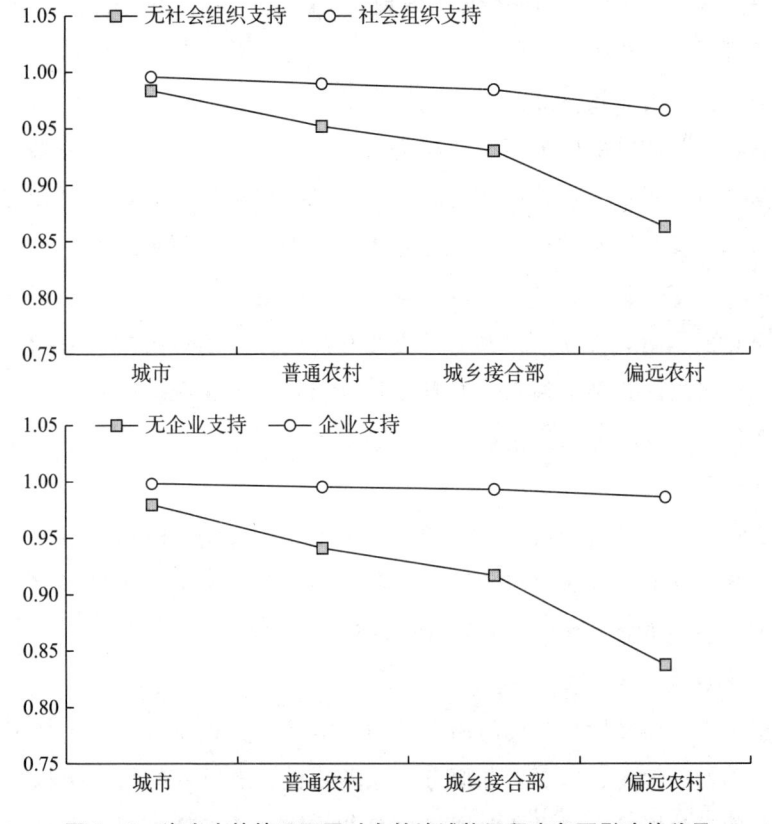

图 5 – 2 资金支持情况不同时支教地域偏远程度负面影响的差异

同样地，如果支教项目是通过服务学校主动联系而确定支教地点的，其受到的支教地域偏远程度的影响也较小，但如果是通过组织内成员私人关系联系的支教地点，支教地域偏远程度对于支教项目持续性的影响就非常显著。

再则，如果支教项目去往的服务学校是小学和成人职业学校，相比于去往中学、残疾人学校的支教项目而言，项目持续性、建设基地受到的支教地域偏远程度的影响也较小。

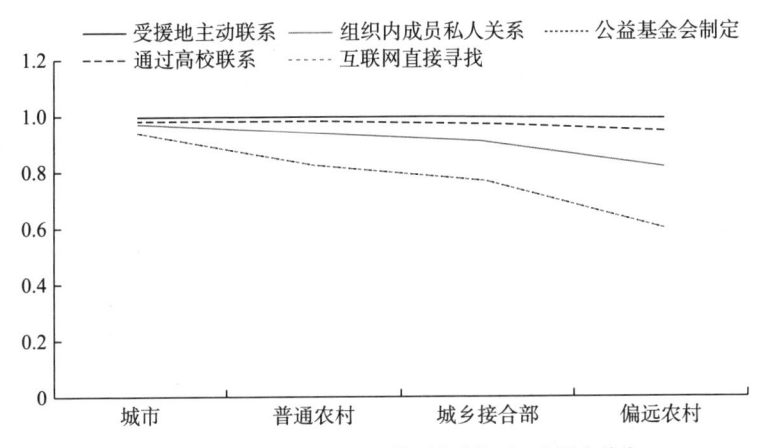

注：公益基金会制定和互联网直接寻找的情况十分接近，在图中并线。

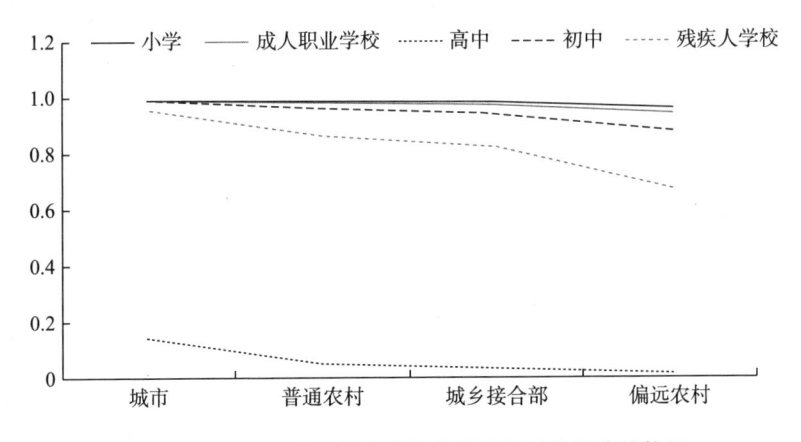

图 5-3　联系方式、服务学校类型不同时支教地域偏远程度负面影响的差异

虽然越偏远的地方，进行支教的成本就越高，并且志愿者融入学校教学、和服务学生沟通、指导的难度也较大，但是偏远的地方也正是最需要

支教服务的地方。所以如果已经参与过该项目或者其他支教项目的大学生能够将自己的经验告诉新的志愿者,针对支教的内容、方式、授课技巧、沟通引导等一同讨论,也就能克服偏远地域对于支教项目持续性的负面影响。同样,数据也显示,具有经验传授的支教项目受到的支教地域偏远程度的影响较小。

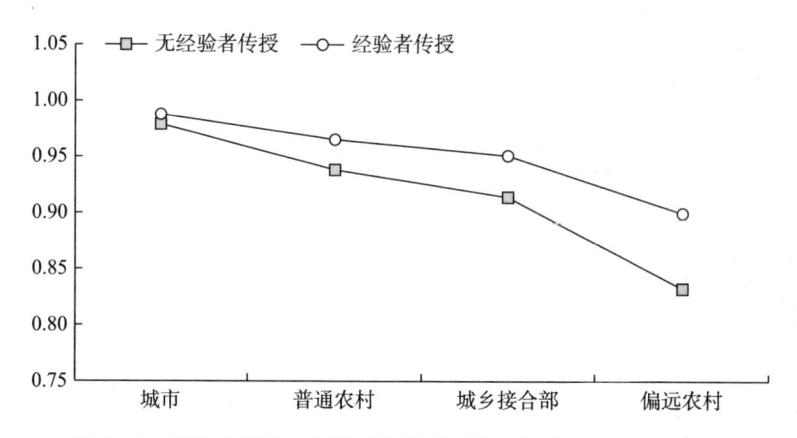

图 5-4　经验传授情况不同时支教地域偏远程度负面影响的差异

②志愿者规模、服务对象规模

从志愿者资源的角度考虑,志愿者规模越大,需要招募、动员志愿者的成本实际上越高,所以当支教项目的志愿者规模更大时,支教项目理应难以持续。但是统计分析的结果显示,志愿者规模越大,支教项目也越容易持续下去。从访谈中可以发现,志愿者规模较大的支教项目,往往在动员志愿者方面都具有稳定的机制,比如高校团委、社团组织的大规模志愿者支教活动,都会和院系、班级形成固定合作关系,与学生培养方案中的实践要求、激励大学生参与志愿服务的各类政策和奖励相挂钩,所以反而志愿者资源比较稳定。此外,志愿者规模大的支教项目通常也是品牌项目,在招募志愿者之前已经有详实的策划方案和顶层设计了,也能联系到稳定的各类支持资源,所以能够持续开展的支教项目中不少都是志愿者规模大的项目。

不过,并不是所有品牌项目都一定有大规模的志愿者参与到每期活动中,很多有小规模志愿群体的支教项目依靠志愿者能动地将项目信息告知他人,有效打造了项目的知名度。所以,如果项目中的志愿者传播信息越广泛，志愿者规模与项目持续性的正相关就越相对不明显。

服务对象规模同志愿者规模扮演了相似的角色，通常品牌支教项目中的服务对象规模都较大。同样，当志愿者主动信息传播人数越多的时候，服务对象规模与支教项目持续性的关联越不明显。

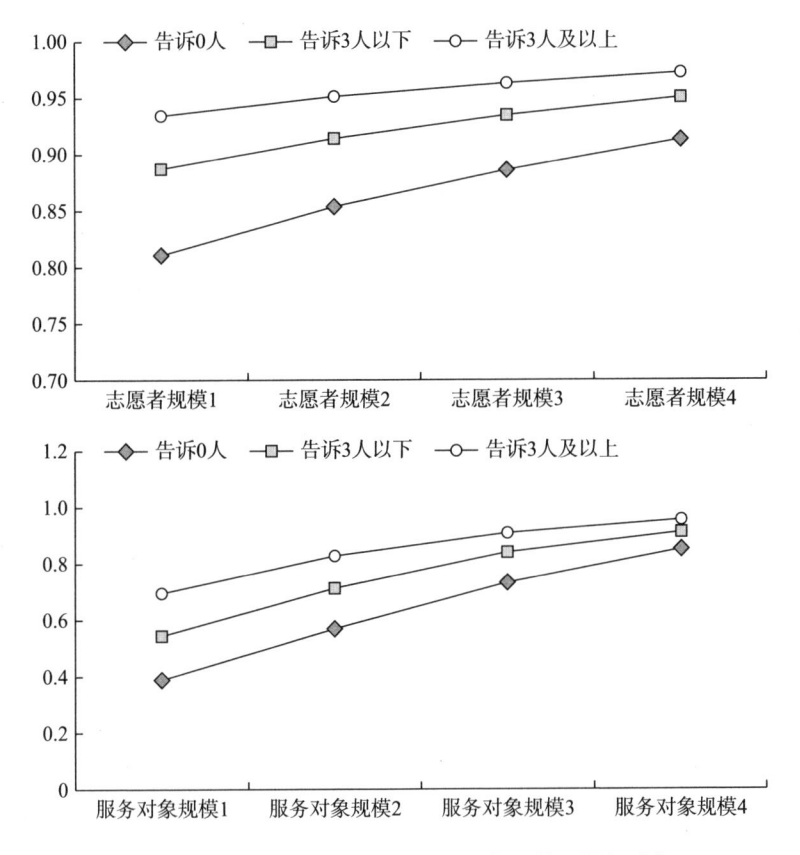

图 5-5 信息传播情况不同时志愿者规模、服务对象规模正向影响的差异

注：志愿者规模 1、志愿者规模 2、志愿者规模 3、志愿者规模 4 分别为志愿者规模的四分位点；服务对象规模同理。

③志愿者组成结构

支教团队中有经验的志愿者比例越低，支教项目越容易持续开展下去，这主要是因为这样的志愿者组成结构有利于支教项目获得充足的志愿者资源。但是如果支教项目获得了社会组织、企业支持，支教项目更容易通过降低志愿者的资金投入等来"留住"有经验的志愿者，从而促使项目得以持续。如图5-6所示，在获得社会组织和企业支持的支教项目中，志愿者组成结构，即有经验的志愿者比例对于支教项目的持续开展的影响较小。

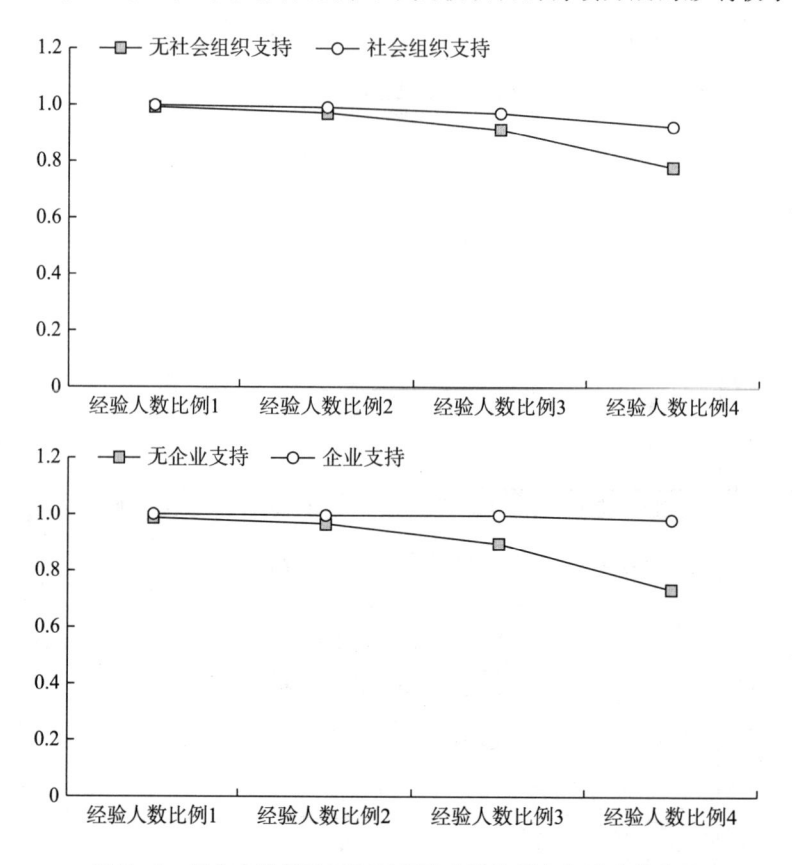

图5-6 资金支持情况不同时经验人数比例负向影响的差异

注：经验人数比例1、经验人数比例2、经验人数比例3、经验人数比例4分别为有经验的志愿者比例的四分位点；图5-7、图5-8、图5-9同。

同样，通过受援地主动联系确定服务对象的支教项目相比于其他支教项目，尤其是通过组织内成员私人关系确定服务对象的支教项目，项目能否持续开展受到的支教团队中有经验的志愿者比例的影响较小。

并且，服务学校类型不同，志愿者组成结构对于支教项目持续性的影响也不同。因为如果去往志愿者更容易胜任工作的学校，招募新的志愿者进行培训的工作量较小，所以转变志愿者组成结构的成本也较低。数据分析结果也证明，在去往小学和成人职业学校的支教项目中，有经验的志愿

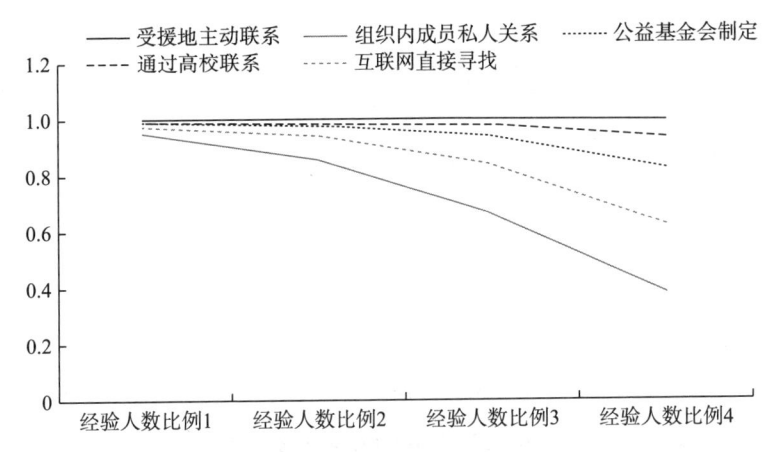

图 5-7　联系方式不同时经验人数比例负向影响的差异

者比例对于项目持续开展的影响相对较小。

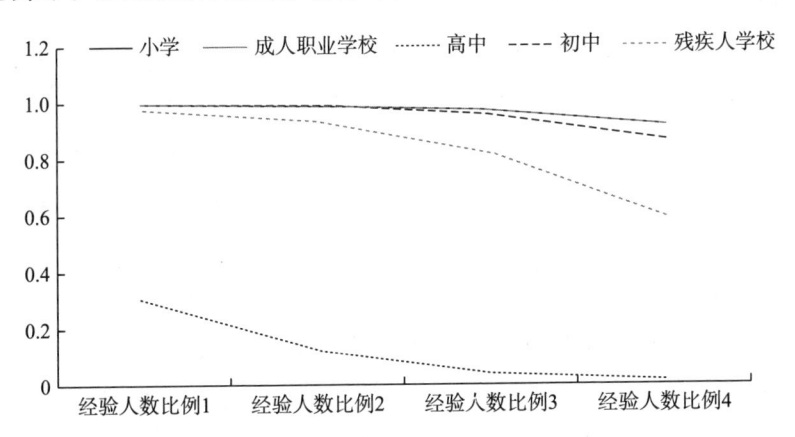

图 5-8　服务学校类型不同时经验人数比例负向影响的差异

注：小学和成人职业学校的数据十分接近，在图中出现并线的情况。

另外，如果志愿者将项目信息传播给更多的人，支教项目的后备志愿者资源也就更丰富，从而有经验的志愿者比例对于支教项目的持续开展的影响就相对较小。

（2）网络：支教项目的扩散

志愿者对项目信息的传播直接影响了支教项目的持续性，志愿者基于自己对于支教项目的认可和认同，会号召更多的人参与到支教项目中来。这种影响是一种网络的力量，不论项目的类型和特征如何，这种影响都会

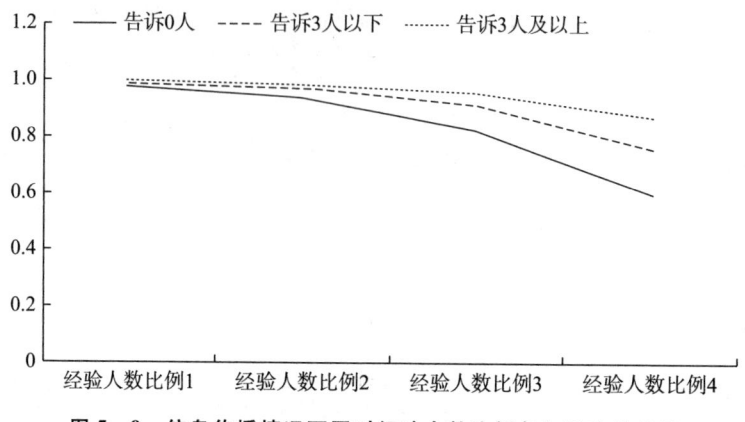

图 5-9　信息传播情况不同时经验人数比例负向影响的差异

存在。不过，项目的特征不同，志愿者扩散项目信息对于支教项目持续的影响程度也不同。

如图 5-10 所示，去往农村的支教项目相比于去往城市的支教项目，受到传播信息的影响较大，而志愿者规模在中位数以下的支教项目受到传播信息的影响也较大。这是因为，去往农村的支教项目和志愿者规模原本就较小的项目，对于树立项目品牌、扩大影响力、号召更多志愿者关注和参与的需求较大。

而对于志愿者而言，有稳定资金支持的支教项目是一种"项目资源"，因为其在提供支教服务的时候不需要投入额外的资金，相比于没有资金支持的支教项目，志愿者花费的成本少，这样的项目也就更容易得到志愿者的青睐。另外，获得社会组织和企业支持的支教项目往往更容易得到媒体的报道和社会组织、企业对其的宣传，这样的项目对于志愿者通过网络号召更多志愿者参与的需求就较小。正如图 5-11 所示，获得社会组织和企业支持的支教项目受到信息传播的影响较小。

支教项目的长期发展、基地的建立都不是一朝一夕的事情。除了要广泛获得各方面的支持资源、通过各种渠道打造项目品牌、扩大项目影响力，从而具有稳定的服务对象和志愿者之外，还需要志愿组织有能力进行有序的组织管理，这样才能将活动进行下去。所以支教项目的延续，尤其需要对支教有热情、有深入思考和丰富体验的组织者。他们很多都是从志愿者

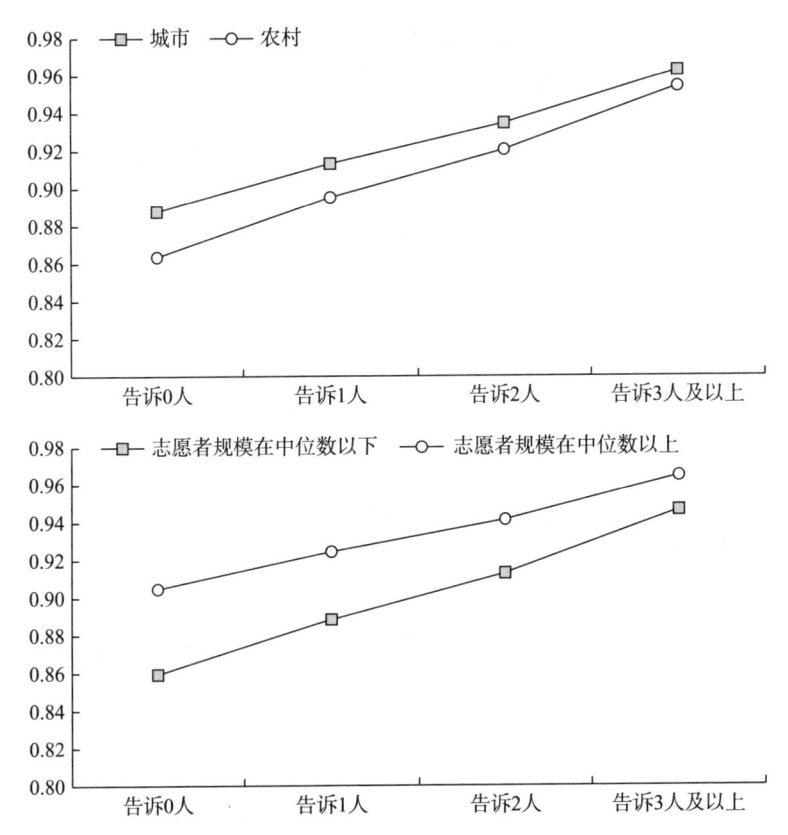

图 5-10　城乡不同、志愿者规模不同时信息传播正向影响的差异

转化而来的，以多重角色推动支教项目的持续开展。

　　支教的延续既体现在志愿者与服务学生在实践后的持续联络上，也体现在支教项目的持续开展上。前者可以衡量支教项目的效果，后者则是衡量支教项目的组织体系成熟的重要标志。可见，支教项目的发展和传承需要各方力量的配合。而这其中关键的一环就是充足的志愿者力量，那么对于志愿者持续参与意愿的分析就十分重要。在访谈中可以发现，支教项目中有两种志愿者的理想型，一种是浅尝辄止的体验型志愿者，而另一种则是具有使命感的长期参与者。那么，是什么原因导致了这两种志愿者的分化呢？或者说，什么因素会促使志愿者具有使命感，愿意长期参与到支教中呢？本书在志愿过程的框架中对此进行了探讨。

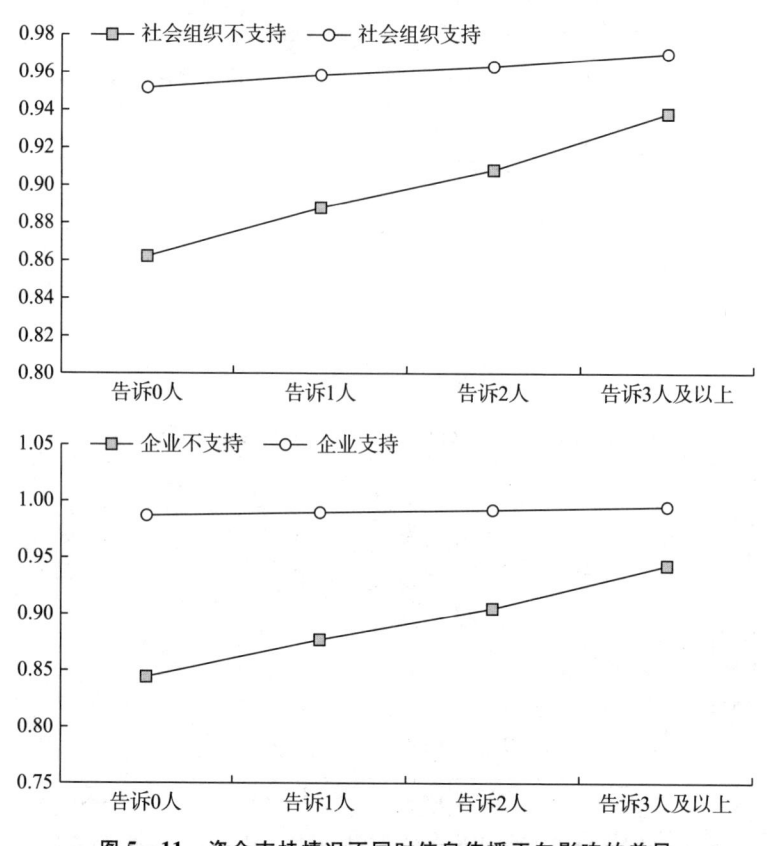

图 5-11　资金支持情况不同时信息传播正向影响的差异

三　使命的养成

志愿者的持续参与对于支教活动持续、高效开展至关重要。稳定的志愿者资源可以避免支教项目的中止、夭折，还能够让支教项目具备传承性，从而，其也是提升支教服务规模和质量的关键。

但从支教的现状来看，志愿者的流动性是非常大的。从调查覆盖的 500 多个支教项目来看，志愿者平均流动性达到 63.65%（无支教经验的志愿者/所有参与的志愿者）。而且，在参与一次支教项目之后，只有少数志愿者继续参与到同一个项目中。

对于经常参与支教的志愿者而言，参与支教不仅是一次实践或尝试，也是一份"使命"或"事业"。所以，寻找、发现这种"使命感"或"事业心"形成的机制和原因就极具意义。正是这些长期参与、组织支教活动的志愿者推动了整个支教的发展。他们通过多次亲身的体验和经历赋予了支教创造力，提供了诠释支教的新视角。那么，究竟是什么因素影响了志愿者持续支教的意愿？是志愿者自身的经济、文化、社会特征，还是支教项目的组织形式、价值导向？这使得对于志愿者参与持续性的探讨需要引入过程的视角，对交接的因素进行考察。

在关注志愿者持续参与支教项目的同时，志愿者向其他志愿项目的流动也是值得研究的。许多志愿者尽管没有继续参与支教，但支教激发了他们的志愿热情，促使他们转而参与到环保、赛事服务、救助服务等其他志愿领域中。并且，影响志愿者参与其他领域志愿活动的因素与影响志愿者持续在支教领域中参与活动的因素是否具有差别，这也需要我们进一步的探索。

（一）志愿者流动性：契机还是困境？

基于青年支教的特点，志愿者的高流动性是不可避免的。一来，青年所处的成长阶段正是其在逐步认识和不断探索自身职业规划、价值观念等的阶段，从而志愿者对于各类事物的认识和态度都在变化中。从对志愿动机的分析来看，不少志愿者是抱着体验甚至模糊的想法参与支教的。即便他们在支教中获益匪浅，十分认可、认同支教的意义，但在"尝鲜"之后，他们也可能转而去尝试其他领域的活动。二来，青年志愿者大都尚未经济独立，而且主力参与者——大学生——还需要在学校参与课程、完成学业，他们都承担了来自学业或工作的压力，闲暇时间并不充裕，所以他们参与志愿活动的情况在很大程度上受到了学期安排和年龄阶段的影响。

一方面，志愿者的高流动性限制了支教活动的传承性，这会间接影响支教项目的服务效率和服务水平。在访谈中，就有 PE 大学 M 支教团队的组织者 G 同学反映，"志愿者的流动性太大了，最好是有一些稳定的志愿者，尤其是关爱自闭症等特殊群体的支教活动，更是需要"。可另一方面，也正因为志愿者的高流动性，支教项目往往十分注重志愿者的动员、招募工作，也逐渐形成了比较成熟的招募和动员的体系，在志愿者团队中保持了相当的新鲜力量，从而也能提升支教的活动参与率和影响力。

那么对于志愿者的组织者而言，志愿者的高流动性究竟是发展支教项目的阻碍，还是提升支教项目影响力、资源覆盖率的积极因素呢？显然，这正负面的影响是一并存在的。

1. 棘手的流动性：时间投入与资金投入

从支教本身的效率和效果来看，志愿者的高流动性对于组织者来说着实是棘手的，因为这意味着动员志愿者参与和培训新志愿者的工作量增多。并且，如果项目有固定的基地，那么每期的志愿者团队对实践地和服务对象的了解程度较低，支教内容也很难在每期项目之间相互联系、相互呼应。而这也正是社会舆论质疑支教项目能否为服务学生传递知识、增加教育支持的源头所在。缺乏持续的、内容关联的、具有课程体系的教学，支教很可能"沦为"只是志愿者和服务对象的"集体游戏"。而根据对支教项目组织者的访谈，这种扮演负面角色的高流动性主要是受到了支教对志愿者的时间投入、资金投入需求的影响。

（1）时间投入

青年志愿者由于工作和学习的安排，参与支教的时间投入极大受限。从活动组织的角度来看，很多高校组织的支教项目都是依照学校学期安排来设计的，甚至支教组织者的层级结构、项目的目标群体都与志愿者的年级挂钩。例如CL大学YB暑期"三下乡"实践支教项目的组织者主要是大二、大三学生，而参与者主要是大一学生，并且该项目很少有多次参与的志愿者，主要是因为大二以后，学校安排了小学期的课程，与支教实践的时间容易冲突。另外，SC大学青年志愿者协会的组织者也表示，在支教中，文科学生相比于理工科的学生更容易持续参与支教，因为文科学生学业负担相对较轻。所以，支教项目的实践时间安排、时间长短都影响着志愿者的流动性。如表5-14所示，实践的时间越长，支教项目的志愿者流动性越大。

另外，支教项目路程来回的耗时与志愿者的流动性也有一定的相关性，项目路程耗时越长，说明去往的实践地越偏远。志愿者若要继续参与活动，需要投入的时间就越多，耗费的精力也就越多，这也导致很多志愿者在客观上难以继续参与这一支教项目。

表 5-14　不同支教实践时间下志愿者的流动性情况

单位：%

支教实践时间	流动性
小于 1 周	60.98
大于等于 1 周，小于 3 周	63.31
大于等于 3 周，小于 19 周	67.96
大于等于 19 周	92.93

表 5-15　不同路程耗时下志愿者的流动性情况

单位：%

路程耗时	流动性
小于 5 小时	57.45
大于等于 5 小时，小于 14 小时	66.63
大于等于 14 小时，小于 38 小时	68.24
大于等于 38 小时	69.44

(2) 资金投入

大多青年学生在经济上尚未完全独立。与此同时，尽管社会对于支教项目的支持越来越多，但大多数支教项目都无法完全承担实践所产生的全部费用。所以志愿者不仅要投入时间，还需要分摊实践的费用。这也在一定程度上制约了青年群体的持续参与。比如，暑期"三下乡"实践支教项目包含了交通费、食宿费等，较之于日常支教项目的开销更大，所以参与的志愿者总数也相对较少。PN 大学 WJ 社团的组织者就提到，当支教项目无法获得足够的资金支持时，会有志愿者选择退出。

然而，支教项目获得资金支持与支教项目流动性的关系是非常复杂的。不同类型的支教项目的流动性本就不同，例如研究生支教团，虽然有国家、高校的经费支持，但志愿者每年更新招募，流动性就必然为 100%。而其他类型的支教项目所获得资金支持的情况也不同，虽然高校对于暑期"三下乡"实践支教项目和高校团委发起的支教项目有不同程度的支持，但更多的支持是来自社会组织和企业的。社会组织和企业在选择支持对象时，也基于自身的理念具有不同的偏好，支持程度、周期、条件都不同。表 5-16 比较了暑期"三下乡"实践支教项目、高校团委发起的支教项目、社团或个人发起的支教项目,可以发现,在暑期"三下乡"实践支教项目和高校团委发起的支教项目中,获得了社会组织支持的项目相比于自费和企业支持的项目,志愿者的流动性小很多;获得企业支持的支教项目的志愿者流动性却比自费的支教项目还要高。不过,在社团或个人发起的支教项目中,这种情况却完全相反,受到社会组织支持的项目的志愿者流动性最高,而受到企业支持的项目的志愿者流动性最低。从访谈中可以发现,相比于社会组织的支持,企业的资金支持额度较大但更不稳定,所以对于支教项目中志愿者的流动性的影响也比较复杂,大力度的支持能够减少志愿者的投入,从而降低其流动性;而不稳定的支持也会扰动支教组织和志愿者的预期,反而带来高流动性。

表5-16 不同支教项目中的志愿者的流动性情况

单位:%

项目类型	自费	社会组织支持	企业支持	总体
暑期"三下乡"实践支教项目	76.06	42.77	85.00	67.21
高校团委发起的支教项目	55.26	0.00	73.06	60.25
社团或个人发起的支教项目	53.91	74.20	47.13	57.35
总体	61.80	48.04	77.97	62.98

总体来看,当支教项目对于时间投入和资金投入的要求越高时,志愿者的流动性会越大,因为较高的参与门槛减少了潜在的志愿者资源。但也并不能就此推断,支教项目对时间投入和资金投入的高要求对于志愿者持续参与的影响是负面的。在访谈中,很多投入了大量时间、资金的志愿者反而更倾向于参与到后续的活动中。所以支教项目的投入要求对于潜在志愿者和已经参与的志愿者的影响机制十分复杂。

既然志愿者的高流动性在一定程度上是必然的,从而很多支教项目也针对此设立了应对机制,来削弱流动带来的负面影响。比如,SC大学知行协会组织的支教项目就设立了志愿者候补机制,在面试的时候就确定候补人选,当有志愿者由于学习等原因退出时,候补的志愿者就可以替上。再比如,XJ大学E学院团委的支教项目在招募时就注重"志愿者要各个年级都有,以保证延续性"。

2. 积极的流动性：项目管理与高校政策

从支教项目吸引更多青年参与、扩大影响力的角度而言，志愿者高流动性反而是使更多志愿者参与支教项目的基础。从这一角度出发，可以将支教项目看作一种实践资源，支教项目组织者应当尽可能让不同的志愿者参与进来，以支教为平台培养大学生的社会责任感、提升大学生的综合能力。所以，当高校中的支教项目数量较少、规模较小时，其就成了一种稀缺资源，无法满足所有期望参与的大学生。在这种情况下，支教项目反而会主动限制志愿者的持续参与行为。比如，SC 大学对于学生社团组织的暑期"三下乡"实践支教项目管理非常严格，只有知行协会组织的暑期"三下乡"实践支教项目是经过批准、受到学校支持的，如此一来，SC 大学暑期"三下乡"实践支教项目的资源就比较稀缺，组织者说道：

> 即使有些同学想继续参加支教也会请他主动放弃，把支教的机会主要留给没有参加过的同学。

SC 大学青年志愿者协会的组织者也在访谈中说到，不需要担心大型活动的志愿者资源，从来都是志愿者人数多于项目需要人数，学生都反映学校以及院系组织的活动太少，不够满足需求，所以也会将机会更多地给予没有参加过的同学。

另外，即便高校中支教资源比较丰富，但品牌支教项目仍然是少数。并且这些品牌支教项目一般都有较为充足的资金支持，组织者也希望能够让更多的志愿者参与进来。所以，针对支教项目的管理、激励政策也是影响志愿者持续参与的重要因素。

社会、高校针对支教项目进行管理、激励的政策通常会通过不同的路径间接影响志愿者的流动性和参与意愿。这些政策可以划分为三类，即对于支教项目的认定政策、支持政策和对志愿者的激励政策。高校对于支教项目的认定标准越严格、提出的要求门槛越高，支教项目数量就会越少。不过与此同时，支教项目在组织和管理方面也相对成熟。这些项目会加速志愿者的流动来扩大影响力，而有使命感的志愿者可以转型成为项目组织者。

各类群众组织、媒体、高校、基金会等主办的，以支教为主题的志愿者奖项在近年越来越多，而奖项的评选标准对于支教项目的流动性也具有不同的影响。总结而言，大多数的评奖主要是关注志愿者在当年的支教项目中的参与情况，也就是"一次性"的收获、贡献，目的在于激励更多的青年参与到支教中，将支教进行下去。

综合而言，志愿者的持续参与会为支教项目带来稳定的参与群体，但由于青年群体的特征，志愿者的流动性始终维持在较高的水平。并且，由于对时间、资金投入的要求不同，志愿者所处的社会、高校政策环境不同，支教项目的志愿者流动性受到了各种结构因素的影响。而这些结构因素也会导致支教项目中的志愿者具有了不同程度的参与意愿，进而影响其持续的参与行为。

对于支教项目组织者而言，志愿者流动性大是其提高支教的教学质量和服务效率所面临的一大难题，但却又是其扩大影响力、充分发挥项目的积极影响所必然带来的结果。而项目对于志愿者资金投入和时间投入的要求，以及相关的政策支持都会影响志愿者的流动性。志愿者自身在支教项目上实际的时间投入和资金投入、通过评奖受到的激励和认可等也会影响其持续参与的意愿和行为。志愿者的流动性和志愿者的持续参与并非两个此消彼长的概念，也就是说，提高志愿者的持续参与意愿并不一定会降低志愿者整体的流动性，但可以促进更多的志愿者留在支教项目的组织、实践工作中，使得项目设计、内容、组织能得到更好的创新和传承，这也是解决志愿者流动性内在张力问题的最重要的途径。

（二）支教使命的塑造：过程理论视角

从志愿过程理论来看，影响志愿者持续参与意愿的因素有很多，并且，其中很多因素对应了支教活动的不同环节，在不同的时间段形成、酝酿，影响志愿者的想法、思考、判断和选择。

支教的启动可以具体拓展为动员和筹备两个环节，在支教实践落地之后，志愿者经过一系列的总结和整理，在社会各界的鼓励和共同的交流探讨下，对支教和志愿意涵等进行了进一步的思考，也对志愿者的角色有了更丰富的理解、建立了不同程度的认同，从而在支教的再生产中对于是否继续参与活动、是否尝试其他类型的志愿服务活动有了不同程度的意愿，如图 5-12 所示。

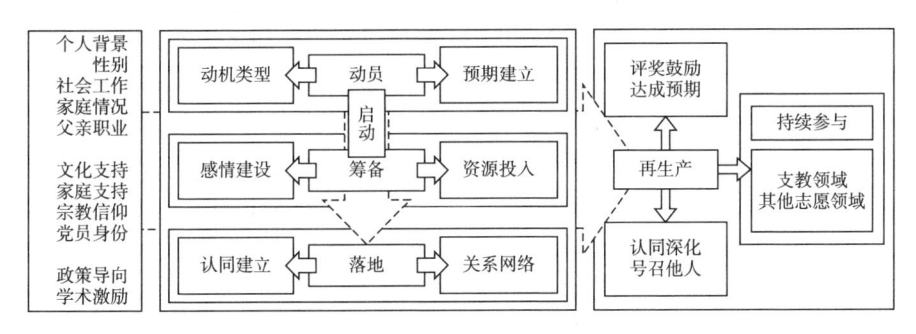

图 5-12 志愿者持续意愿的过程模型

从过程视角出发，志愿者持续参与志愿服务的意愿受到很多因素的影响，除去时间投入、资金投入和政策支持等因素外，还有诸多不同层次的因素。这些因素既可能影响志愿者继续参与支教项目的意愿，也可能影响志愿者参与其他领域的志愿服务的意愿。在调查中，我们询问了志愿者是否愿意继续参与支教活动以及是否愿意参与其他领域的志愿服务（不愿意＝1，基本愿意＝2，愿意＝3，非常愿意＝4），并且以二者为因变量，构建了定序变量的累进比对数回归模型（ordered logistic regression）进行分析。在分析志愿者继续参与支教活动的意愿时，模型仅选取了首次参加支教活动的样本进行分析，作为对志愿者持续性的探究。

结合以往的研究，本书关注了六个方面的变量，即人口特征与人力资本、社会资本、志愿者投入、角色认同、志愿动机、团体语境（激励政策）。人口特征与人力资本方面的自变量为性别、每周社会工作小时数（包含团委、学生会、社团等高校工作岗位，实习、兼职等社会工作岗位）、父亲职业（包括专业技术者、单位负责人、办事管理者、商业服务人员、生产劳动者，以生产劳动者为参照）。社会资本的变量包括家庭压力、已经相识的人数与团队总人数的比例、是否参加过团队感情建设活动、志愿者传播信息人数（将该支教项目推荐给多少人参加）。投入方面，主要通过志愿者支教总投入星期数、自己的花费（未报销费用）来测量。角色认同方面，分别对志愿者认同与支教者认同（包括特别认同、认同、基本认同、一般、不太认同、不认同、特别不认同）进行测量。志愿动机类型划分为利他动机、利己动机和无明确动机三类。另外，我们通过预期是否满足与有无明确动机交叉生成的变量测量动机匹配（无明确动机、有明确动机且达到预期、有明确动机未达到预期）。团体语境方面，我们用"就志愿者所知道的，其所在高校是否具有推研资格和鼓励荣誉"来测量高校激励政策变量。回归分析结果见表5-17和表5-18。

表5-17 志愿者持续参与支教的意愿的回归模型

		模型1	模型2	模型3	模型4	模型5	模型6
人口特征与人力资本	女性（男性=0）	0.116 (0.88)	0.118 (0.81)	0.103 (0.66)	0.072 (0.40)	0.151 (0.92)	0.157 (0.95)
	父亲职业（生产劳动者=0）						
	专业技术者	-0.551** (2.74)	-0.463* (2.09))	-0.484* (2.07)	-0.600* (2.50)	-0.604* (2.48)	-0.662** (2.68)
	单位负责人	-0.100 (0.54)	-0.048 (0.24)	0.016 (0.08)	-0.157 (0.70)	-0.053 (0.23)	-0.135 (0.57)
	办事管理者	-0.142 (0.62)	-0.212 (0.86)	-0.198 (0.76)	-0.311 (1.17)	-0.194 (0.69)	-0.205 (0.73)
	商业服务人员	-0.250 (1.29)	-0.133 (0.61)	-0.092 (0.40)	-0.270 (1.12)	-0.234 (0.94)	-0.260 (1.04)
	每周社会工作小时数（小时）	0.031*** (4.47)	0.030*** (4.10)	0.024** (2.92)	0.026*** (3.19)	0.029*** (3.33)	0.030*** (3.46)
社会资本	家庭压力		-0.352 (1.22)	-0.556† (1.84)	-0.733* (2.37)	-0.438 (1.33)	-0.450 (1.35)
	相识人数比例（%）		-0.542* (2.56)	-0.564* (2.47)	-0.421† (1.79)	-0.568* (2.30)	-0.622* (2.50)
	感情建设活动		0.380* (2.55)	0.441** (2.74)	0.438** (2.63)	0.466** (2.71)	0.502** (2.87)
	志愿者信息传播人数（人）		0.300*** (6.08)	0.315*** (5.95)	0.266*** (4.86)	0.242*** (4.32)	0.247*** (4.38)
志愿者投入	资金投入（千元）			-0.248** (2.64)	-0.252** (2.72)	-0.257** (2.71)	-0.271** (2.84)
	时间投入（周）			0.040* (2.09)	0.032† (1.72)	0.030 (1.54)	0.013 (0.64)

续表

		模型1	模型2	模型3	模型4	模型5	模型6
角色认同	志愿者认同				0.168*** (4.34)	0.144*** (3.57)	0.143*** (3.51)
	支教者认同				0.432*** (6.74)	0.411*** (6.13)	0.432*** (6.40)
志愿动机	志愿动机类型（利他动机=0）						
	利己动机					-0.578** (2.80)	-0.611** (2.92)
	无明确动机					-0.991** (2.84)	-1.113** (3.14)
	动机达成情况（明确动机未达成=0）						
	明确动机达成					0.462 (1.50)	0.620* (2.00)
	无明确动机					0.254 (0.63)	0.447 (1.09)
激励政策	推研资格						0.935** (2.85)
	鼓励荣誉						-0.301 (1.37)
城市	成都（北京=0）	-0.362** (2.67)	-0.293* (1.97)	-0.302† (1.93)	-0.357* (2.22)	-0.415* (2.50)	-0.300 (1.52)
文化资本	有宗教信仰	0.212 (0.76)	0.013 (0.04)	-0.066 (0.19)	-0.167 (0.47)	-0.144 (0.39)	-0.137 (0.37)
	是党员	-0.086 (0.55)	-0.109 (0.63)	-0.040 (0.20)	-0.075 (0.37)	-0.098 (0.47)	-0.099 (0.46)
_cut1		-2.758** (13.03)	-2.135** (7.74)	-2.166** (7.30)	1.515** (2.97)	0.858 (1.45)	1.016 (1.70)
_cut2		1.558** (8.68)	-1.031** (4.08)	-1.048** (3.86)	2.710** (5.37)	2.025** (3.46)	2.201** (3.72)
_cut3		0.217** (1.28)	0.898** (3.57)	0.871** (3.23)	4.839** (9.12)	4.224** (6.97)	4.430** (7.20)
N		858	745	663	663	647	645
R^2		0.0182	0.0571	0.0646	0.1231	0.1454	0.1542

†$p<0.10$, *$p<0.05$, **$p<0.01$, ***$p<0.001$。

表 5－18　志愿者参与其他志愿活动的意愿的回归模型

		模型 1	模型 2	模型 3	模型 4
人口特征与人力资本	女性（男性=0）	0.190 (1.49)	0.174 (1.36)	0.111 (0.83)	0.145 (1.07)
	父亲职业（生产劳动者=0）				
	专业技术者	－0.132 (0.68)	－0.108 (0.55)	0.144 (0.69)	0.191 (0.91)
	单位负责人	0.226 (1.28)	0.228 (1.28)	0.231 (1.25)	0.297 (1.58)
	办事管理者	0.160 (0.72)	0.172 (0.78)	0.155 (0.68)	0.277 (1.20)
	商业服务人员	－0.084 (0.45)	－0.077 (0.41)	－0.023 (0.12)	0.033 (0.17)
	社工时间（小时）	0.021 *** (3.38)	0.020 *** (3.31)	0.006 (1.00)	0.007 (1.14)
文化资本	有宗教信仰	0.529 (1.88)	0.529 (1.87)	0.391 (1.31)	0.332 (1.11)
	是党员	0.028 (0.19)	0.052 (0.35)	0.071 (0.45)	0.065 (0.41)
社会资本	家庭压力		－0.699 ** (2.79)	－0.793 ** (3.03)	－0.740 ** (2.76)
角色认同	志愿者认同			－0.214 *** (6.36)	0.206 *** (6.08)
	支教者认同			0.078 (1.39)	0.063 (1.10)
	支教持续意愿			1.156 *** (12.13)	1.112 *** (11.54)
志愿动机	志愿动机类型（利他动机=0）				
	利己动机				－0.435 ** (2.64)
	无明确动机				－0.518 ** (2.87)
城市	成都（北京=0）	－0.080 (0.61)	－0.080 (0.61)	0.002 (0.02)	0.032 (0.23)
_cut1		－1.709 ** (9.45)	－1.773 ** (9.65)	4.006 ** (9.19)	3.436 ** (7.26)

续表

		模型 1	模型 2	模型 3	模型 4
_cut2		-0.593** (3.57)	0.641** (3.81)	5.452** (12.11)	4.861** (10.01)
_cut3		1.123** (6.61)	1.085** (6.33)	7.750** (15.70)	7.217** (13.76)
N		858	852	852	837
R^2		0.0105	0.0137	0.1527	0.1568

†$p<0.10$, *$p<0.05$, **$p<0.01$, ***$p<0.001$。

1. 个人背景与家庭情况

个人背景是每个志愿者与生俱来的特点，例如性别、年龄、民族等，其中也包括志愿者的行为模式，比如活动参与情况等。而家庭背景是志愿者的成长环境，对于志愿者的认知、观念、选择有很深刻的影响，比如家庭的社会经济地位、家庭收入、父辈职业、父辈受教育情况等。这些因素塑造了志愿者的观念，影响着他们如何认识、理解支教过程。

(1) 性别

在以往的研究中，各个学者对于性别与志愿者意愿的关联有着不一致的解读。有的学者认为，女性比男性更倾向于参与志愿活动，而有的学者认为男性较之于女性更愿意参与志愿活动[1]，这种差异与研究选择的样本和志愿服务领域有关。性别主义的视角对两性参与志愿活动的行为模式差异进行了总结：对于女性而言，志愿活动更接近于一种社交方式，她们将参与志愿活动作为获得群体认同的一种渠道[2]；而对于男性而言，他们更倾向于独自寻找、参与志愿活动[3]。基于这样的解释，女性可能因为在已经参与的志愿活动中建立的社会关系而更愿意持续地参与，而男性决定是否再参

---

[1] Katharine Gaskin and Justin Davis Smith, *A New Civic Europe? A Study of the Extent and Role of Volunteering*, London: Volunteer Centre U. K., 1995; Virginia Hodgkinson and Murray Weitzman, *Giving and Volunteering in the United States*, Washington, D. C.: Independent Sector, 1996.

[2] Robert Wuthnow, *Learning to Care: Elementary Kindness in an Age of Indifference*, New York: Oxford University Press, 1995.

[3] Richard A. Sundeen and Sally A. Raskoff, "Teenage Volunteers and Their Values", *Nonprofit and Voluntary Sector Quarterly*, Vol. 24, No. 4, 1995, pp. 337–357.

与志愿活动是比较独立的,受到他人的影响较小。不过根据回归分析结果,性别对于志愿者持续参与支教以及参与其他志愿活动的意愿没有显著的影响。

(2) 社会工作

关于工作时间与志愿意愿的关系,以往研究得出的结论也非常不同。角色超载理论认为雇佣工作的小时数与志愿行为的小时数是呈负相关的,因为如果工作的时间越长,则可以用于志愿的时间则越少。但另外一方面,工作也可以看作个人接触社会、融入社会的平台,从而工作也可以提升志愿者的能力,让其更能胜任志愿活动,也就更可能参与到志愿活动中去。①有研究显示,个体的工作小时数与其参与志愿活动的小时数具有向上的曲线关系。② 所以,结合青年支教活动的具体情况,在校大学生课余时间主要用来参与实习、实践等各种各样的社会工作,更多地参与到其他类型社会工作中的学生也更多地参与志愿活动。从回归分析结果来看,每周社会工作参与时间较多的志愿者的持续志愿意愿也更强,不过参与其他志愿活动的意愿并没有显著提升。

(3) 父亲职业

个人的社会经济背景,比如家庭收入、职业、教育背景等,对于志愿活动的参与意愿的影响一直受到很多学者的关注。有调查显示,管理层以及专业层面的人群更容易去参与志愿活动③。收入、权力、声望对于个体都会产生一定的影响。例如就有学者认为,个体的志愿意愿与收入呈负相关。因为收入越高,志愿的机会成本越大。④ 大学生志愿者的社会经济情况极大地取决于父辈的社会经济地位。而父亲的职业就常被用来衡量整个家庭的

---

① Henry E. Brady, Sidney Verba and Kay Lehman Schlozman, "Beyond SES: A Resource Model of Political Participation", *American Political Science Review*, Vol. 89, No. 2, 1998, pp. 331 – 354.

② L. Segal, "Four Essays on the Supply of Volunteer Labor and Econometrics", working paper, Evanston: Northwestern University, 1993.

③ A. Regula Herzog, Robert L. Kahn, James N. Morgan, James S. Jackson and Toni C. Antonucci, "Age Differences in Productive Activities", *Journal of Gerontology*, Vol. 44, No. 4, 1989, pp. S129 – S138.

④ Nancy Wolff, Burton A. Weisbrod and Edward J. Bird, "The Supply of Volunteer Labor: The Case of Hospitals", *Nonprofit Management and Leadership*, Vol. 4, No. 1, 1993, pp. 23 – 45.

社会经济地位。已有的国外研究大都认为志愿是精英群体的专属，也就是说，来自社会经济地位更高的家庭的子女更愿意参与志愿。[①] 但也有文献认为，当志愿服务的类型不同时，社会经济地位带来的影响也不一样。[②] 而通过对调查数据的分析可以发现，父亲职业对志愿者的持续志愿意愿和参与其他志愿活动意愿的影响并不明显，统计上显著的差别在于，父亲职业为生产劳动者的志愿者比父亲职业为专业技术者的志愿者的持续志愿意愿更强。

2. 文化支持与政策导向

文化支持包含了志愿者所处的各类环境中对于其参与志愿活动的鼓励元素，比如社会上对于志愿行为的认可、褒奖会使得志愿者更认同自己的身份，也更愿意持续地参与志愿活动。除此之外，志愿者的朋友圈子、家庭对于志愿行为的评价的好坏也会影响志愿者是否选择继续参与活动。

（1）家庭支持

以往的研究显示，家庭支持对于家庭成员成为志愿者，以及持续地进行志愿有正面的影响。[③] 学生志愿者没有经济独立，所以各项开支还主要依靠家庭补贴，如果去往的实践地较为偏远，志愿者很可能需要自己支付不少路费、生活费等，没有家庭的支持，志愿者很难长久地参与志愿活动。在回归分析中，来自家庭的压力对于志愿者持续参与支教的意愿没有显著影响，但是对于其参与其他志愿活动的意愿却有显著的负面影响。

（2）宗教信仰

有研究发现宗教信仰对于持续志愿意愿有正面的促进作用，而且不同的宗教信仰以及个体参与宗教活动的频率等对于志愿行为的影响是不同的。[④] 在访谈中我们也发现，有的志愿者基于相同的宗教信仰而一同组建了支教团队。不过在数据分析中，宗教信仰的影响并不显著。

[①] Richard A. Sundeen and Sally A. Raskoff, "Teenage Volunteers and Their Values", *Nonprofit and Voluntary Sector Quarterly*, Vol. 24, No. 4, 1995, pp. 352.

[②] Susan Eckstein, "Community as Gift-giving: Collectivistic Roots of Volunteerism", *American Sociological Review*, Vol. 66, No. 6, 2001, pp. 829 – 851.

[③] David Horton Smith, "Determinants of Voluntary Association Participation and Volunteering: A Literature Review", *Nonprofit Voluntary Sector Quarterly*, Vol. 23, No. 3, 1994, pp. 243 – 264.

[④] John Wilson and Thomas Janoski, "The Contribution of Religion to Volunteer Work", *Sociology of Religion*, Vol. 56, No. 2. 1995, pp. 137 – 152.

（3）党员身份

支教活动以及其他类型的志愿活动经常与高校的党团活动、班级活动、社团感情建设活动等联系在一起，比如在 T 大学中，很多党团活动就将志愿活动纳入组织生活的框架下，并且积极地促进党员、团员反思志愿的价值。不过在数据分析中，党员身份对持续志愿意愿的影响并不显著。

（4）学校激励

近年来，高校、社会组织、企业都对各类志愿服务领域，比如支教、环保等，设立了相应的奖项进行表彰，这会对志愿者持续志愿意愿产生积极的激励作用。回归分析结果显示，知晓学校具有研究生支教团名额的支教者，其持续志愿意愿更强。可见，研究生支教团对于塑造支教文化有着明显的作用。而知晓学校有对于支教的鼓励荣誉的支教者，却并没有显示出更强的持续志愿意愿。

3. 参与动机与动机的达成

动机理论提出，动机类型、动机的达成对于志愿者持续参与志愿活动具有一定的影响。而动机的类型以及动机是否达成，贯穿了整个志愿活动，志愿者会在活动的不同环节中不断明确自己的志愿动机，反思自己的预想是否达到，进而促进自身对今后是否继续参与这项志愿活动进行考量。

（1）动机达成

根据匹配假说，若先前志愿行为满足了志愿者的动机，则志愿者的持续志愿意愿更强。克拉里（Clary）和米勒（Miller）就运用历时的大学生社区服务的志愿者数据证明了这一点。[1] 而在对 XC 大学百年职校项目的组织者访谈时，他们也提到，该项目每学期大概有 150 人次参与，但只有 20% 的志愿者可以坚持下来。因为参与该项目的志愿者主要以寻求体验为主，所以往往浅尝辄止，不再持续地参与志愿活动，所以也有另一种可能，就是当志愿者的动机一旦被满足，可能就不会继续参与支教了。而统计结果显示，达成预期的志愿者较之于未达成的志愿者，有显著的、更为强烈的持续志愿意愿以及参与其他志愿活动的意愿，这印证了匹配假说的推断。

---

[1] E. Gil Clary and Jude Miller, "Socialization and Situational Influences on Sustained Altruism", *Child Development*, Vol. 57, No. 6, 1986, pp. 1358-1369.

(2) 动机类型

志愿动机的类型划分方式有多种，有国外学者总结了各个文献中的志愿动机种类，大概有 28 种。[1] 这其中包含了坚持志愿组织目标、社会交往需求、积累工作经验、开阔视野、他人带动、营造良好的社区氛围、改善社会公平等。但志愿动机最为常见的划分当属"利他 - 利己"。利他动机指的是志愿者参与活动的时候，不以自身收获为出发点，而是以他人的状况改善、营造良好的社会氛围等作为参与动机，利己动机则相反，以自身获益为出发点。

那么动机类型不同又会怎样影响志愿行为的持续呢？有研究发现，在艾滋病防治志愿者中，那些以个人发展为主要动机的志愿者反而更容易持续地参与。[2] 不过，基于本书的数据分析，我们发现以利他动机为主要动机的支教者，较之于以利己动机为主要动机、无明确动机的参与者，有更强烈的持续志愿意愿。

4. 认同建立与资源投入

志愿者参与到一项志愿活动中，不仅投入时间、精力、资金，也投入自身的热情、情感。所以伴随着志愿活动的推进，志愿者也逐步对"志愿者"这一概念、身份有了新的认识和感受，从而产生认同。这种认同是促使志愿者留在志愿组织、活动中的重要原因，同时其也受到活动对于时间、资金等投入需求的限制。可以说，对志愿者角色的认同是使命感最直接的来源。

(1) 角色认同

志愿者的角色认同，不仅是对志愿者身份的认同，也是对其投身的志愿服务领域的认同，还是对其所处的志愿组织的认同。比如，从支教者的角度而言，其在活动中会对志愿者身份有认同感，也会对支教者身份有认同感，同样，对于参与的支教项目、支教组织也会有认同感。有学者认为，志愿者的认同感主要取决于四个方面，即志愿者认为自己在组织里的角色

---

[1] Ram A. Cnaan and Robin S. Goldberg-Glen, "Measuring Motivation to Volunteer in Human Services", *The Journal of Applied Behavioral Science*, Vol. 27, No. 3, 1991, pp. 269 - 284.

[2] Allen M. Omoto and Mark Snyder, "AIDS Volunteers and Their Motivations: Theoretical Issues and Practical Concerns", *Nonprofit Management and Leadership*, Vol. 4, No. 2, 1993, pp. 157 - 176.

的重要性、所处组织的声望、志愿者的个人价值与组织价值的一致性、志愿者在组织中的社会连带。并且,对于志愿者的认同和对于特定领域、特定组织的认同是不一样的,而且认同之间还可能存在一定的冲突。比如,对特定领域、特定组织形成的认同会促使志愿者进一步在该组织中参与志愿活动。但若该志愿者同时参与了几项志愿活动,那其在其他志愿活动中的参与度就会降低。[①]不过,对于某个志愿项目有较强的参与意愿的志愿者,往往对志愿者角色也非常认同,并不会将其他的志愿活动置于特定志愿活动的对立面。但是受到时间投入的限制,他们在其他志愿活动中的参与会受到特定的志愿项目的挤压。

根据回归分析的结果可以发现,志愿者对志愿者的角色认同和对支教项目的认同对于志愿者持续志愿意愿有显著的正向影响,并且,志愿者对支教项目的偏好没有降低志愿者参与其他志愿活动的意愿。

(2) 资源投入

若是从行为主义的志愿决策逻辑来看,志愿者投入的成本越高,他们参与志愿的意愿或者持续参与志愿的意愿就会越低。在支教项目中,志愿者普遍都投入了很多时间和资金,如表5-19所示。在对SC大学校团委老师们的访谈中,校团委书记提到,大多数支教项目需要志愿者自付费用,如果支教团队中的同学整体经济条件较好,项目组织在资金运转上遇到的困难就较小。

表5-19 四类支教项目中的志愿者在时间和资金上的投入情况

单位:周,元

项目类型	平均投入时间	平均自己花费资金
研究生支教团	38.86	5369.78
暑期"三下乡"实践支教项目	1.80	384.54
高校团委发起的支教项目	0.77	257.05
社团或个人发起的支教项目	0.72	124.33

[①] Jean A. Grube and Jane Allyn Piliavin, "Role Identity, Organizational Experiences, and Volunteer Performance", *Personality and Social Psychology Bulletin*, Vol. 26, No. 9, 2000, pp. 1108 - 1119.

从表 5-17 的模型 3 和模型 4 来看，志愿者的资金投入与其持续参与支教的意愿呈负相关，而其时间的投入与持续志愿意愿呈正相关，但是将相应的认同变量放入模型后，原先志愿者时间投入的正面影响变小。这显示，时间投入和志愿者认同可能具有一定的交互效应，当志愿者投入越多时，其对志愿者角色的认同程度可能也越高，从而更愿意参与后续的支教活动。

5. 关系网络与号召他人

社会网络是由个体相互间的互动形成的，而这种互动也会影响每个人的社会行为。志愿者本身在家庭、工作等环境中已经形成了一定的关系连带，其通过志愿活动也会结识新的朋友、建立新的关系连带。这种各色的关系连带以及连带构造的关系网络也影响着志愿者进一步的行为，比如选择是否持续参与志愿活动。志愿者不仅受到来自志愿活动中建立的关系网络的影响，也能主动地将志愿信息、自己形成的观念和认同感传播到之前形成的关系网络中，从而影响他人。比如，志愿者在参与支教活动后，如果他们认为支教活动很有意义、对自己有非常正面的影响，他们就会将自己参与支教的感受和体验，以及项目的活动信息等告诉、推荐给自己的好朋友、同学、家人，动员他们参与到支教中来。

（1）相识人数比例

有学者在研究中发现，经常与朋友会面的人更容易成为志愿者[1]，并且，家庭中孩子的数量越多，会使得家庭成员越愿意参与社区活动，从而增加其志愿活动的参与[2]。这些都说明，个人所处的关系网络会影响自身的志愿参与情况。而当志愿者所处的关系网络和在志愿活动中形成的关系网络比较一致时，也就是说，志愿团队中已经有较多成员相互之间是认识的，那么这个团队更容易组建起来，也更容易协调一致，进行志愿服务时也会更有效率。在这样的环境下，一方面，志愿者可能更容易在志愿活动中得到鼓励、支持，而因此更愿意投入到同类的志愿活动中去。但另一方面，如果志愿者在支教前已经认识很多成员，反而就不需要通过参与活动来维

---

[1] Miller Mcpherson, Pamela A. Popielarz and Sonja Drobnič, "Social Networks and Organizational Dynamics", *American Sociological Review*, Vol. 57, No. 2, 1992, pp. 153–170.

[2] David Horton Smith, "Determinants of Voluntary Association Participation and Volunteering: A Literature Review", *Nonprofit Voluntary Sector Quarterly*, Vol. 23, No. 3, 1994, pp. 243–264.

系这样的连带，如此一来，支教活动所能提供的社交功能较弱，反而志愿者的持续志愿意愿可能降低。

从回归分析结果来看，志愿者相识人数比例与其持续参与支教的意愿呈负相关，这支持了第二个推断。也就是说，当志愿者已经认识的人数占所有团队成员人数的比例越高时，他们继续参与的意愿反而越低。

（2）参与感情建设活动

支教项目在刚刚启动时，总是有新志愿者加入到团队中来。为了更好地贯通志愿组织的目标、内容，并且将整个志愿团队凝聚起来，支教组织和团队会开展一系列的感情建设活动。志愿者如果参与过这种感情建设活动，会更迅速地融入志愿者团队，也更容易在志愿活动中的社会网络中得到支持，从而提升持续志愿的意愿。回归分析的结果也显示，参与感情建设活动的志愿者持续参与支教的意愿更强。

（3）传播信息

志愿者本身可以能动地向他的关系网络传播信息。从这点来看，当志愿者向周围传播更多的志愿信息后，其将自己的关系网络进一步纳入到志愿活动中去，也会提高自身的持续志愿意愿。同样，在回归模型中，如果志愿者把支教项目的信息告知给越多的人，他们持续参与支教的意愿也越强。

综合来看，影响志愿者持续参与的因素是非常复杂的，而这些因素之间也有着相互的关联，需要结合志愿过程的理论框架，将这些因素有逻辑地关联起来一起探讨。

6. 初探变量的相互影响

根据志愿者持续参与支教的意愿的回归模型，本书以此探讨了双变量的相互影响（均为控制其他变量的分析结果，具体控制变量见表5-17）。

（1）使命的根源：个人与文化

个人背景、文化支持、政策导向等这些个体身份与情景因素，对于志愿者参与支教活动产生着结构性的、连贯的影响。志愿者的个人特点、成长环境和经历对于志愿者的行为选择、认识思考等都有着深刻的影响，而这种影响也往往是与志愿者在活动过程中的各个环节相互作用中所产生的。

以志愿者社会工作（包含团委、学生会、社团等高校工作岗位，实习、兼职等社会工作岗位）投入时间为例，一般情况下参与越多社会工作的学生其各方面的能力锻炼得越充分，对于各种类型活动的适应性越强，所以他们的持续志愿意愿受到组织因素的影响就越小。如图5-13所示，以平均水平的社会工作投入时间为线将志愿者区分为两类，即社会工作投入时间多的志愿者和社会工作投入时间少的志愿者。整体而言，社会工作投入时间多的志愿者的持续志愿意愿较强，并且受到资金投入和相识人数比例的影响都更小，即这些志愿者对于需要投入更多资金和团队结构的变化更不敏感。

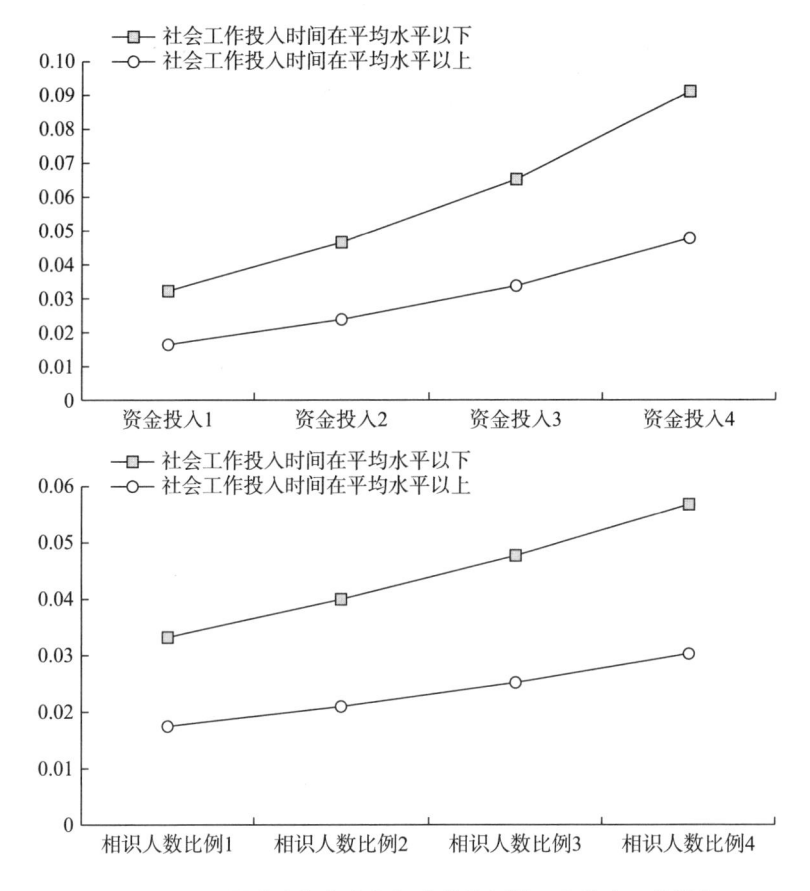

图5-13　不同资金投入和相识人数比例情况下社会工作投入不同的志愿者持续志愿意愿的差异

注：纵坐标为不愿意再次参与支教活动的志愿者比例，资金投入与相识人数比例四个点为两个数据的四分位点。

另外，从父亲职业的角度也可以看出个人背景与组织因素、志愿者主动传播信息情况的相互影响。如图 5-14 所示，父亲是专业技术者的志愿者整体上持续参与支教的意愿要低些，受到资金投入和告知他人这两个因素的影响也较大，而剩下四种职业间的差别较小。

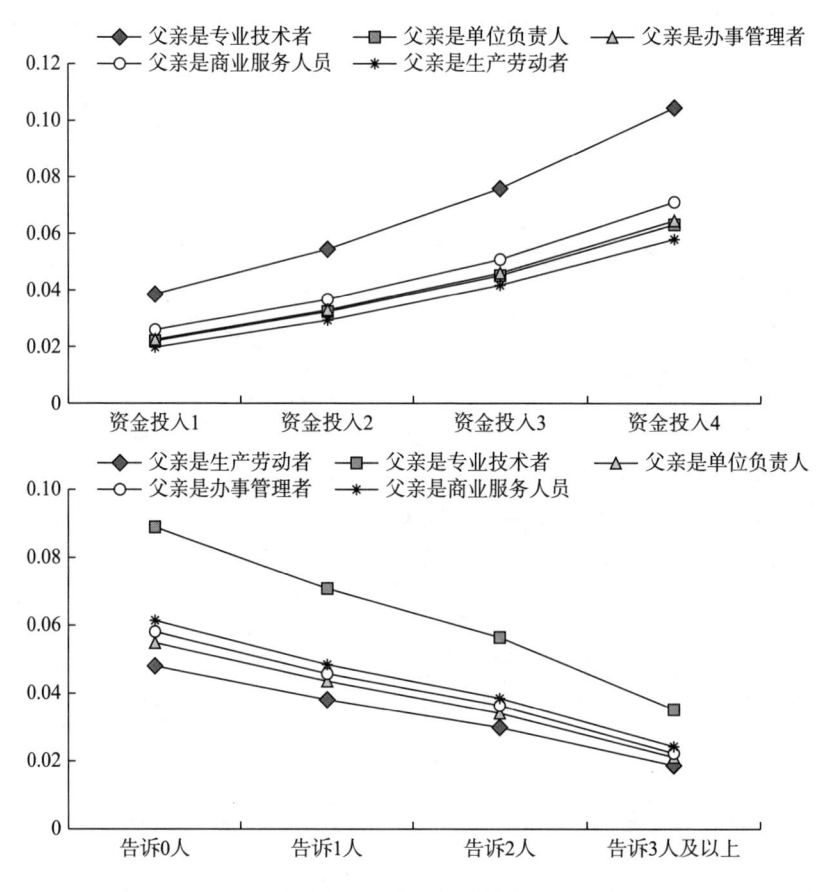

图 5-14　不同资金投入和告知他人情况下父亲职业不同的志愿者持续参与支教的意愿的差异

注：纵坐标为不愿意再次参与支教活动的志愿者比例；资金投入四个点为四分位点。

长期以来，关于志愿活动究竟是一项精英活动还是非精英活动的探讨引发了诸多争议。从调查的结果来看，当前我国的青年支教中并没有显示出精英活动的特点。在访谈中我们也可以发现，由于家庭社会经济地位较低的志愿者与服务学生有着相似的成长经历，所以持续参与支教的意愿也会更强,更有可能带有一种"使命感",去为缩小城乡之间、发达与欠发达地区之间的教育资源的差异而努力。例如,CL大学关注留守儿童的YB支教项目的组织者M同学就说道:

> 我们队伍里有农村的,也有城市的(出身),比如我是农村的,也有一个北京来的同学,从来都没有去过农村,(支教服务中)感触就很深,还有一个志愿者同学比较特殊,是孤儿,叫W,他觉得他曾经受到过很多来自别人的帮助,有感恩的心,想要力所能及地去帮助留守儿童们。

此外,还有很多类似的志愿者,像CL大学的GNXH组织的创始人Z同学就是在支教时受到触动,希望能够更多地帮助与自己成长经历相仿的学生们,转而投身于农村的教育事业。尽管支教项目具有一定的特殊性,但这一情况也让我们看到了与西方"志愿精英说"的鲜明反差,为我们进一步理解中国特色的志愿服务行为提供了新视角。

另外,高校通过对支教项目的激励政策,例如推研政策、鼓励荣誉等,塑造了大学生对于支教的定位和理解,这些都直接影响了支教者的志愿动机、如何认同支教者团队等。例如SC大学青年志愿者协会的组织者F同学说道:"参与志愿服务的时间同评定奖学金挂钩,会参考(大学生的)志愿服务时间,而拿了奖学金、助学金一定要继续参与相应时间的志愿服务。"

但是,在数据分析中,推研政策、鼓励荣誉这两种激励制度却呈现相反的作用,尤其是鼓励荣誉的反向影响值得深思。在访谈中,很多高校的志愿者也认为,支教团队和组织在评奖、"争荣誉"上花费了太多的时间,例如,T大学的H同学认为:

> 支教活动结束之后,我们本应该投入较多的时间与学生们保持联系或者分析支教对其自身的成长作用,可反而很大的精力与时间花费在复杂的评奖答辩机制中,使得支教者较为疲惫,并且哪个团队的展示技术好哪个团队就能获奖,也没能对其继续参与支教活动起到太多的带动作用。

可见，个人的特征、成长的环境，以及家庭、学校、社会的志愿文化和政策制度等，都是孕育志愿者的使命感的土壤。个体的偏好、文化的感染，甚至只是成长中的一个重要事件都可能促使志愿者将一次短暂的支教经历转化为长期参与的动力。

（2）使命的孕育：动员与筹备

在支教的启动过程中，志愿者得以初步了解支教服务内容，建立对支教的认识、树立对收获的预期等，这是志愿者对支教项目投入感情的起始。

志愿者通过参与招募、面试的环节，开始接触和了解支教项目。有的志愿者自己在报名参与活动时，已经形成了一定的动机和预期；而有的志愿者没有明确的动机和预期，只是在朋友和同学的带动下参与到支教项目中，对于支教没有特别的思考和深入的认知。在招募时，支教的组织者通过设定相应的宣传语或者在高校内办宣讲会等多样的形式，一来吸引志愿者，二来也为公众传达了项目的理念和目标。回归分析的结果显示，怀揣改善他人教育条件、贡献社会等利他动机的志愿者更愿意长久地投身于支教事业。利他动机是需要激发和宣扬的，若是在动员阶段能够充分地传递支教的深远意义，可能也会带动更多的志愿者产生"油然而生"使命感。比如 PN 大学 WJ 社团的志愿者 H 同学就说道：

> 第一次（参与支教）没有太多感触，第二次就觉得应该通过自己的活动改变学生的现状（去黑网吧现象严重，通过家访、和老师沟通等形式改善了当地学生去网吧的现状，树立了崇尚学习的理念），从第三次开始，我才真正认同教师这一职业，并感受到了一种神圣性。

同样，在筹备过程中，支教项目会组织集体的培训等活动，比如感情建设活动、共同设计教案等。在这个阶段，志愿者付出越多的时间、投入越多的感情，也就越容易在支教落地和结束的时候去深入思考支教的意义。不过，一方面，更多的思考可能会使志愿者更认同支教，另一方面却恰恰相反，志愿者可能看到了更多的问题，对支教产生怀疑。

（3）使命的触发：网络与认同

志愿者在支教落地时通过实际的服务对于支教项目逐步产生认同，也建立了以支教团队为核心的关系网络。

志愿者的父母、朋友，以及支教过程中的团队成员、服务学生等都会影响其参与志愿活动的持续志愿意愿。而志愿者也可以能动地通过志愿活动来建立新的关系网络，或者将其原有的关系网络纳入支教中来。例如，SC 大学 A 学院团委组织的支教活动志愿者 W 同学说：

> 我和班里的同学讲过（我自己的支教经历），也会号召他们参加这些活动，尤其是（与服务学生）写信，别的同学也非常羡慕。

潜在的志愿者会在关系网络中获得志愿信息，从而加入志愿者的行列中，在志愿团队中结交新的朋友，而为了维持新的朋友圈，其又继续在志愿团队中服务奉献。之前从社会资本的机制来解读志愿活动的研究仅强调了志愿者在关系网络中受到的影响，却忽视了志愿活动在塑造新的关系网络或是志愿者将已有关系网络融入志愿活动的可能性，未能从动态的、过程的视角来进行分析。

志愿者的持续志愿意愿最为直接的来源就是他们对志愿者身份和支教者身份的认同。志愿者为自己的行动感到骄傲和自豪，将自己视为志愿群体中的一分子，从而进一步建立责任感。正如 BJ 大学的 L 同学在访谈时所提及的：

> 身边很多同学都很羡慕我有支教的经历。所以一直以来，我觉得我的参与是很有意义的，非常值得骄傲。所以这也一直激励着我继续进行支教活动。

可以说，志愿者对于支教项目的认同是其持续志愿意愿最为直接的出发点，也就是说，许多因素的影响都要转化为认同上的差异，进而才形成了意愿的差别。而志愿者的认同形成也与许多其他因素相互影响。

如图 5-15 所示，参与感情建设活动和将支教信息传播给更多人的志愿者的持续志愿意愿更强，而与没有参与感情建设活动和传播信息较少的志愿者相比，他们的持续志愿意愿对支教的认同的影响程度不同。没有参与感情建设活动的志愿者受认同的影响更大,这显示出志愿者感情纽带的重要性。如果对志愿团队投入了许多感情,志愿者即便没有特别认同支教项目,但也有可能出于社交需求进而愿意持续地进行支教。同样,相比于向他人宣传支教的志愿者,未宣传支教的志愿者受到身份认同因素的影响更强烈,受到关系网络的"约束"更少。

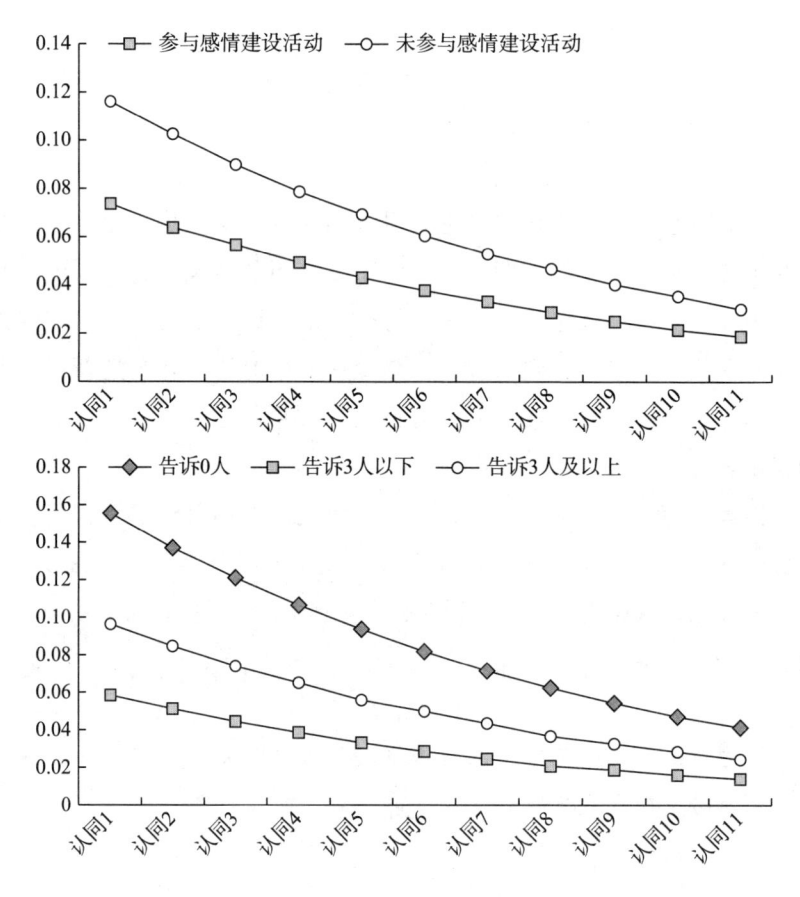

图 5-15 参与感情建设活动情况不同和告知他人情况不同时认同程度不同的志愿者持续志愿意愿的差异

注:纵坐标为不愿意再次参与支教活动的志愿者比例;横坐标为认同程度的分值,从 1~11 表示认同程度越来越高,下同。

其次,志愿动机类型不同的志愿者,受到认同因素影响的程度也不同。带有利他动机的志愿者受到认同因素的影响是最小的,这是因为,带有利他动机的志愿者可能因为支教项目所暴露的一些问题,对支教项目没有产生特别的认同，对于支教的意义也有所质疑，但为了能起到改善他人情况、增进社会福祉等效果，可能更倾向于持续地支教，通过改进支教项目而达到其目标和预期。

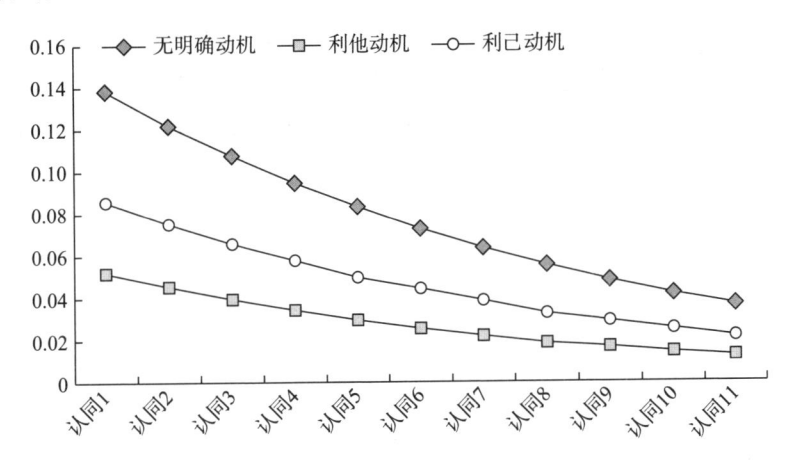

图 5-16　志愿动机类型不同时认同程度不同的志愿者持续志愿意愿的差异

注：纵坐标为不愿意再次参与支教活动的志愿者比例。

最后，资金投入在平均水平以上的志愿者受到认同因素的影响更大。如图 5-17 所示，支教成本越高，投入更多资金的志愿者对于自身认同的反

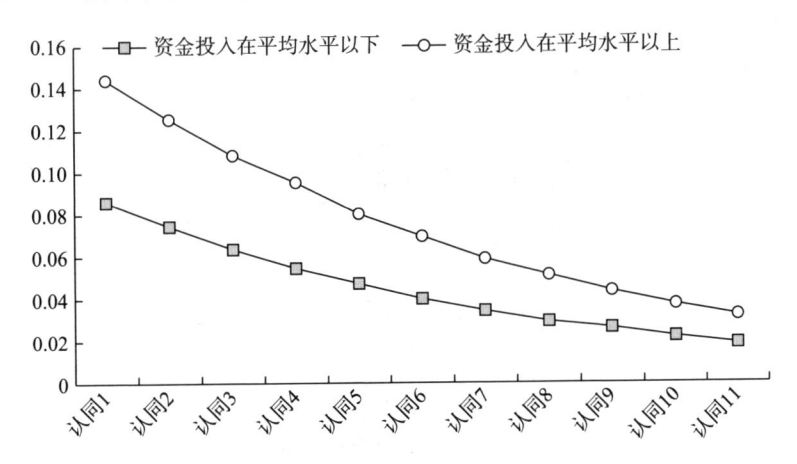

图 5-17　资金投入水平不同时认同程度不同的志愿者持续志愿意愿的差异

注：纵坐标为不愿意再次参与支教活动的志愿者比例。

馈也越敏感。

身份认同的因素在不同的高校激励政策下，与持续志愿意愿有着不一样的关联。如图 5-18 所示，在有研究生支教团名额的高校，志愿者的持续志愿意愿受到认同程度的影响较小；然而有支教鼓励政策的高校的志愿者，其持续志愿意愿受到认同程度的影响却较大。而父亲职业不同的志愿者，他们的持续志愿意愿受到认同程度的影响也不同，如图 5-19 所示，父亲是专业技术者的志愿者，他们的持续志愿意愿受到认同程度的影响最大。

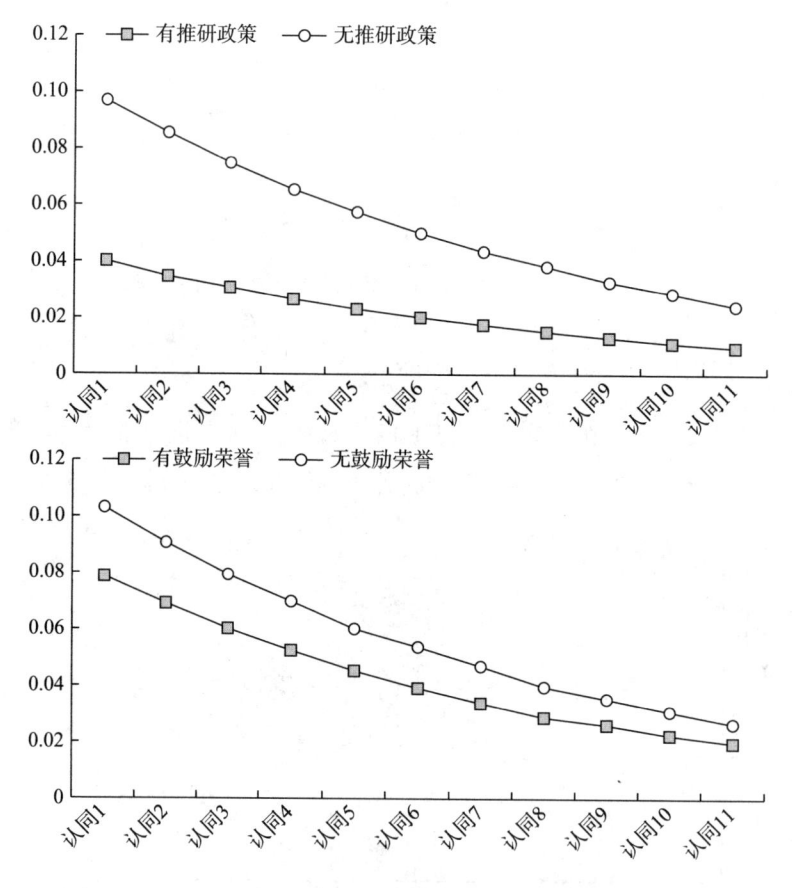

图 5-18 不同高校激励政策情况下认同程度不同的
志愿者持续志愿意愿的差异

注：纵坐标为不愿意再次参与支教活动的志愿者比例。

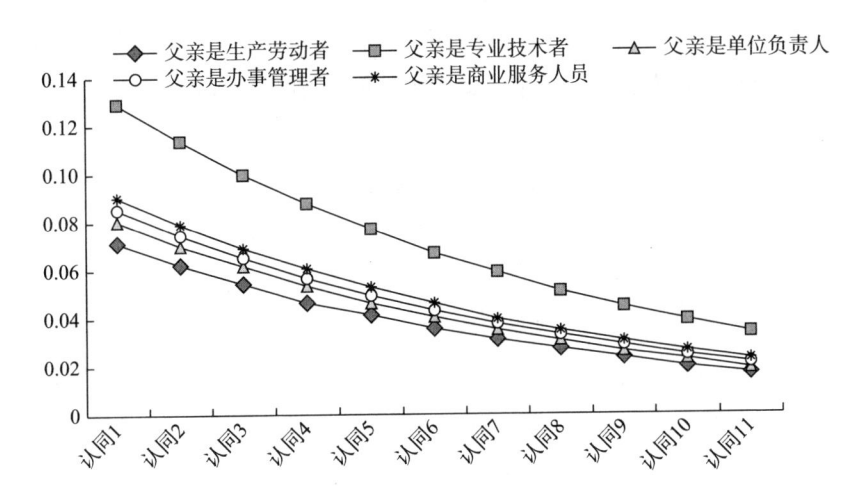

图 5-19　父亲职业不同时认同程度不同的志愿者
持续志愿意愿的差异

注：纵坐标为不愿意再次参与支教活动的志愿者比例。

在过程视角下，我们初步厘清了影响志愿者持续志愿意愿的因素，也尝试解析了志愿者参与其他类型志愿活动的意愿。同支教项目基地建立、持续发展一样，志愿者乐于参与支教、实际持续地参与支教，对于支教在组织上的进步和成熟是非常积极、十分关键的。志愿者的持续志愿意愿是可塑造的，根据志愿者的成长经历不同、所处的文化和制度环境不同，孕育志愿者使命感的土壤也不同。而在参与支教时，他们又经历着不同的环节和内容，也因此有着不同的思考和认识，这一系列的因素共同决定了他们是否会对支教活动产生使命感。

四　揭秘常态化

常态化是志愿服务领域在实践和研究中的关键议题。而对常态化的讨论也通常和制度化结合在一起。2019 年，习近平总书记在致中国志愿服务联合会第二届会员代表大会的贺信中指出，要推进志愿服务制度化、常态化。制度化与常态化在内在上相互承接，但两者在意涵上有所差别：制度化（institutionalization）更强调组织中实在的制度和体系的形成，在行动上形成稳定的机制[1];而常态化（normalization）还包含了认知上的嵌入和价值上的整合[2]，其机制更为复杂，受到影响的不确定因素也更多，亟待有针对性的探索。

常态化即一项社会实践得以启用、实施，并且在行为和认知上持续下来[3]，是探寻组织发展和演化的关键视角。相比于营利组织，志愿组织的人员流动率更高，其常态化一般不体现为在固定团队中形成的某种延续行动或共识，而是主要体现为志愿者对志愿服务的内化，以及在此基础上社会成员将志愿服务融入生活、接纳为一种惯习。已有的研究通常把志愿常态化等同于角色的认同[4]、意义的接纳[5]。但如此一来，这样的解读将志愿者置于被动的位置，仅将其视为信息接收者，而忽视了其在参与志愿时能动的建构作用。所以，基于对梅和芬奇提出的常态化过程理论的参照，志愿常态化可以被解读为一个志愿者在组织内外环境的影响下通过行动和认知去理解志愿服务、判断志愿服务各方面的元素是否自洽的过程。

由此可见，志愿常态化是一个多因素的互构过程。志愿项目从启动到落地，再到后续的总结、反思活动，各个方面、大大小小的因素往复、时刻地相互影响。在互相影响下，各个因素进一步作用在志愿常态化上，影响着志愿者与志愿体系的一致性建构。从而，我们通过随机森林模型[6]来对

---

[1] E. Zerubavel, *Hidden Rhythms: Schedules and Calendars in Social Life.* Chicago: University of Chicago Press, 1981.

[2] C. May, T. Finch, F. S. Mair, L. Ballini, C. Dowrick, M. Eccles, L. Gask, A. MacFarlane, E. Murray, T. Rapley, A. Rogers, S. Treweek, P. Wallace, "Understanding the Implementation of Complex Interventions in Health Care: The Normalization Process Model", *BMC Health Services Research*, Vol. 7, 2007, article 148.

[3] C. May and T. Finch, "Implementing, Embedding, and Integrating Practices: An Outline of Normalization Process Theory", *Sociology*, Vol. 43, No. 3, 2009, pp. 535 - 554.

[4] J. A. Grube, J. A. Piliavin, "Role Identity, Organizational Experiences, and Volunteer Performance", *Personality and Social Psychology Bulletin*, Vol. 26, No. 9, 2000, pp. 1108 - 1119.

[5] D. A. Gioia and K. Chittipeddi, "Sensemaking and Sensegiving in Strategic Change Initiation", *Strategic Management Journal*, Vol. 12, No. 12, 1991, pp. 433 - 448.

[6] 随机森林模型中决策树的构建在根基上与多因素互构的理念相契合。不同的自变量在一个随机森林中会展现出不同的交互能力，而在此基础上构造多个随机森林，可以减少单个随机森林对各因素交互能力估计的偏误，从而更稳定、更适应样本情况地估计各因素的交互能力。

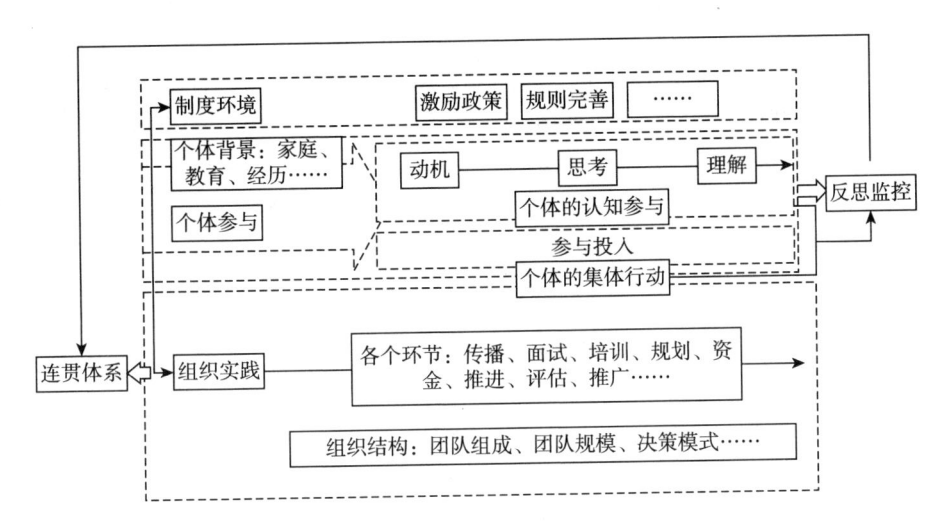

图 5-20 志愿常态化的过程

调查的支教数据进行模拟性的统计分析，探索通往志愿常态化之路。在问卷中，志愿者被要求对"我认为所参与的支教项目还无法有效地完成其目标"的说法进行 7 个维度的评价：1=特别同意，2=同意，3=基本同意，4=一般，5=不太同意，6=不同意，7=特别不同意。这一变量反映了志愿者和支教体系的一致性，我们以此为核心变量对志愿常态化进行探索性分析：数值越大，表示志愿者对支教活动的反思与支教体系弥合程度越高、一致性越强。由于随机森林模型可以有效探索多个变量[①]，在分析中我们放入背景与环境、组织实践、个体认知三类共 66 个变量（见表 5-20）。

表 5-20 变量的测量与描述性统计

	变量	测量	均值	标准差
核心变量	一致性程度	"我认为所参与的支教项目还无法有效地完成其目标"：特别同意=1，同意=2，基本同意=3，一般=4，不太同意=5，不同意=6，特别不同意=7	3.21	1.52

---

① 随机森林模型适合对多个自变量尤其是在不同变量间有相对清晰的逻辑关系链条情况下进行探索分析，因为其对离散型自变量和连续型自变量都有较高的容忍度，对数据自相关性要求也较低，可以在同一模型中检证多个变量的影响。

续表

	变量	测量	均值	标准差
背景与环境变量	性别	女=1，男=0	0.54	0.50
	家庭收入	月均收入	5877.06	6831.96
	父亲受教育年数	没上过学=0，小学毕业=6，初中毕业=9，高中/中专/技校毕业=12，大专毕业=15，本科毕业=16，研究生毕业=19	12.85	3.67
	父亲职业地位	国际社会经济地位指数（ISEI）	49.26	17.06
	母亲受教育年数	同"父亲受教育年数"	12.20	3.90
	母亲职业地位	同"父亲职业地位"	44.38	16.99
	少数民族	少数民族=1，汉族=0	0.09	0.29
	党员	是=1，否=0	0.24	0.43
	宗教信仰	没有=0，有=1	0.06	0.24
	年级	大一=1，大二=2，大三=3，大四=4，研究生=5	2.26	1.05
	成绩排名	后20%=1，前50%~80%=2，前20%~50%=3，前5%~20%=4，前5%=5	2.41	1.04
	社会工作参与	平均每周在社会工作（包含团委、学生会、社团等高校工作岗位，实习、兼职等社会工作岗位）上所花小时数	10.23	11.07
	高校激励政策	具有=1，不具有=0	0.87	0.34
	激励：荣誉	具有=1，不具有=0	0.32	0.46
	激励：学分	具有=1，不具有=0	0.34	0.47
	激励：资金	具有=1，不具有=0	0.14	0.35
	激励：研究生推免	具有=1，不具有=0	0.12	0.33
组织实践变量	相识人数比例	已经相识成员/团队总成员	0.47	0.35
	参加次数	参加支教的次数	2.46	5.81
	准备时间	前期活动（培训、物资准备）中投入的小时数	21.58	51.91
	实践天数	支教（包含路途）的天数	21.85	62.12
	总结时间	在支教结束后总结（报告及感想撰写、评奖等）所花小时数	9.70	18.19
	组织者经历	有做过组织者=1，没做过=0	0.3	0.49

续表

	变量	测量	均值	标准差
组织实践变量	经历面试	参加面试=1，未参加=0	0.57	0.50
	培训种类	参与培训的种类，数值范围：0~6	2.67	1.36
	培训：介绍当地	参与过=1，未参与=0	0.44	0.50
	培训：团队建设	参与过=1，未参与=0	0.61	0.49
	培训：统一动员	参与过=1，未参与=0	0.29	0.45
	培训：安全培训	参与过=1，未参与=0	0.43	0.50
	培训：经验介绍	参与过=1，未参与=0	0.66	0.47
	培训：专业培训	参与过=1，未参与=0	0.35	0.43
	教案：没有教案	没有教案=1，有教案=0	0.23	0.42
	教案：团队编写	是=1，否=0	0.45	0.50
	教案：自己编写	是=1，否=0	0.67	0.47
	教案：传承版本	是=1，否=0	0.23	0.42
	教案：当地提供	当地提供=1，当地未提供=0	0.13	0.33
	如何知道：自己设计	是=1，否=0	0.25	0.43
	如何知道：朋友推荐	是=1，否=0	0.20	0.40
	如何知道：网络传播	是=1，否=0	0.24	0.43
	如何知道：海报传播	是=1，否=0	0.31	0.46
	服务难满足当地需求	是=1，否=0	0.54	0.50
	同类项目信息难获得	是=1，否=0	0.39	0.49
	团队成员的热情消退	是=1，否=0	0.31	0.46
	难适应当地语言风俗	是=1，否=0	0.31	0.46
	当地的生活比较艰苦	是=1，否=0	0.49	0.50
	与当地学校沟通不畅	是=1，否=0	0.33	0.47
	和自身学习存在冲突	是=1，否=0	0.30	0.46
	团队反思质疑过意义	是=1，否=0	0.47	0.50
	资金不足有负面影响	是=1，否=0	0.30	0.46
	教学难有序有效进行	是=1，否=0	0.51	0.50
	家人不支持产生压力	是=1，否=0	0.20	0.40
	后期联系频率	频繁=5，经常=4，偶尔=3，很少=2，从未=1	2.95	1.15

续表

	变量	测量	均值	标准差
组织实践变量	活动推广人数	将该项目推荐给几人	2.98	1.09
	后期交流深入程度	不深入=1，一般=2，深入=3	1.81	0.82
个体认知变量	无明确动机	无明确动机=1，有明确动机=0	0.29	0.45
	利己动机	是=1，否=0	0.31	0.46
	利他动机	是=1，否=0	0.41	0.49
	对支教的偏爱程度	"相较于其他的志愿项目，我更喜欢支教项目"：特别不同意=1，不同意=2，不太同意=3，一般=4，基本同意=5，同意=6，特别同意=7	5.44	1.29
	持续志愿意愿	"我会继续报名参与支教活动"，赋值同上	6.21	0.96
	自豪感	"在向他人提及我所在的支教团队和经历时，感到尤其自豪和骄傲"，赋值同上	5.65	1.22
	关联感	"看到有关任何支教者的新闻或评论时，都觉得和自己有很大关系"，赋值同上	5.27	1.31
	认同感	自豪感与关联感相加，取值范围为2~14	10.92	2.19
	预期满足程度	"支教完成后，我认为支教带给我的收获达到了预期"，赋值同关联感	5.56	1.10
	价值观改变程度	评价"支教活动改变了我的价值观，重新树立了人生意义"，赋值同关联感	5.01	1.38
	认知改变程度	评价"通过支教活动，我增进了对社会、民生的认知"，赋值同关联感	5.76	1.06
	规划改变程度	评价"支教活动改变了我之前的人生规划或职业选择"，赋值同关联感	4.21	1.59

应用随机森林模型进行分析的步骤主要如下。首先，将数据随机分为两个部分：一个为样本内数据，所有随机森林根据样本内的数据生成，使得模型在样本内在满足一定复杂度约束的条件下标准误最低；另一个为样本外数据，用来检测生成随机森林模型的预测能力与稳定性。其次，计算出每个自变量的重要性评分（variable importance measures，VIM）来衡量每

个变量对核心变量的影响情况。[①] 最后，为了在大体上对自变量与核心变量关系有一个简要的认识，我们在当前样本点的邻域里将每个随机森林退化成一个线性模型，以该线性模型对应变量的系数的方向作为变量与核心变量关系的方向的一种概要性的度量。

我们每次在样本内的数据中生成500个各包含100棵决策树的森林，对每个变量在每个森林上计算其重要性评分，并取其在500个森林上的平均值，以此作为该变量的变量重要性评分。图5-21从高至低地汇总了各个变量的变量重要性评分，并在横坐标变量名处标记了与核心变量在大体上的方向。变量重要性评分可以衡量变量的交互能力，不同变量之间差距较大，不过当变量重要性评分小于0.1分之后，变量交互能力的差异变化趋于平缓。总结各个变量重要性评分的排序情况，主要有如下五个方面的发现。

（一）投入是基础

志愿者在相关支教的活动上投入的时间可以说是所有考察因素中影响最明显的，准备时间（排名1/66）、总结时间（3/66）、实践天数（6/66）、参加次数（12/66）的重要性评分排序都十分靠前。可见，总体来看，当志愿者在支教中投入的时间越多时，其会越积极地评价支教项目达成目标的情况。一方面，这是因为志愿者自身对如何践行活动目标——比如如何设计课程、怎样进行教学等——有了更充分的了解和思考，将自身的努力与

[①] 变量重要性评分的计算基于计算基尼指数（Gini）的基础。根据弗里德曼提出的计算方法，假设有 c 个特征 $x_1, x_2, x_3, \cdots, x_c$，要计算出每个特征 x_j 的Gini指数评分 VIM_j^{gini}，亦即第 j 个特征在该森林所有决策树中节点分裂不纯度的平均改变量：$GI_m = \sum_{k=1}^{|K|} \sum_{k' \neq k} p_{mk} p_{mk'} = 1 - \sum_{k=1}^{|K|} p_{mk}^2$。其中，$K$ 表示有 K 个类别，p_{mk} 表示节点 m 中类别 k 所占的比例。直观地说，就是随机从节点 m 中随机抽取两个样本，其类别标记不一致的概率。特征 x_j 在节点 m 的重要性，即节点 m 分枝前后的Gini指数变化量为：$VIM_{jm}^{gini} = GI_m - GI_l - GI_r$。其中，$GI_l$ 和 GI_r 分别表示分枝后两个新节点的Gini指数。如果，特征 x_j 在决策树 i 中出现的节点在集合 M 中，那么 x_j 在第 i 棵树的重要性为：$VIM_{ij}^{gini} = \sum_{m \in M} VIM_{jm}^{gini}$。假设共有 n 棵树，那么：$VIM_j^{gini} = \sum_{i=1}^{n} VIM_{ij}^{gini}$。最后，把所有求得的重要性评分做一个归一化处理即可：$VIM_j = \frac{VIM_j}{\sum_{i=1}^{c} VIM_i}$。

支教的目标相适应、相协调，从而加强了其对于支教效果的认同，更认可支教从行动到理念的连贯性；另一方面，虽然不同的支教项目在目标设定上有所不同，但是核心都是提供教育支持，可教育的效果往往无法在短期内呈现，所以如果志愿者参与的次数越多、投入的时间越长，其看到支教发挥作用的机会就越多、概率就越高。比如研究生支教团志愿者相比于其他日常短期的支教项目志愿者而言，他们在时间上投入更多，也更完整地参与到服务学生的日常学习、生活中，在访谈中谈及参与的支教项目能否实现目标时，也更多地表示了赞同。

（二）背景的影响

志愿者的个人背景无疑对于其价值常态化的过程有着关键的影响，而随机森林模型的结果显示，来自家庭和学校的背景因素对志愿者如何评价支教呈现了更重要的影响。

家庭社会经济地位较强地影响了志愿者的价值常态化过程，家庭收入（2/66）、母亲受教育年数（13/66）、母亲职业地位（14/66）、父亲受教育年数（21/66）、父亲职业地位（24/66）的重要性排序相对靠前，而其中，母亲社会经济地位的影响比父亲社会经济地位的影响要更重要。

志愿者的社会工作参与（8/66）与年级（20/66）对其价值常态化的影响也相对较为重要。在社会工作上投入更多时间的志愿者、年级较高的志愿者对支教体系的评价更为积极。访谈时Q大学G支教团队的L同学就曾提及，她曾参与过学校各种各样的社团活动，相比较而言，还是觉得支教"最能实现活动（最初的）想法"、最有意义。所以，参与更多的社会工作对于志愿者而言，意味着对更多类型的实践活动有所了解和体验，在比较之下，其有可能对支教达成目标的情况给予更高的评价。也就是说，在高校中支教项目可能面临着与其他活动的"价值竞争"。

（三）社交的需求

对于志愿者而言，参与志愿活动不仅能够"做贡献"，还能认识新的朋友、扩大社交圈。大学生志愿者亦是如此，支教也是他们相互认识、共同协作、感情交流的平台。而从随机森林模型的结果来看，志愿者团队对于

第五章 行动与价值的再生产

图 5-21 变量重要性评分及其与核心变量关系的方向

志愿者如何评价支教有着重要的影响。比如，相识人数比例（7/66）与志愿者认可支教项目达成目标的关系在整体上负向的情况更多。也就是说，当一个志愿者与更多志愿者的交往只能以特定的支教项目为平台时，即支教对于该志愿者所发挥出的社交功能更强时，该志愿者对于支教项目的成效在总体上评价更积极。

不仅如此，其他的一些环节也体现了志愿者团队对于价值常态化过程的推进作用。比如，在各项培训中，团队建设等成员感情交流的培训活动较之于其他培训类型的影响更为明显。再比如，在各类教案编写方式中，团队编写教案较之于其他教案编写方式的影响更能带动志愿者对支教项目做出积极的评价。在访谈中我们也确实发现，当志愿者对团队关系的评价很好时，其对支教成效的评价也更高。比如 B 大学 B 支教团队的 M 同学就认为，"大家都非常靠谱，面对很多问题啥的，都会一起商量，有困难一起去解决，十分上心，也十分给力。这就让我们的支教工作更有效率，在有限的时间内发挥更大的影响"。

（四） 如何来管理

支教的各个管理环节与志愿者的认知参与和集体行动直接相关，对志愿者如何评价支教项目的目标达成情况有着重要的影响。培训种类（17/66），即培训手段的多样化有利于志愿者认可支教成效。而当志愿者在实践中遇到团队成员反思质疑过支教意义（9/66）、教学难以有序有效进行（16/66）、服务难以满足当地需求（25/66）的情况时，也就是在实践中志愿者体察到支教目标受挫时，他们会更倾向于否定支教项目能够达成目标。而其他的管理因素——比如面试、教案设计、传播途径等——对志愿者评价支教的影响的变量重要性评分排序都较为靠后。究其原因，常态化是一个复杂的过程，各重管理因素相互配合、共同发挥作用，影响着志愿者的认知，从而影响着志愿者对价值的内化。所以，志愿者的认知参与对其评价支教项目有着重要的影响。志愿者的认同感（4/66）、志愿者预期的满足情况（5/66）、对支教活动的偏爱程度（15/66）、持续参与支教的意愿（18/66）、关联感（19/66）和自豪感（27/66）都对志愿者的评价有着重要的影响。值得关注的是，志愿者对支教的偏爱程度这一因素的变量重要性评分排序较靠前，这说明，支教的价值常态化不仅面临与其他高校活动的"价值竞争"，也面临与其他志愿活动的"价值竞争"。

（五）改变的力量

影响志愿者如何评价支教项目成效最为直接的因素就是志愿者感知到的"变化"，不论是服务对象的变化，还是志愿者自己的变化。当志愿者与服务对象在实践结束后联系的频率（10/66）越高时，他们通常有更多的机会看到支教对服务对象带来的改变，也就可能对支教的效果有着更积极的评价。而当志愿者体验到支教对自身的改变时，即人生规划上的改变（11/66）、价值观的改变（22/66）、社会认知的改变（23/66），他们也会更积极地评价支教项目的成效。这些变量反映了志愿者在实践之后，自己在行动和思考上的继续投入，他们会通过这些投入来评判支教能够发挥作用，评判支教通过行动来实现目标、践行理念的效率。

志愿如何能常态化，也就是说，"做志愿"如何能够成为公众的一种习惯？这一直是志愿服务研究的核心议题，也是一个颇为棘手的议题。志愿常态化不仅是行动、制度的再生产，也不仅是文化、价值的再生产，而且是实践工作和理论认知双重再生产的统一。一方面，若仅将志愿活动能够持续开展、志愿组织能够持续运转等视为志愿成为习惯的标志，这显然忽视了志愿服务对于社会文化的塑造。另一方面，若是单从志愿者对志愿活动意义的认同、持续参与的意愿等来衡量志愿者对该志愿活动价值的整合，同样无法揭示志愿价值常态化的机制。价值的内化不是志愿者被动接受的过程，而是志愿者和志愿者相互构建的过程，并且对志愿意义的认同不代表对如何提供志愿服务、如何实现志愿目标的认同。

在常态化过程模型的一臂之力下，我们看到若要使得志愿成为一种习惯，实现志愿的常态化，就要志愿者将志愿的行动和价值整合到日常生活和观念中。那么，志愿者要能够通过认知参与和实践行动，对志愿活动发挥成效、实现目标的能力逐步认可，并且志愿者要通过自身的努力让这种能力得以拓展和提升。基于本书对支教者的研究可以看到，在考虑了多个变量的互构情况后，实现志愿常态化有十分关键的三个方面因素，即激发志愿者在参与活动时投入更多的时间和精力、提升志愿活动在价值上的竞争力、提升志愿者在活动中的"改变感"。从根本上而言，就是要在志愿服务过程中实现对志愿者的赋能（empowerment），让志愿者和志愿体系互相融合、达成一致、共同发展。因而，志愿的常态化是志愿服务在我国肩负的三项重任的汇合点：社会成员将志愿服务视为一种习惯，既是以志愿服务为途径的新时代精神文明建设的重要成果，让志愿文化成为实现中国梦的基石；也是坚持和完善共建共治共享的社会治理制度的关键，促使其成为社会参与公共服务和公共治理的渠道；其还能真正发挥出凝聚广大人民群众的作用，促进社会的健康转型。

第六章

多方的合力[*]

在转型时期的中国,志愿组织伴随着社会变迁应运而生,是社会建设的重要一环。无数志愿者以志愿组织为依托,在各色志愿平台下,从不同的角度不断"伸出援手",为公众提供内涵丰富的公共服务。伴随着我国志愿服务事业的迅速发展,越来越多的志愿组织成长起来,深入到公众的日常生活中,成了我国新"社会基础体系"的核心。[①] 然而在发展中,大多数志愿组织都面临着各种治理困境[②],诸如资金不足等问题[③]。所以对于志愿组织而言,十分需要其他组织"伸出合作之手",来拓展自身渠道资源、提升运转的效率和能力。这种合作,不仅是志愿组织顺利开展活动、走向成熟的关键,还是社会自发生长、社会资源有机整合的重要渠道。

在第三章中,本书基于支教探讨了志愿服务的启动,从一个动态的视角展现了各方资源如何被调动、汇集起来。本章则从志愿服务事业的各个

---

[*] 本章中部分内容已发表,有删改。参见罗婧、王天夫《志愿组织寻求合作的意向、机会与制度》,《学海》2016年第5期。

[①] 陶传进:《草根志愿组织与村民自治困境的破解:从村庄社会的双层结构中看问题》,《社会学研究》2007年第5期。

[②] 朱健刚、赖伟军:《"不完全合作":NGO联合行动策略——以"5·12"汶川地震NGO联合救灾为例》,《社会》2004年第4期。

[③] 廖雪飞:《草根NGO的"公募"之路——以"农家女文化发展中心"为例》,《中国非营利评论》2007年第1期;张紧跟、庄文嘉:《非正式政治:一个草根NGO的行动策略——以广州业主委员会联谊会筹备委员会为例》,《社会学研究》2008年第2期。

主体的关系出发,来呈现多方的合力是如何实现的,解答各方在建立合作关系中的一系列问题。比如,各方通过怎样的形式开展合作?合作的机制是怎样的?不同的主体有怎样的考虑?什么因素影响了合作的建立?等等。

在青年支教中,社会各界提供了方方面面的支持。这体现在支教的整个组织过程中,从动员、筹备,到落地、总结,公共部门、高校、群众组织、社会组织、企业等各类单位都给予了支教组织和支教团队多样的资助、鼓励,对支教项目的继续发展和志愿者的持续志愿意愿产生促进或抑制的影响。并且,由于提供支持的主体不同、类型不同、方式不同,在支教项目、服务对象上起到的作用和效果也是不一样的。

一　多元力量的支持

支教项目获得的各方支持在渠道上有很大差异。有的支教项目是通过组织方和志愿者自己主动联系获取的,而有的支教项目则是通过申请高校、社会组织、企业等设立的奖项评选获取的,还有的则是社会组织、企业主动联系支教项目,提供支持或者寻求合作。

虽然伴随着支教活动发展日益成熟,各类支教项目获得的支持越来越多,支教项目越来越多地与各类组织建立了合作关系,但整体上而言,支教项目对于各类支持,比如资金支持、活动资源共享、共同宣传支教文化等的合作需求还是很大。如调查统计结果显示(见表6-1),支教项目与企业和社会组织建立的合作相对较少,13.3%的支教项目得到了企业的支持,仅有11.7%的支教项目与社会组织合作过;而支教项目与共青团的合作是最为普遍的,调查中77.6%的支教项目都得到过共青团的支持。

表6-1　支教项目受到各方支持的情况

单位:%

支持方	项目覆盖比例
共青团支持	77.6
社会组织支持	11.7
企业支持	13.3

（一）多元支持：过程中的全面合作

对支教项目提供支持、开展合作的社会主体覆盖了各个领域，有公共部门、事业单位，比如政府部门、高校；也有群众组织和社会组织，比如各级共青团委员会、基金会、民办非企业单位；还有各类企业等。这些组织在支教的启动，到支教的落地，再到支教在行动和价值上的再生产，都提供了多元的支持，与支教组织建立了全面的合作关系。

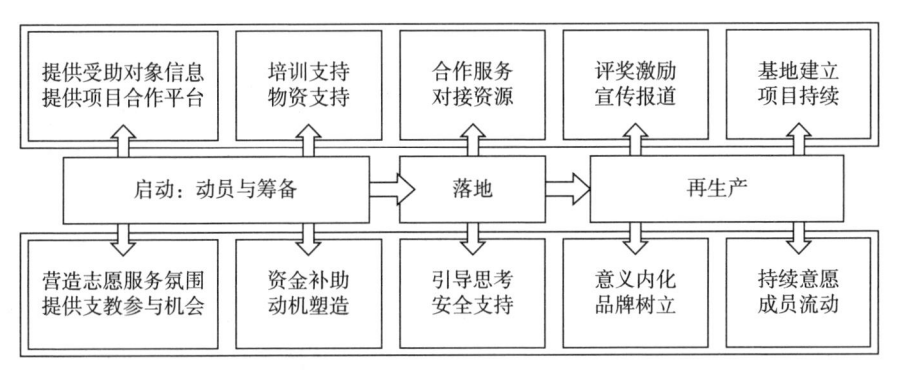

提供受助对象信息 提供项目合作平台	培训支持 物资支持	合作服务 对接资源	评奖激励 宣传报道	基地建立 项目持续
启动：动员与筹备		落地		再生产
营造志愿服务氛围 提供支教参与机会	资金补助 动机塑造	引导思考 安全支持	意义内化 品牌树立	持续意愿 成员流动

图 6-1　支教活动过程中的各方合作

1. 支持动员：信息共享和参与平台

动员即支教组织或相关组织酝酿项目计划、目标，并且联系各方资源，使得项目能够顺利进行的环节。而在此阶段，社会各方对于支教组织提供的支持主要涉及联系服务对象、提供已有的支教项目经验等，与支教组织形成了不同类型的合作关系。

有些支教组织与其他提供支教服务的社会组织等建立合作关系，或者成为某个社会组织发起的大型支教项目中的一个支队。活动内容的安排和价值定位要么由该合作组织统一制定，要么由支教组织自行制定，该合作组织只是在培训、联系服务对象、资金支持或者其他方面提供帮助。有些支教组织与企业建立了合作关系，主要涉及两种合作方式：一种是企业和支教组织共同协商支教项目的定位和价值，由企业提供对支教组织的物资等方面的支持，由支教组织动员志愿者提供服务；而另一种则是由支教组织自己对活动进行定位，企业在提供物资的同时也让员工参与到支教服务的提供中。

相比于社会组织、企业等，共青团提供的支持覆盖面更广，且更具引导性。以暑期"三下乡"实践支教项目为例，在动员阶段，高校团委对支教组织提供了指导性的帮助，比如对于支教支队的支队长的组织运作培养，对项目定位、支教意义的引导等。

总结来看，在动员阶段，社会各方对于支教等项目的支持主要在于提供平台性的支撑，比如提供服务对象的信息，或者宣传支教的服务理念、营造志愿服务的氛围，鼓励志愿者参与到支教项目中，以保障支教项目的顺利启动。

2. 完善准备：技能提升和资金支持

在项目的动员过程中，开展支教活动所需要的各类资源已经"一应俱全"，确定了服务对象和志愿者团队、拟订了支教主题等。但是支教流程、内容都还需要进一步细化和完善，所以支教团队和组织就"如何支教"要进行充分的筹备和安排。

在筹备过程中，支教团队针对在实践地的教学和生活的各类细节设计应对方案。其中，培训和物资筹备无疑是重要的两个环节。有些支教组织已经和其他组织确立了合作意向，尤其是在培训支持和物资支持上达成共识，但是这需要进一步确定各类支持细则，比如物资的支持规模、财务制度等。支教组织也需要明确在获得这些支持的同时，自身需要"提供什么"。一般而言，企业对于支教项目的资助，是在企业社会责任的理念基础之上的。所以在与支教项目建立正式的合作关系后，企业对于活动冠名、媒体宣传等都会提出一定的要求。当支教组织主动联系资金支持时，也会主动提出以冠名、媒体宣传等作为"吸引"。

在培训方面，来自高校、社会组织的培训支持对于支教组织而言也很重要，但是这种合作并不稳定。高校的培训支持虽然具有一定的"强制性"，但往往只针对志愿团队的领导者，并且由于与各类社会实践结合在一起，培训内容比较泛泛。社会组织提供的培训支持也是如此，虽然在授课技能的培训上更具针对性，但是培训往往时间有限、系统性较差，与支教组织的合作一般也是临时的。

活动筹备过程中的支持与合作，对于支教项目而言是极为关键的，这是因为在培训、资金上的支持既可以让志愿者在行动上准备得更为充分，使其更顺畅地投入到实践中，也可以让志愿者进一步反思自身的参与动机，明确自己对支教的预期，在认知上深化对支教的理解。

3. 共同实践：合作服务和对接资源

在支教的落地过程中，志愿者去往实践地提供服务，与各方的合作、受到的支持也主要是针对支教行动和支教生活的。在支教行动方面的合作一般有两种形式，即志愿者对接和物资对接。志愿者对接，即在项目启动时由支教组织和与合作方商议确定的，从其他渠道招募的志愿者，比如社会组织招募社会成员、企业招募自己的员工、高校党团支部招募自己的支部成员等，加入支教团队，共同进行支教活动。物资对接，就是支教团队受到社会组织、企业或高校社团等的委托，将一定的物资支持，比如文具、书籍、电脑等送往服务学校，或者是结合社会组织或企业的教育支持项目，联系服务学校确定建立爱心图书馆、提供多媒体设备等事宜。

当实践地的相应政府部门在得知并认可某个支教项目后，往往会主动帮助支教者解决他们所遇到的困难，尤其是生活方面的，比如在食宿方面的不便，有时还会在媒体宣传上提供一定的支持。但有时，这种地方、基层部门给予的支持也会被公众和支教团队视为一种对当地的"打扰"，比如，有的支教组织认为主动联系实践地的相关部门"索取支持"是给受助地"添麻烦"，所以宁可支教生活条件艰苦一些，也不愿主动联系当地的相关部门。不过，高校统一发起的支教项目——比如暑期"三下乡"实践支教项目和高校社团发起的支教项目——往往因为高校对学生安全的重视和实践结束后评奖的激励（在实践环节中得到当地认可的支教项目在评奖中更具竞争力），通常会让志愿者们拿着高校团组织开具的介绍信去联系当地政府部门，这在保障安全的同时，也能拓展支教的活动思路并将支教纳入对当地各方面发展情况的考虑。

通过与支教组织合作参与到服务提供或资源对接中，各方力量在为保障支教安全、有序、高效进行而提供各类辅助支持的同时，也通过这样的合作切身参与到支教组织中，让自身的资源得以输送给有真正需求的地区、学校、学生那里，也为支教的发展提供了更多元的可能性。

4. 总结激励：评奖活动和意义深化

社会各方发起的评奖活动对于支教项目而言可以发挥极大的鼓励、引导作用。评奖活动可以引导支教团队反思、鼓励和表彰支教组织，也可以通过对于评奖活动的报道进一步宣传支教意义。公共部门、群众组织、高校、社会组织、企业等都开展了侧重点不同的对于大学生实践或大学生支教的评奖活动。这些评奖活动的设奖对象可以是志愿者个人，也可以是支教组织，或支教项目；根据不同的评奖主题和目标，可以将奖项划分为不同的等级；一般在特定的地域或组织类型内进行评选。

公共部门、群众组织、高校的评奖活动主要是荣誉性的激励，有时会配合一定的资金奖励。这种激励也依托一定的体系，例如高校对于支教等志愿服务的鼓励奖项与综合或专项奖学金评比挂钩，成为获得奖学金的加分条件或关键条件；再比如各级团系统对于支教服务、学生实践的奖项评选，上级团组织在评奖时一般极为重视下级团组织申报和推荐的候选者，而下级团组织在申报和推荐时会首先考虑之前在自己的评奖活动中获得较高评价的个人、组织或项目。

社会组织、企业的评奖活动则是一种合作性的鼓励，虽然评奖活动也不乏对志愿者和支教项目的资金奖励，但是评奖活动更主要的目标是引导支教项目的发展和为支教组织与评奖主办方搭建合作平台。

评奖一般是通过资料评比或答辩评比，这样也直接促进了支教团队从多个角度来总结项目的经验和影响，由此促进志愿者将支教意义内化。除此之外，为了能在评奖活动中得到更多的认可和更好的评价，支教团队一般会努力将自身组织、项目的特色凸显出来，这实际上就是"树品牌"的过程。总结来看，评奖是社会各方在再生产环节与支教组织合作的重要方式，不仅鼓励和带动志愿者、支教项目自主进行总结思考，并通过将项目经验进行宣传报道来扩大其社会影响，在激励志愿者深化支教意义、反思支教问题的同时，促进组织者将支教项目树立品牌，使得项目运作更为规范，产生更显著的成效。

5. 鼓励持续：服务进行和基地建立

从上一章的分析来看，支教项目是否获得来自社会各方的资金支持，对于能否建立支教基地、团队成员是否愿意继续参与支教项目都有一定的正向关联。具体而言，如果支教项目和志愿者不再受到资金投入的束缚，其持续提供支教服务的概率就更高。但是，资金支持对于志愿者的持续志愿意愿、支教项目成员的流动性、建立支教基地的可能性的影响是十分复杂的，并非单一的促进或抑制，而是与其他的因素共同作用。不仅是资金支持，支教组织在其他环节中与社会各方的不同类型的合作也会对支教项目和志愿者的持续志愿意愿产生影响，比如培训合作、评奖活动等。

支教组织与社会各方的合作既覆盖支教活动的各个环节，又包含了提供培训、资金支持、资源对接等多种类型的合作关系。而且，支教组织和社会各方依照不同的逻辑建立合作关系，面向的支持对象也是不同的。

（二）合作机制：支持面向与联络途径

通常而言，社会各方与支教组织的合作既包含支持与被支持的关系，也包含服务需求和服务提供的关系。虽然社会各方对于支教的支持一般都是直接与支教团队联系、协商来推进的，但是从支持起到的直接效果来看，可以划分为面向服务对象的支持和面向支教团队的支持。社会各方和支教组织的合作机制是不一样的，虽然双方的合作经常是经由一系列的偶然因素而实现的，但因为支教项目运行逐步形成了成熟的体系，合作方式、联系渠道也逐渐形成了稳定的路径。

1. 支持面向

面向服务对象的支持，指的是社会各方和支教组织针对服务对象的教育资源提升进行合作，比如改善教学硬件环境等；而面向支教团队的支持，则指的是社会各方的支持直接作用在支教团队上，比如为志愿者提供资金补贴等。支持面向的选择影响了支教组织和社会各方在合作中形成的决策、协商关系。

（1）面向服务对象

面向服务对象的支持，即支教组织和社会各方合作，共同为服务对象提供更多的教育资源。这些资源可以是硬件、设备类的，也可以是师资、软件类的，大到学校多媒体设备、图书馆建设、教师培训，小到学生文具、课本、图书的赠予。

在面向服务对象的合作关系中，高校、社会组织、企业等各方是向服务对象提供资源的主体，而支教组织则帮助社会各方联系到确实有需求的服务对象，成为资源的"使者"，将社会资源对接到欠发达地区。并且，由于支教团队处于教育支持服务的"第一线",对于服务对象有着更为深入的了解,关于如何提供资源、提供什么样的资源有着更多基于实践和调研的思考,所以与其他组织建立合作关系后,支教组织在制定、决策资源对接的方案上更有"话语权"。

这种合作关系的建立,一是支持方已经发动了特定主题的教育资源支持活动,然后与支教组织合作拓展项目、对接资源。比如"YF图书室"项目,刚发起时其旨在为"5·12"地震受灾地区学校提供书籍和学习用品,而后续其将服务地区拓展到更多地区时就借助高校支教组织的力量来选择、联系适合的学校。二是支教团队在进行支教后,发现服务对象对于特定资源的需求,然后通过自己的力量联系、发动其他社会力量对服务对象进行支持,这种支持有时不仅是教育资源方面的,还可能是生活资源等其他方面。比如一位由企业派遣的、去往甘肃支教的Y志愿者就在支教过后通过媒体的力量,为其去往的J小学的学生募集了10000多件衣物和1000多件学习用品,号召了100多名宁波市民与学生结对,还为当地造了一座"宁波市民爱心桥",方便学生上学。这两种合作关系的建立都是通过双方中的一方首先发起,然后再动员另一方参与进来。不过,资金支持往往是双方或多方共同发起的。比如奖学金的支持,像"雏鹰·自强之星"奖学金由SC大学及A公司SC省分公司共同发起、捐资设立,资助支教中家境贫困的优秀青少年。资金的支持更为灵活、适用性广,所以也更容易吸引多方的加入。

(2)面向支教团队

面向支教团队的支持,也就是社会各方将各种资源直接给予支教团队:这种支持既可以是扶持支教组织建设,像依托高校团委或其他单位开展的支教项目,往往每年都有专项资金对支教组织进行支持,这种支持既包括支教项目的费用,也包括日常团队建设等费用;也可以是用于扩展支教项目的,也就是经费的支持只是针对支教项目开展活动,不包括支教组织日常建设;还可以是补助志愿者,直接将资金以补助的形式发给每一个志愿者。

各类面向大学生支教者的激励主要包含了学分、保送研究生资格、荣誉、资金这四个方面。学分激励与志愿者的学生身份结合最紧密,如果大学生在支教等志愿活动上花费的时间可以折算为学分，那么时间投入对于志愿者带来的限制就会变小，像 SC 大学团委为短期支教项目设立创新学分，志愿者可根据活动时间、困难情况等将其转换至 1~6 个不等的学分。保送研究生资格是与研究生支教团和西部支教计划相关的，只有高校具有研究生支教团名额，才能面向学生开展支教保送研究生的活动。荣誉和资金的支持在各个高校都比较普遍，因为社会各方的评价活动通常以高校为平台进行。

从政策或评奖发挥激励作用的前提来看，只有在学生知晓的情况下，学分政策、评奖活动等鼓励措施才能产生营造支教文化、塑造志愿氛围的效果。而从调查结果来看，虽然在所考察的 10 所学校中，具有学分激励、推研政策、荣誉激励和资金激励的学校均超过半数，但是学生知晓的情况却相差甚远，只有 12% 的志愿者知道其所在的高校有研究生支教团名额，这与 7 个高校有研究生支教团名额的实际情况有很大差距。同时，不到 15% 的学生知晓高校对参与支教等志愿活动有资金补助，但是在访谈中，几乎所有高校都有针对志愿者的资金支持。

表 6-2　学生对激励政策的知情情况

单位：%

激励形式	覆盖率（学生知情）
学分激励	34.13
推研激励	12.00
荣誉激励	31.52
资金激励	13.99
无任何奖励	15.03

虽然不同类型的支教项目获得社会各方的支持情况不同，但大部分的支教项目都得到了团系统的支持。研究生支教团受到来自企业赞助的比例也非常高，但来自社会组织的支持较少。大多数高校团委发起的支教项目都需要志愿者支付一部分费用，不过这类支教项目本身需要的资金投入并不多，所以支教组织去动员更多资源支持的动力也较小。

表 6-3 四类支教项目各方资金投入的覆盖率

单位：%

资金投入	研究生支教团	暑期"三下乡"实践支教项目	高校团委发起的支教项目	社团或个人发起的支教项目
自己支付	24.08	32.73	67.46	43.09
团系统资助	100	74.18	57.99	69.11
社会组织支持	0	12.36	2.37	11.38
企业赞助	61.54	17.82	12.43	4.88

一般而言，高校的支教组织都是通过团系统和指导单位获得稳定的组织支持，这种支持要么是通过每次活动"预算-批准"的方式来实报实销，要么是根据每个学期的额度来进行支持。

在获取面向支教团队的支持中，支教组织的角色既是主动的，也是被动的。一方面，支教组织可以主动地联系社会各方获得支持，但是需要通过树立品牌、表明自身特色等"契合"潜在提供支持方的组织理念和价值，或者结合这些组织已经开展的一些项目，说明自身的支教项目和活动可以进一步拓展、完善这些项目，而是否提供支持仍是由对方决定的。另一方面，支教大学生无法参与类似学分激励、荣誉激励等政策的制定和决策，但是志愿者仍然可以通过宣传支教意义等途径让更多的单位、机构重视支教活动，从而推动面向支教团队的激励政策的制定。

2. 联络途径

支教组织和社会各方建立合作关系的渠道、途径有很多，但因为支持面向、项目类型等方面是各异的，建立合作关系的逻辑是不同的。总结来看，主要有三种逻辑，即匹配逻辑、申请逻辑和外联逻辑。

（1）资源平台的匹配逻辑

匹配逻辑，指的是公共部门、群众组织、高校、社会组织、企业等提供支持方之间先建立合作关系，打造资源平台，然后将不同的资源类型"打包"，进而匹配给支教团队或受助方。比如 A 公司与团中央合作从 2002 年开展"研究生西部支教"活动，重点资助北大、清华、复旦等 22 所名校的研究生志愿者，在中西部 21 个贫困县开展支教扶贫活动。而在 2010 年时，该计划进行了升级，面向 88 所高校派出的研究生支教团征集优秀支教扶贫项目进行资助，覆盖了19个省份的98个县。在这个例子中，企业主要的角色是提供资金的支持者，其通过与团中央建立合作关系，以团系统的渠道将资金支持匹配到支教团队上。

在匹配逻辑中，最重要的是先建立一个资源平台。这个资源平台可以是公共部门、群众组织与高校建立的，也可以是社会组织、企业与高校建立的。在建立资源平台的基础上，荣誉激励、资金支持、学分支持以及针对服务对象的各类支持等先结合在一起，再通过高校匹配下去。

（2）开放资源的申请逻辑

申请逻辑与匹配逻辑具有一定的相似性。匹配逻辑建立在社会各方已经有合作平台的基础之上，而申请逻辑则指的是某个单位、组织将支持支教活动的合作方案、项目进行公开发布，号召符合条件的支教组织、团队、个人进行申请，然后在其中进行选拔、匹配资源。虽然在匹配逻辑和申请逻辑中，都是支持方先发布面向服务对象或支教团队的支持方案，然后由支教组织或个人申请，申请者之间具有一定的竞争性。但是在匹配逻辑中，尽管资源平台凝聚了各个社会主体，提供支持的主体和下发资源信息、申请渠道的主体是相互独立的。而在申请逻辑中，并没有所谓的"资源平台"，只是由支持提供者统一发布信息，然后独立决定支持对象。

申请逻辑在社会组织和企业的支持项目中最为常见，比如不少以支教为主要项目的社会组织都是面向全社会公开招募志愿者，还有专门在网络平台发布支教招募信息的，像中华支教与助学信息中心就统筹、发布支教与助学信息。再比如南都公益基金会的"新公民计划"，其关注农民工子女教育领域的支持，而相关领域的支教组织可以在基金会的网络平台申请相应的项目合作和资金支持。

（3）动员资源的外联逻辑

基于匹配逻辑和申请逻辑，社会各方已经对于如何支持支教活动、如何联合各种支教组织共同提供支教服务有了一定的方案和计划。但是在外联逻辑中，是支教组织首先提出支持和合作方案，然后再向社会各方动员资源。

大部分的支教项目都是通过支教组织主动地动员资源，"对外联系"获得支持的，这与其他类型的志愿活动、学生活动很相似。不少高校的支教组织当中也专门设立了外联部门来为支教组织和项目联系资源。而最为常见的外联方式，就是将支教项目的理念、方案、以往影响等提炼成策划书，通过各种渠道投递给潜在的支持方，建立联系和协商渠道，争取各方的支持资源。支教组织联系社会各方的渠道有很多种，但是较为有效的主要有三种。一是通过团队内私人关系建立联系，例如 WJ 大学 WX 协会去往四川的支教项目就通过家乡在成都的同学联系父母所在的企业进行资金支持。二是通过互联网等媒介寻找合作对象，例如通过专门的支教网络平台发布信息，或者通过建立支教组织自己的网站、社交网络账号、微博账号等宣传自己的组织、项目，号召其他社会组织、企业联系自己，再或者搜索服务内容、组织理念相近的社会组织等，通过其公布的联系方式寻求合作。三是通过高校团委、社团等组织相互提供信息寻找合作机会，一般高校中相同主题的学生社团之间具有一定的合作关系和交流机制，通过交流和引导，当某个组织得到相关的支持信息时，也会在这个关系网络中进行传播，进而帮助支教组织与社会各方取得联系，拓展支持资源。

从统计结果来看，支教组织主要是通过团队内私人关系和其他组织提供的信息来成功联系到支持方。其中，高校团委发起的支教项目则更多的是依靠团队内私人关系联系，而社团或个人发起的支教项目则主要依靠高校团委、社团等组织相互提供的信息。

表 6-4 三类支教项目通过外联逻辑建立合作关系的具体渠道情况

单位：%

合作渠道	暑期"三下乡"实践支教项目	高校团委发起的支教项目	社团或个人发起的支教项目	总体情况
团队内私人关系联系	33.90	66.67	15.79	38.18
通过互联网等媒介寻找	0.00	25.00	10.53	8.18
高校团委、社团等组织相互提供信息	40.68	8.33	73.68	36.36

不论是匹配逻辑、申请逻辑还是外联逻辑，支教组织与社会各方建立联系后最终并不一定能够建立合作关系。在建立联系之后，还需要支教组织与社会各方的价值、理念相适应，才能最终达成合作意向，支教组织也

才能得到支持。那么究竟什么样的支教项目更容易获得社会各方的资助、与其他组织进行合作？支教组织如何抓住机会来寻找合作方、促成合作？并且，在制度约束下，支教组织如何选择合作策略？又是什么原因导致支教项目没能获取支持、成功建立合作关系？这些探索对理解当前支教项目和社会各方的合作，发现塑造支教项目品牌、扩大项目影响力有着重要的意义。并且，这一探索对于我们理解其他志愿组织的合作行为也有着极大的启发。

二 合作关系的建立

合作，就是当各个组织面对一个复杂的问题时，从自身的综合条件出发提供不同的建设性意见和方案，进而共同解决问题的过程。[1] 志愿组织一方面在合作中完善运作机制和治理结构，另一方面动员广泛的社会力量参与到公共事务中，所以其合作行为正是发挥自身能力、号召广泛资源解决我国转型期社会问题的过程。支教组织和其他组织的合作正是这样一个通过发挥自身能力、动员各方资源解决欠发达地区教育资源不足问题的过程。

不少学者都通过案例、数据对志愿组织的合作行为进行了探索。[2] 总结来看，主要有四个理论，即资源依赖理论（resource dependency theory）、交

---

[1] Barbara Gray, *Collaborating: Finding Common Ground for Multiparty Problems*. San Francisco: Jossey Bass, 1989, p.5.

[2] J. Abramson and B. Rosenthal, "Collaboration: Interdisciplinary and Interorganizational Applications", In R. Edwards (ed.), *Encyclopedia of Social Work* (19th ed). Washington, D.C.: National Association of Social Workers Press, 1995, pp.1479 – 1489; James E. Austin, "Strategic Collaboration between Nonprofits and Businesses", *Nonprofit and Voluntary Sector Quarterly*, Vol.29, No.1, 2000, pp.69 – 97; Joseph A. Connor, Stephanie Kadel-Taras and Diane Vinokur-Kaplan, "The Role of Nonprofit Management Support Organizations in Sustaining Community Collaborations", *Nonprofit Management and Leadership*, Vol.10, No.2, 2003, pp.127 – 136; G. R. Milne, E. S. Iyer and S. Gooding-Williams, "Environmental Organization Alliance Relationships within and across Nonprofit, Business, and Government Sectors", *Journal of Public Policy & Marketing*, Vol.15, No.2, 1996, pp.203 – 215; K. M. O'Regan and S. M. Oster, "Nonprofit and For-profit Partnerships: Rationale and Challenges of Cross-sector Contracting", *Nonprofit and Voluntary Sector Quarterly*, Vol.29, No.1, 2000, pp.120 – 140; J. R. Saidel and S. L. Harlan, "Contracting and Patterns of Nonprofit Governance", *Nonprofit Management and Leadership*, Vol.8, No.3, 1998, pp.243 – 259.

易成本理论（transaction cost theory）、制度主义理论（institutional theory）和社会网络理论（social network theory）。我们在此就基于这四个理论，对不同因素与支教组织合作行为的关联进行探讨。当然，支教组织与其他组织能否成功建立合作关系是一个双向的行为，不仅体现了支教组织的合作意愿，还体现了其他组织对于支持支教组织的合作决策。

（一）理论视角：资源依赖、交易成本、制度主义、社会网络

1. 资源依赖：满足需求

资源依赖理论是解释组织关系、变迁活动的重要理论，其根源是社会交换理论。[①] 在一个开放系统的基础上，组织需要通过获取其所在环境中的资源，从而维持生存、成长。所以组织因为依赖各类资源而受到环境的控制、约束，但同时也可以通过自己的行为来减少这种依赖带来的限制。从而，组织间的合作策略就可以看作一种尝试控制外部资源和环境不确定性的结果。该理论提出，当一个组织十分需要某种资源，且内部的该类资源非常稀缺，又难以找到可替代的资源时，就会十分依赖拥有这样资源的其他组织。[②] 很多对社会组织的合作行为研究都采用了资源依赖的视角。[③] 有学者发现非营利组织的规模、类型与其是否建立合作关系有显著的关联，然而这种关联却被组织对外部资源的依赖程度所影响。[④] 当然，合作的参与方对于相互资源的依赖程度并不一定相同。有学者认为我国基金会和政府的合作关系建立在一种"非对称性依赖"之上。对于基金会而言，虽然其

[①] 马迎贤：《组织间关系：资源依赖理论的历史演进》，《社会》2004年第7期。

[②] Jeffrey Pfeffer and Gerald R. Salancik, *The External Control of Organizations*: *A Resource Dependency Perspective*, C. A.: Stanford University Press, 2003.

[③] Keith G. Provan, "Interorganizational Cooperation and Decision Making Autonomy in a Consortium Multihospital System", *The Academy of Management Review*, Vol. 9, No. 3, 1984, pp. 494 – 504; Howard S. Zuckerman and Thomas D'Aunno, "Hospital Alliances: Cooperative Strategy in A Competitive Environment", *Health Care Management Review*, Vol. 15, No. 3, 1990, pp. 21 – 30; J. S. Zinn, José Proença and Michael D. Rosko, "Organizational and Environmental Factors in Hospital Alliance Membership and Contract Management: A Resource-dependence Perspective", *Hospital & Health Services Administration*, Vol. 42, No. 1, 1997. pp. 67 – 86.

[④] Mary K. Foster and Agnes G. Meinhard, "A Regression Model Explaining Predisposition to Collaborate", *Nonprofit and Voluntary Sector Quarterly*, Vol. 31, No. 4, 2002, pp. 549 – 564.

赖以生存的关键资源来自社会,但需要通过政府将这些资源进行转化。[1] 所以,组织在资源结构中的位置会塑造成建立合作关系采取的策略以及合作关系的形态。

　　从社会各方对于支教组织提供的支持能够看出,支教组织能够持续地开展项目、进行实践活动是十分依赖其他组织的资源的。这是因为,支教组织通过招募志愿者提供支教服务,其开展活动所需要的组织、资金投入既无法通过"卖服务"获得,也无法长期依靠志愿者自愿提供。所以支教组织不仅不营利,也很难寻找到"自给自足"的模式。当然,也有组织尝试探寻了创新的模式来"自给自足"。比如近年发展起来的网络支教平台,其通过信息化的手段以在线教育、在线辅导的模式来为欠发达地区提供教育支持,而有的社会组织就将网络支教平台与网络家教平台结合起来,以网络家教平台获得的收入来支持网络支教平台的运作。像 HQLG 教育科技服务中心就是以这样的方式进行运作的。但是,即便有这种能够建立自身资金运转可持续模式的支教组织,其模式带来的收入相比于付出的成本也经常是"杯水车薪"。就像网络支教平台的案例,虽然其节省了志愿者去往实践地的交通、住宿费用,也能向家教学生收取一定的劳务费用,但还需要给服务学校、学生安装支教所需的硬件设施,投入费用和物资费用仍然是高昂的。

　　此外,支教组织往往还希望在支教服务之外能够给服务对象带去一定的硬件资源的资助,或者通过某种形式将这种教育资源的支持由短暂的一次性支持变成可持续的长期支持,比如在服务学校建立远程教学基地,再或者建立服务学校和提供教师培训服务的社会组织之间的联系等。所以,支教组织的物资资源是非常稀缺的:首先,其在运作资金、收集捐赠物资上非常依赖社会各方的公益捐赠和政策性支持;其次,支教组织之间提供的志愿服务差异性很大,虽然都专注在教育资源供给上,有的支教组织只是组织大学生在假期提供一两周的服务,而有的支教组织则是旨在引导大学生提供一两年的长期服务,还有的支教组织的支教内容是培训欠发达地区学校的老师等。所以,当志愿者去往受助地后可能会发现当地对于不同

---

[1] 徐宇珊:《非对称性依赖:中国基金会与政府关系研究》,《公共管理学报》2008 年第 1 期。

类型教育资源的需求,如果能够与其他支教组织建立合作关系,也就能够为受助地提供更好的服务。

另外,还有一个与资源依赖理论较为相似的视角,即资源基础理论(resource-based theory)。资源基础理论将组织看作不同类型资源的集合体。[①]一开始其主要关注企业的合作行为,后来也延伸到非营利研究领域,来探讨非营利组织的合作网络构建和合作的效果。[②]但与资源依赖理论不同,其更多从组织内部因素出发,阐释的是合作关系如何作用在组织内部资源上进而提升组织能力。

资源依赖理论对于支教组织是否与其他组织建立合作关系有较好的解释力,但是在该理论视角下,主要关注的是支教组织本身的资源需求情况与其建立合作关系的关联。但是,是否能够建立关联很多时候并不只是取决于支教组织自身的合作意愿,还取决于其他组织对于支教活动的支持模式选择。所以,双方的合作实质上是支教组织资源需求和社会各方支持偏好的结合。而资源依赖理论并不能呈现双方的互动和决策过程。

2. 交易成本:提高效率

交易成本理论将组织合作看作一个减少交易成本的机制。[③] 所以一个组织是否选择与其他组织合作,与合作可能带来的收益和成本相关。[④] 当合作带来的收益大于成本时,或者当合作可以降低该组织其他行为的交易成本时,组织会选择建立合作关系。在交易成本理论的视角下分析组织合作行为,可以同时将合作的双方或多方决策共同考虑。当相关的组织都能通过合作降低交易成本时,合作关系才会建立,提供服务的效率也会随之提高。

---

① Margaret A. Peteraf, "The Cornerstones of Competitive Advantage: A Resource-based View", *Strategic Management Journal*, Vol. 14, No. 3, 1993, pp. 179 – 191; Birger Wernerfelt, "A Resource-based View of the Firm", *Strategic Management Journal*, Vol. 5, No. 2, 1984, pp. 171 – 180.

② Bindu Arya and Zhiang (John) Lin, "Understanding Collaboration Outcomes From an Extended Resource-based View Perspective: The Roles of Organizational Characteristics, Partner Attributes, and Network Structures", *Journal of Management*, Vol. 33, No. 5, 2007, pp. 697 – 723.

③ Mary K. Foster and Agnes G. Meinhard, "A Regression Model Explaining Predisposition to Collaborate", *Nonprofit and Voluntary Sector Quarterly*, Vol. 31, No. 4, 2002, pp. 549 – 56.

④ Beth Gazley, "Why Not Partner with Local Government? Nonprofit Managerial Perceptions of Collaborative Disadvantage", *Nonprofit and Voluntary Sector Quarterly*, Vol. 39, No. 1, 2010, pp. 51 – 76.

社会各方与支教组织建立合作关系后，对支教组织提供的各类支持，比如培训、资金等，都是能够使支教组织减少开展活动成本的。而对于社会各方而言，在支持支教组织的同时，其可以扩大自身的影响力，并且依托支教团队将更多资源带给服务对象。而且，对于很多社会主体而言，为支教组织提供支持本身就是其开展项目的主要内容，其是通过支持支教组织来支持欠发达地区的。所以，与支教组织取得合作就是必要的。从这点也可以看出，支教组织与社会各方的合作也能促使支教这一志愿服务领域的专业化分工。

交易成本理论和资源依赖理论的解释局限在于没有将合作行为的制度环境等其他情境因素考虑进来。[①] 所以，还需要引入制度主义理论和社会网络理论，从情境中考虑支教的合作行为。

3. 制度主义：合法规范

根据制度主义理论，组织不仅面临要求效率的技术环境，还面临要求合法性的制度环境。合法性是组织生存的基础，它意味着组织行为不仅要符合国家法律等正式制度的要求，还要受到文化制度、观念制度、社会期待等非正式制度的规范和约束。[②] 从这个角度来看，一个组织与其他组织建立合作关系，主要是为了满足自身的合法性、规范性需求。所以，组织间的合作不一定都是自发的，也可能是基于制度和规范所选择的。[③]

有学者将制度的影响划分为三个层面，即社会层面、行业层面和组织层面。[④] 社会层面指的就是合法性影响，一个组织如果十分需要借助制度来获得运行的合法性，组织会遵从制度的影响来选择是否建立合作关系以及

[①] Joseph Galaskiewicz, "Professional Networks and the Institutionalization of a Single Mind Set", American Sociological Review, Vol. 50, No. 5, 1985, pp. 639 – 658; Christine Oliver, "Determinants of Interorganizational Relationships: Integration and Future Directions", *The Academy of Management Review*, Vol. 15, No. 2, 1990, pp. 241 – 265; Beverly A. Cigler, "Pre-conditions for the Emergence of Multicommunity Collaborative Projects", *Review of Policy Research*, Vol. 16, No. 1, 1999, pp. 86 – 102.

[②] John W. Meyer and Brian Rowan, "Institutionalized Organizations: Formal Structure as Myth and Ceremony", *American Journal of Sociology*, Vol. 83, No. 2, 1977, pp. 340 – 363.

[③] Christine Oliver, "Determinants of Interorganizational Relationships: Integration and Future Directions", *The Academy of Management Review*, Vol. 15, No. 2, 1990, pp. 241 – 265.

[④] Patrice Luoma and Jerry Goodstein, "Stakeholders and Corporate Boards: Institutional Influences on Board Composition and Structure", *The Academy of Management Journal*, Vol. 42, No. 5, 1999, pp. 553 – 563.

合作的目标、形态、逻辑。有的非营利组织在申请政府资助时会表示将所获资源分享给其他服务提供者，来契合政府"以点带面"的政策意图，从而有更高的概率获得政府支持。[1] 朱健刚、赖伟军认为，社会组织在汶川地震救灾中之所以形成了"不完全合作"的关系，是由制度机会结构有限、合作网络的非正式性、不完全的合作意愿导致的。[2] 而行业层面指的是行业规范，社会层面的合法性影响在行业规范中也会得到加强。[3] 此外，有研究发现，行业的专业性越强，越难以与其他组织进行合作。[4]

制度环境对于支教组织与其他组织建立合作关系具有重要的影响。不过，制度环境不仅作用在支教组织上，也作用在其他组织上，比如有些高校团系统会主动地将适合与高校支教组织建立合作关系的社会组织、企业信息提供给支教组织的管理者，从而促进支教组织与其建立合作关系。当然，这还需要更细致的探讨。

4. 社会网络：连带作用

组织的社会网络通过深化、加强相互间的认知、信任和承诺为其合作行为带来了更多的机会。[5] 的确，不论是将支教组织的团队成员视为社会网络中的节点，还是将支教组织看作网络中的节点，成员和组织的社会网络都会对支教组织的合作行为带来一定的影响。有研究发现，当更多的企业主管成为非营利组织的董事会成员后，其得到的企业捐赠也就越多。[6] 依据此，也有学者推断，如果一个非营利组织的董事会的成员与其他非营利组

---

[1] Keith Snavely and Martin B. Tracy, "Collaboration Among Rural Nonprofit Organizations", *Nonprofit Management and Leadership*, Vol. 11, No. 2, 2000, pp. 145–165.

[2] 朱健刚、赖伟军：《"不完全合作"：NGO联合行动策略——以"5·12"汶川地震NGO联合救灾为例》，《社会》2014年第4期。

[3] Chao Guo and Muhittin Acar, "Understanding Collaboration among Nonprofit Organizations: Combining Resource Dependency, Institutional, and Network Perspectives", *Nonprofit and Voluntary Sector Quarterly*, Vol. 34, No. 3, 2005, pp. 340–361.

[4] V. V. Murray, "Inter-organizational Collaborations in the Nonprofit Sector", In J. M. Shafirtz (ed.), *International Encyclopedia of Public Policy and Administration*, Boulder, C.O.: Westview, 1998, pp. 1192–1196.

[5] Andrea Larson, "Network Dyads in Entrepreneurial Settings: A Study of the Governance of Exchange Relationships", *Administrative Science Quarterly*, Vol. 37, No. 1, 1992, pp. 76–104.

[6] J. Galaskiewicz and B. Rauschenbach, "The Corporation-culture Connection: A Test of Interorganizational Theories", In C. Milofsky (ed.), *Community Organizations: Studies in Resource Mobilization and Exchange*, New York: Oxford University Press, 1988, pp. 119–135.

织建立了更多的关联,那么也就使得所在组织有更多联系到其他组织的渠道,从而也为所在组织带来了更多潜在的合作者。[1]

越来越多的研究从社会网络的视角来研究非营利组织的合作行为,尤其是分析组织以及组织成员的社会网络结构与合作行为的关联。[2] 在社会网络的视角下,可以将支教组织内部和环境的因素结合起来共同探讨。

这四个视角对于支教组织合作行为的研究和解释相互补充、相互促进。而通过将支教组织的合作类型划分为与共青团系统、与社会组织和与企业的合作,可以发现当合作对象不同时,即便支教组织内部和外部环境相同,合作关系的建立情形也是不同的。所以,究竟能否建立合作关系,支教组织的意愿程度只是一方面的因素,也应当对制度环境等其他因素进行更深入的调查。并且在现实中,也存在即便双方都有合作的意愿,但最终合作关系却未能建立的情况,这都需要我们针对支教组织难以获得支持、建立合作关系的原因探讨一二。

(二) 为何失之交臂?

支教组织的项目特征、专业程度、对资源的依赖程度等都决定了其是否更重视建立合作关系,也直接影响了其受到社会各方的关注、支持的难易程度。当然,支教组织所处的制度环境、与其他组织取得联系后的互动和商讨等对于其最终能真正建立合作关系也具有一定影响。所以,究竟是什么原因导致支教组织没能建立合作关系呢?基于访谈资料,这些原因可以分为三个方面,即内生原因、交互原因、制度原因。

1. 内生原因

内生原因主要是指支教组织本身寻找、联系合作组织的动力不强。这可能是由团队内组织者固有的志愿观念、合作观念所导致的,比如 XJ 大

---

[1] Chao Guo and Muhittin Acar, "Understanding Collaboration among Nonprofit Organizations: Combining Resource Dependency, Institutional, and Network Perspectives", *Nonprofit and Voluntary Sector Quarterly*, Vol. 34, No. 3, 2005, pp. 340 – 361.

[2] Chisung Park, "Do the Boundaries between the Nonprofit, Public and Business Sectors Blur?: Comparing 'Within the Nonprofit Sector Collaboration Networks' and 'Inter-Sector Collaboration Networks' in the Social Service Field in Pittsburgh, Pennsylvania", *International Review of Public Administration*, Vol. 13, No. 2, 2008, pp. 81 – 95.

学 A 学院团委的日常支教项目组织者 M 同学就认为"支教是公益行为，不需要拉赞助"；也可能是由支教组织所开展的支教项目类型、性质所决定的，比如当支教组织开展的不是日常、短途的支教项目，而是去往偏远地区的支教项目时，当需要志愿者投入较多资金和较多时间的情况下，也许其会更主动地考虑"拉赞助"。在调查中，有些支教组织对于获取社会各方的资金支持所持的态度是较为消极的，组织者认为当有更多的资源投入到支教中，尤其是直接面向志愿者的资金支持，支教项目的目标就不再"纯粹"或"单纯"了，而是附加了"自我吹捧""商业运作"等色彩，所以其宁可没有各种支持，也要保证组织的内容和目标不受其他因素的影响。这种内生原因可以理解为支教组织寻求合作的动力，当有足够动力的时候，支教组织才会主动地寻求合作，也才会接受来自其他组织的支持。

如果说内生原因是支教组织与社会各方建立合作关系的基础，那么交互原因和制度原因则是合作关系建立的必要条件。而这两者也正是很多支教组织虽然有动力、有需求去获得合作机会，但最终却与建立合作关系失之交臂的原因。

2. 交互原因

交互原因指的是支教组织在联系社会各方、与社会各方沟通合作事宜等互动中遇到了无法解决的问题或困难，最终导致合作关系的"夭折"或"流产"。支教组织能否有足够多的途径联系到相关的社会组织、企业，本身就决定了其建立合作关系的可能性大小。可以从社会网络的视角来看待联系的建立，当支教组织能够通过成员的私人关系，或组织以往的活动经历、交流平台中所积累的社会各方的联系方式、支持信息来进行充分的"利用"时，其寻找到合适的合作组织的可能性自然要更高。调查的统计结果也显示，超过半数的支教组织认为自己无法建立合作关系、获得支持的原因也是缺乏相关组织的联系方式和途径。比如，PN 大学 B 支教团的组织者就认为没有和其他组织建立合作关系的原因是"渠道不太多"。不过，在访谈中我们也发现，即便能够联系到相关的合作组织，但在建立合作关系的沟通、交流、协商中，也还是问题重重。

首先是理念差异的问题。理念差异一方面是支教组织和潜在合作组织之间的,另一方面是与支教组织已建立合作关系的组织和潜在合作组织之间的。前者的理念差异是很常见的,比如对于支教项目的主题、内容的设计,都因为双方组织的性质和目标不同而可能产生不同的认识,当这种差异所引起的矛盾不可调和时,合作关系也自然难以建立。在调查中也有近20%的支教组织是因为这种理念差异而难以建立合作关系。而后者则主要在获得多个组织支持的支教组织中较为常见,当支教组织已经与一方建立合作关系后,再与其他组织建立合作关系时,自然需要调和不同的合作方的理念和意见。如果合作方之间的矛盾难以协调,支教组织也就无法建立更多的合作关系。像 XJ 大学 E 学院团委的支教团队组织者 N 同学就谈道:"(支教项目)资金还是团委支持,校外资金(进入)不太方便。需要有很多考虑,比如校团委和企业都要监管支队,这很难协调,还需要考虑如何解决双方(团委和企业)合作问题。"

其次还有合作的履行保障问题。虽然这个问题并不普遍,但在调查中还是有支教组织遇到了类似的情况,也就是在与其他组织达成合作关系后,对方没有履行已有的承诺,或者"中途变卦"而提出新的要求。

这个问题在外联逻辑的联络途径中更为常见一些,很多学生社团类型的支教组织与社会各方在达成合作意向时,往往建立的都是一种非正式的合作关系,也就是主要以口头承诺为主,并没有签订任何合作协议,对于彼此的角色、定位也十分不清晰。所以在后面继续合作的时候,双方难免会针对某一个问题出现新的分歧,当无法有效地解决新矛盾时,以前达成的合作关系就功亏一篑。

表 6-5 支教项目与合作失之交臂的交互原因

单位:%

交互原因	比例
缺乏途径联系	52.26
彼此理念差异	17.34
缺失履行保障	2.61

3. 制度原因

让支教组织与合作失之交臂的,不仅有支教组织与各方互动方面的原因，还有其共处的制度环境所带来的一系列影响。制度原因，指的正是双方所处的不同层次的制度环境对于建立合作关系产生的抑制或促进作用。

前文已经讨论过支教组织所处的制度环境对于支教组织选择与社会组织、企业建立合作关系的限制和影响。受到制度约束越强的组织，越容易与制度环境所推崇的组织建立合作关系，而越少和制度受环境限制的组织建立合作关系。所以来自制度的推崇和限制也塑造了支教组织者对于与社会各方建立合作关系的认识和理解，也就对支教组织联系其他组织的动力产生极大了影响。在访谈中我们也发现，有的高校对于学生社团自发组织的暑期"三下乡"实践支教项目"不鼓励也不反对"，像 PR 大学 TZX 协会的同学所说的，这是因为暑期的支教活动主要去往偏远地区，学校没有足够的组织资源对参与的学生的安全进行一对一的关注，所以高校考虑到安全风险并不鼓励社团组织支教活动。但是由于高校同样认为暑期"三下乡"实践支教项目不论是对学生成长还是对受助学生都是有意义的，所以也不反对支教活动。这样来看，该高校对于学生自发组织的支教项目的态度是模糊的，就更不用说对于支教组织联系各方支持的态度了。但是，从调查的数据可以发现，由于政策环境限制而无法与其他组织合作的情况也是较少的。随着大学生实践活动、社团活动的发展、成熟，高校对学生活动的管理也更开放和积极，所以大多数的高校对于支教组织的发展、获得更广泛的支持基本持鼓励态度。

此外，支教组织合作行为受到的制度环境影响，还包含已建立合作关系的资源封闭性。资源封闭性指的是与支教组织合作的组织是否要求自身的支持是专项的、排他的，如果支教组织获得了这样的专项支持，也就不能与更多的组织建立合作关系，其所处的制度环境就具有资源封闭的特征。自然，支教的合作关系越多元，对于支教组织控制环境风险、减少资源依赖、降低交易成本等越为有益。但是，当支教组织已经与某个组织建立合作关系之后，这一合作关系也会影响支教组织建立更多的合作关系。

表6-6 支教项目与合作失之交臂的制度原因情况

单位：%

制度原因	比例
支持资源封闭	20.90
政策环境限制	6.89

不论是哪种原因，都会给支教组织成功建立合作关系带来正反两方面的影响，既蕴含了合作的机会，又可能隐藏了使支教组织与合作失之交臂的障碍。所以，支教组织的合作行为是一个由需求引导的结果，也是一个由环境塑造的结果。当然，支教组织获得支持、建立合作关系的情况并不能衡量支教项目的优劣。能够得到社会各方的认可和支持固然是好的，但是，只有当合作的力量真正发挥效用，为服务学校和学生带来更多积极的影响，为大学生志愿者提供更广阔的认识社会和锻炼自己的平台，才是衡量支教项目、评判合作效果的关键。

进一步而言，对于不同的支教组织，合作行为既会带来积极的支持作用，也可能带来消极的限制作用。比如当支教组织稳定地与高校、社会组织等合作时，其对于支教项目的变更、改善等可能都需要与各个合作方商量，这也可能会让决策的组织成本变高，从而抑制其创新行为。不过，总体上支教组织的合作行为对于其树立品牌、扩大影响力是可以起到非常积极的作用的，支教组织通过不同的途径获得、申请、争取到合作和支持，这本身就有助于其在组织上提高效率、在定位上进一步明确。目前，虽然对于支教组织与社会各方的合作还存在着一定的争议，不论是支教组织自身对于联系支持和寻求合作是否必要、合理的看法，还是社会各方对于支持支教组织、与支教组织合作是否是高效的认识，都仁者见仁、智者见智。但是，这些争议的焦点主要是面向支教团队的合作，而对于面向受助方的合作得到了人们一致的认可。从支教的效果上看，面向服务对象的合作将各类教育资源"打包"给各个欠发达地区和学校，从而发挥合力的影响。而从支教项目各个环节来看，面向支教团队的合作也是十分重要的，只有建立规范的合作平台和支持渠道，才能鼓励支教组织不断发挥自身优势，寻找适合自身特点的项目。而社会各方也应当找到适合自身特点的支持和合作方式，在支教领域中发挥自身的能量和作用，避免投入资源的重复。

（三）如何建立合作关系？

大学生支教组织普遍规模较小，其广泛分布在各个高校中。这些支教组织与社会各方都建立了多样的合作关系，而共青团、企业和社会组织是其最主要的三类合作对象。尽管这三类合作对象的合作内容均以物资支持为主，但在合作内容、资源特征、类型偏好、合作逻辑、所处制度环境等方面都有差异，如表6-7所示。

表6-7 支教组织与三类合作对象的关系差异

	与共青团合作	与企业合作	与社会组织合作
合作内容	物资支持为主，政策加分、荣誉奖励等支持为辅	物资支持为主，荣誉奖励等支持为辅	物资支持为主，培训等支持为辅
合作规划周期	长	短	长
资源特征	稳定	不稳定	稳定
首要目标	扶持组织	提供服务	提供服务
类型偏好	小规模组织	大规模组织	大规模组织
支持平均规模	较小	较大	较大
合作逻辑	匹配逻辑、申请逻辑为主	外联逻辑为主	外联逻辑为主
关系网络	嵌入高校	未嵌入高校	未嵌入高校
所处制度环境	提供服务合法性强	提供服务合法性弱	提供服务合法性强
产生制度约束	强	弱	中

综合资源依赖理论、交易成本理论、制度主义理论和社会网络理论，本书提出"意向-机会-制度"的三维框架来概括具有自身特定性质和目标的志愿组织合作的行为模式：合作意向——不论是为了获取多元资源还是为了减少组织成本——是志愿组织努力寻求社会合作的起点；合作关系的建立还需要机会，志愿组织需要抓住嵌入在组织及其成员社会网络中的合作机会，去联系其他组织，如此才能促成合作关系的建立；并且，社会层面和行业层面的制度规范对于组织的合作行为提出了合法性要求，尤其影响了组织如何选择合作策略。合作意向、合作机会、制度环境集中展现了志愿组织为何合作、如何促成合作、如何进行合作的关键机制。

这一框架对于我国志愿组织合作行为的研究具有重要的启发意义。国内目前围绕社会组织的合作行为研究多以合作对象为区分，分别对社会组织与政府、企业以及社会组织之间的合作行为进行探讨[①]，主要围绕组织性质的差异和社会组织发挥的社会影响而进行的合作关系开展研究，却鲜有以社会组织为研究中心、挖掘其合作条件和策略的理论建树或经验总结。我们看到，建立合作关系对于志愿组织的生存和目标达成有着至关重要的作用，因为只有通过合作，志愿组织才能获取成长必需的各类资源，以及组织赖以生存的合法性。并且由于志愿组织内部特征和外部制度环境的差异，不同的志愿组织会根据具体情况采用不同的合作策略，也面临不同的制度约束。然而，由于合作对象的不同，志愿组织建立合作关系的意向、机会和制度环境都相应地有较大差异。因此，我们透过"意向－机会－制度"的框架来探讨这些差异。

1. 意向、机会与制度

（1）合作意向

志愿组织的合作意向主要来自其维持生存、不断发展的资源需求，一方面其需要通过和其他组织合作从外部环境中获得资源，另一方面志愿组织也要通过建立合作关系努力减少自身的组织成本。

当志愿组织服务规模越大时，需要其提供的资源也就越丰富、越多元，其对于建立各类合作关系的意向就会越强。再者，为了保证服务质量，很多志愿组织具有固定的服务对象，因而有的大学生支教志愿组织就建立了服务基地。固定的服务对象意味着固定的资源投入，当支教组织有固定的服务对象时，其对各类外部资源的依赖性会更强，合作意向就更强烈，也更可能与其他组织建立合作关系。

对于共青团、企业和社会组织而言，其与支教组织合作的目标都包含了向社会更好地提供服务，所以这三类组织都希望合作关系可以减少自身组织成本、提高投入物资使用效率。如果支教组织不能帮助其他组织减少

[①] 张文礼：《合作共强：公共服务领域政府与社会组织关系的中国经验》，《中国行政管理》2013年第6期；江伶俐：《非营利组织与企业跨部门联盟的风险——基于组织信任演变视角的探索式案例研究》，《社团管理研究》2012年第9期；黄晓春、嵇欣：《非协同治理与策略性应对——社会组织自主性研究的一个理论框架》，《社会学研究》2014年第6期。

成本，那么，共青团、企业、社会组织与之合作的意愿、倾向就势必减弱，合作关系就难以建立。

但是，支教对象与不同组织合作意向的强烈程度在有些情况下并不相同。当支教组织根据开展活动的具体情况对资源提供的某些特征——比如稳定性——具有特别要求时，其就会挑选更为合适的组织建立合作关系，比如合作规划周期较长、提供资源支持稳定的组织。

相比于企业，共青团和社会组织的合作规划周期较长，其向志愿组织提供资源支持的稳定性也相对较强，合作关系建立后往往可以长期存续。而企业则要根据自身每个周期的经营情况来选择是否继续合作，所以合作规划周期较短，提供的资源支持不够稳定。

以往的研究显示，组织规模越小，组织的资源越稀缺，对资源的依赖性强，也就越容易去发展合作关系。[①] 但是在青年支教的语境下，合作对象的合作目标对其组织规模与建立合作关系的关联产生了关键的影响。

对于共青团而言，其合作的首要目标是扶持支教组织本身。支教不仅是志愿服务活动，还是服务性学习的平台。与大学生支教组织合作、向其提供多元支持，可以增加学生参与支教的机会。所以，共青团更倾向于去支持组织规模小的支教组织。企业和社会组织的首要目标则不同，二者主要是通过促成支教服务的提供来实现自己的社会责任，其倾向于与组织规模大、服务提供能力强的支教组织合作。

当支教组织对资源的需求规模较大时，比如开展长途的支教项目、需要志愿者投入较多的资金和时间，其会主动寻求与提供大额支持的组织建立合作关系，以解资金的"燃眉之急"。相比于企业和社会组织，共青团对支教组织提供的物资支持总体上规模很大，但由于资源分散，对于单个组织而言其主要属于小额支持。并且，共青团提供支持的方式主要是匹配逻辑（合作方将资源"打包"安排给支教组织）和申请逻辑（合作方将合作方案、项目进行公开发布，在申请的组织中选拔后再行匹配），支持力度是

---

① Mark I. Singer and J. A. Yankey, "Organizational Metamorphosis: A Study of Eighteen Nonprofit Mergers, Acquisitions, and Consolidations", *Nonprofit Management and Leadership*, Vol. 1, No. 4, 2006, pp. 357–369.

固定的，支教组织要等待"橄榄枝"伸出后才能设法获取支持。而企业和社会组织为单个支教组织提供的支持额度相对较大，建立合作关系主要是通过外联逻辑，也就是支教组织首先提出支持和合作方案，然后再向社会各方动员资源，通过"对外联系"获得支持。

总体而言，当支教组织的服务对象规模大、具有固定服务对象、能为其他组织降低成本时，合作关系会越容易建立。并且，对稳定资源依赖性越强的支教组织更多地与合作规划周期较长的组织合作，规模越小的支教组织更多地与以扶持组织而非提供服务为首要目标的组织建立合作关系，对资源的需求规模较大的支教组织更多地通过外联逻辑与提供大额支持的组织合作。

（2）合作机会

合作机会是志愿组织建立合作关系的前提，而这种合作机会嵌入在志愿组织及其成员的关系网络当中。如果志愿组织和其他组织已经建立联系，或者可以通过中间组织认识、了解具有合作意向的潜在合作方，那么志愿组织也具备更多的合作机会。有学者就提出，非营利组织的领导人应当加强弱连带建设。[①]

自然，当支教组织负责人的团队关系网络重复度越低时，支教组织的合作机会就越多。但由于大学生支教组织是依托高校进行组织、开展活动的，支教组织负责人的团队关系网络主要限于学生关系，而在三个主要的合作方当中，只有共青团扎根于高校，处于广大学生的日常社交范围内。

（3）制度环境

四种支教项目类型在一定程度上体现了"自上而下－自下而上"的过渡，研究生支教团严格按照团中央、教育部等的联合发文进行执行，组织上主要是"自上而下"的逻辑，组织者本身就是团系统工作者，所以团队对团系统资源的依赖性更强，受到的制度约束最大。但也因此，其会安排开展一系列教师培训等提升志愿者服务能力的活动，志愿者素质更有

---

① Erna Gelles, Meg Merrick, Sean Derrickson, Felesia Otis, Oscar Sweeten-Lopez and Jamaal Tripp Folsom, "Building Stronger Weak Ties among A Diverse Pool of Emergent Nonprofit Leaders of Color", *Nonprofit Management & Leadership*, Vol. 19, No. 4, 2009, pp. 523 – 548.

"保障",组织提供服务的身份合法性也最强。社团或个人发起的支教项目需要先在高校团委中分管社团的部门进行注册才能获得合法身份,开展活动也要受到团委的监管,相对而言,其是"自下而上"成长的,受到的制度约束也就相对较小,但提供服务的身份合法性不如研究生支教团。暑期"三下乡"实践支教项目和高校团委发起的支教项目受到的制度约束和身份合法性则在两者之间。

在本书中,制度约束与身份合法性紧密相关,共同表现在支教组织的类型上。一方面,当支教组织受到的制度约束越强的时候,其可能越容易获得对其进行监管的共青团的物资支持。另一方面,当支教组织受到的制度约束越强时,其身份合法性也就越强。而企业在选择合作的支教组织时,非常看重支教组织的组织身份——是否得到学校更多的认可和重视。但社会组织并没有这一考虑,其更希望与受到约束小的支教组织进行合作。

有研究发现,非营利组织所处的领域专业性越强,越难以与其他组织进行合作。[①] 服务学校类型不同,对支教组织提供服务的专业性要求也不同。当服务对象对服务专业性要求较高的时候,支教组织可能更难联系到资质达标、理念相符的合作对象,也就越难建立合作关系。

所以,受到制度约束越强、身份合法性越强的支教组织,会越多地与受到制度约束较弱或提供服务合法性较弱的组织建立合作关系;而当服务学校类型对服务的专业性要求越高时,支教组织则越少地建立各类合作关系。

大学生支教体现了志愿服务组织开展活动的诸多典型特征,其主要通过志愿者投入自身的时间、能力,以及感情来尝试改善部分地区、群体的受教育水平。"心手相连"是其最形象的写照。所以在支教组织建立合作关系时,其不仅要考虑组织自身和合作方的特征,还要根据志愿者和服务对象的特点来选择"执谁之手",这使得志愿组织建立合作关系的过程十分复杂。综合来看,支教组织及其服务对象的特征决定了其合作意向,成

[①] V. V. Murray, "Inter-organizational Collaborations in the Nonprofit Sector", In J. M. Shafirtz (ed.), *International Encyclopedia of Public Policy and Administration*, Boulder, C. O.: Westview, 1998, pp. 1192 – 1196.

员的关系网络为其带来建立合作关系的机会，而支教组织所处的制度环境对其合作行为产生了情境性的影响。由此，可以构建如下的理论模型。

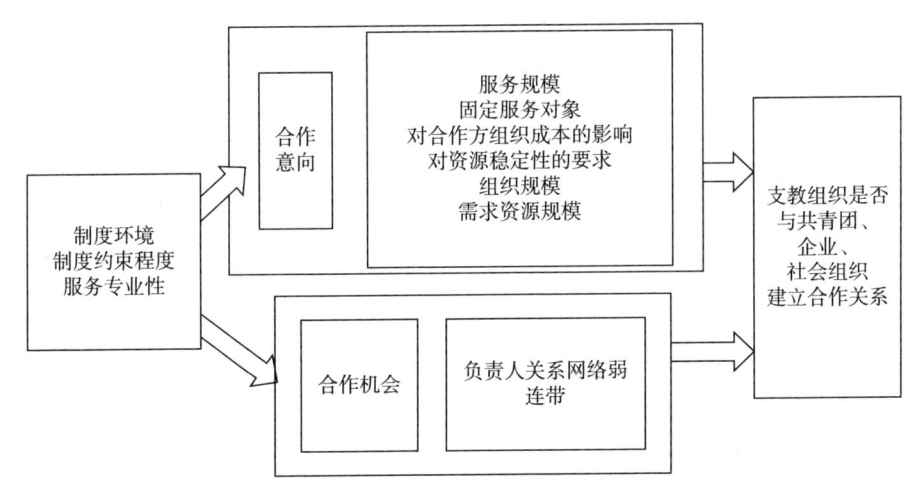

图6-2 支教组织合作的"意向-机会-制度"分析框架

2. 变量测量

合作意向方面，支教组织的服务规模通过"该支教组织上次进行支教服务时的服务对象人数"来测量。通过询问支教组织负责人是否"已经建立支教基地"来测量支教组织是否具有固定的服务对象。而支教组织是否能为其他组织减少成本则通过"支教组织倾向于哪种方式联系服务对象"来测量，主要分为他人联系（通过学校、社会组织、企业联系）和自主联系（服务对象主动联系、组织内成员私人关系联系、通过互联网直接寻找），自主联系的支教组织可以为其他组织减少联络成本。

支教组织对稳定资源的依赖程度主要以服务学校所在地区的"城市-农村"归属为测量途径，即城市、城乡接合部、普通农村、偏远农村（属国家级贫困县）。由于我国处在转型期，城乡二元结构的特征仍然凸显，当支教组织去往偏远农村时，服务对象对各类教育资源的需求都极高，支教组织也会努力将临时的、短期的支教活动转型成规律的、稳定的、长期的支教项目，对于稳定资源的需求相对更高。我们通过志愿者规模（人数）来衡量支教组织的规模，因为招募的志愿者规模越大，支教组织需要在招募、培训等方面的组织投入也越多，并且很多支教组织中的志愿者与组织者的身份是重合的，所以志愿者规模可以大体反映支教组织规模。支教组织对资源的需求规模通过志愿者去往服务学校往返路程所用小时数来测量，因为长途的活动对于支教组织投入资源的要求更高。

合作机会方面，可以通过询问支教组织负责人"在进入支教组织前，支教组织团队中已经相识的人数和总人数"，得到已经相识的人数与团队总人数的比例作为支教组织负责人的弱连带比例。

制度环境方面，支教组织类型受到的制度约束和身份合法性主要通过支教组织的类型进行测量。我们通过支教组织去往的服务学校类型来衡量服务专业性要求，问卷中将支教组织去往的服务学校类型划分为小学、初中、高中、成人职业学校、残疾人学校。在这些类型中，在小学进行支教服务是较为容易的——小学生面临的升学压力小，对教学专业性的要求较低，所以在后续的比较中，主要以小学为基准进行分析。

因变量方面，支教组织与共青团的合作关系的建立，主要以通过询问支教组织是否获得共青团的物资支持来测量。同样地，支教组织与企业、社会组织的合作关系的建立也通过询问支教组织是否获得企业、社会组织的物资支持来测量。

根据单变量的描述可以发现，不同支教组织的服务规模和组织规模相差甚远，整体分布非常分散。从访谈中可以发现，像研究生支教团这样的实践周期比较长的支教项目，志愿者往往面对的是整个年级或整个学校的学生，但是有一些支教社团的活动则是"家教型"的，志愿者只是作为固定受助学生的辅导老师，所以服务规模就会比较小。并且，所调查的支教组织去往的受助地区较为偏远，而不同的支教组织往返实践地的时间在分布上也有较大的跨度。高校团委或社团组织的日常支教项目一般都去往高校所在城市的农民工子弟小学或者周边小学，这些项目的往返路程时间都较少，而长期的或暑期的支教项目一般去往较为偏远的地区，像 BH 大学 CH 支教社团的组织者 P 同学就说道："要先坐一天一夜的火车，到达之后再换汽车去县城，去一趟单程也得 30 多个小时。"合作机会方面，就平均情况而言，负责人在进入支教组织前已经与团队中近半数的人建立连带关系。制度环境方面，所调查的大部分的支教组织属于支教社团、暑期"三下乡"实践支教项目组织或高校团委及团委支教组织，这是因为研究生支教团在每所学校最多只有一个。支教组织去往的服务学校类型以小学为主，在访谈中也确实发现，很多支教组织都倾向于选择小学作为支教对象，例如 P 大学 AX 支教社团的负责人 W 同学也谈道：

> 从 1999 年的时候"爱心万里行"支教项目就开始了，中间的时候也去过初中和高中（进行支教），但后来都主要选择小学进行，一方面学校好联系，小学一般比较愿意接受支教活动，不太打扰他们平常的教学，另一方面去往小学的话，志愿者准备支教活动比较方便，因为知识内容简单，志愿者也就可以有更多自己发挥的空间。

3. 分析模型与结果

由于支教组织是否与共青团、企业、社会组织建立合作关系这三个变量均为二分变量，所以我们选取二分变量的 Logit 模型为分析模型进行研究，分析结果见表 6-8。

表 6-8 支教组织合作关系的影响因素的 Logit 模型结果

		支教组织与共青团合作			支教组织与企业合作			支教组织与社会组织合作		
		A1	A2	A3	B1	B2	B3	C1	C2	C3
合作意向	服务对象人数	0.001 (0.001)	0.001† (0.001)	-0.000 (0.001)	0.001* (0.000)	0.001* (0.000)	0.000 (0.001)	-0.006† (0.004)	-0.007† (0.004)	-0.007 (0.005)
	建立支教基地	-0.678† (0.356)	-0.760* (0.365)	-0.405 (0.405)	1.185* (0.602)	1.190* (0.603)	2.542** (0.850)	0.950† (0.548)	0.940† (0.550)	0.756 (0.616)
	去往合作方基地	-0.813* (0.363)	-0.712† (0.371)	-0.994* (0.397)	0.265 (0.555)	0.294 (0.560)	0.810 (0.804)	-1.617*** (0.453)	-1.522*** (0.455)	-1.528** (0.487)
	地域欠发达程度	0.403* (0.182)	0.427* (0.182)	0.570** (0.191)	-1.340*** (0.307)	-1.340*** (0.308)	-1.917*** (0.432)	0.612* (0.264)	0.721** (0.278)	0.995** (0.314)
	志愿者规模	-0.017 (0.015)	-0.014 (0.016)	-0.031† (0.016)	0.005 (0.019)	0.007 (0.019)	0.031 (0.027)	0.025 (0.023)	0.027 (0.023)	-0.007 (0.029)
	路程往返时间	-0.038*** (0.008)	-0.039*** (0.008)	-0.039*** (0.009)	0.084*** (0.012)	0.084*** (0.012)	0.087*** (0.016)	0.033** (0.011)	0.036** (0.011)	0.054*** (0.015)
合作机会	负责人关系网重复度		-1.027* (0.459)	-0.980* (0.498)		-0.241 (0.671)	-0.098 (0.916)		-1.595* (0.765)	-1.371 (0.848)

续表

		支教组织与共青团合作			支教组织与企业合作			支教组织与社会组织合作		
		A1	A2	A3	B1	B2	B3	C1	C2	C3
制度环境	制度约束程度			-0.110 (0.442)			4.533*** (1.161)			-1.911** (0.636)
	服务学校类型（小学=0）										
	初中			-1.249* (0.523)			1.199 (0.837)			-2.201* (1.019)
	高中			2.336** (0.907)			0.717 (1.220)			0.048 (1.332)
	成人职业学校						—			—
	残疾人学校			0.956 (1.121)			6.124*** (1.243)			
	常数项	2.045** (0.649)	2.459*** (0.688)	2.665** (1.015)	-1.855† (1.013)	-1.766† (1.040)	-11.438*** (2.828)	-4.193*** (0.954)	-3.895*** (0.959)	-1.060 (1.346)
N		299	299	299	299	299	299	299	299	299
R^2		0.1564	0.1727	0.2452	0.4230	0.4235	0.6257	0.2754	0.2978	0.3505

注：†$p<0.10$，*$p<0.05$，**$p<0.01$，***$p<0.001$；括号内为标准误。

（1）合作意向：双方的共识

基地的建立，意味着支教组织需要尽己所能地吸纳各方资源来维持组织的运转和服务的提供，同时也说明支教组织比较成熟，能够稳定地招募志愿者、进行成员的更替，而这种成熟又是企业在寻找"伙伴"时最为看重的一点。所以，支教组织建立基地和企业合作关系建立的正向关联也就是在这种双向推动下形成的。从回归分析的结果来看，建立支教基地的支教组织与企业合作的概率是没建立支教基地的支教组织的 12.7（$e^{2.542}$）倍（参见表 6-8 模型 B3）。

需对方支付联系成本的支教项目，支教组织不能减少合作方的联络成本，相比于"自主联系"的支教组织，去往合作方基地与共青团合作的可能性降低 63%（$1-e^{-0.994}$），与社会组织合作的可能性降低近 80%（$1-e^{-1.528}$），与企业合作的关系不显著（见表 6-8 模型 B3）。

去往偏远地区的支教组织对持续提供服务的需求越高，其对稳定性资源的依赖程度越强，DN 大学支教协会负责人 W 同学就说道：

我们协会项目已经开展三期了,主要去往贵州省黔东南州从江县高芒村高芒小学,尽管连续两年的支教我们力所能及地给高芒小学带来不少小变化,但我们也越来越感受到高芒小学教学资源匮乏的现状靠我们这些大学生每年短短暑假的支教确实很难改变,所以应当有更多的社会力量能一直加入我们,所以后来在 DN 大学团委和协会共同努力下,联系了一个叫作"无敌少儿团"的公益组织和我们一同前往。

可见,去往偏远地区的支教组织十分需要稳定的社会资源的注入。当支教组织的稳定资源依赖性每增加一个比率单位,其与共青团建立合作关系的可能性增加 76.8%(发生比为 $e^{0.570}$),与社会组织合作的可能性增加 1.7 倍(发生比为 $e^{0.995}$)。相比于企业而言,共青团和社会组织提供的物资支持稳定性较强,XJ 大学支教团队的组织者 L 同学在访谈中说道:

其实企业赞助都是拉得到的。但是学生自己(在联系合作组织的时候)度把握不好,可能合作一段时间后会被(合作方企业)要求一些其他的事情,或者(由于)企业自身情况使得赞助力度有变化,要不就是后面(几年)没有(支持项目)了。所以在(这样的问题能)有效解决之前,还是先是避免这样的资助关系。

支教组织规模与共青团合作关系建立呈显著的负相关(见表 6-8 模型 A3)。很多高校的支教机会是"供不应求"的,PR 大学 TXZ 协会的负责人就在访谈时提到:

学校里边只有我们一个协会是(开展)比较成体系的暑期"三下乡"实践支教项目(活动),所以每年报名的人很多,我们只是根据活动安排选拔一部分报名的同学作为志愿者,其他同学就没有进行支教的机会了。

所以从高校团系统的角度来看,如果能扶持更多的支教组织发展起来,才能有更多的学生参与到志愿服务中,才能够让学生在"做贡献"的同时

"受教育、长才干"。此外,在对资源的需求规模方面,往返受助地的时间与共青团合作关系的建立呈负相关,与企业合作关系和社会组织合作关系的建立呈正相关。

可见,合作关系的建立以双方的合作意向相互对接、磨合为基础,只有双方达成共识,合作关系才能真正建立。不仅是支教组织自身及其服务对象的特征,共青团、企业和社会组织的资源类型、合作偏好、双方组织的理念差异等也会影响支教组织对合作策略的选择。

(2) 合作机会:来自关系网

在表6-8的模型A3中,负责人关系网重复度越高,支教组织与共青团建立合作关系的可能性越低(每增加一个比率单位时,可能性降低62%),负责人关系网重复度与企业和社会组织的合作关系建立没有显著关系。负责人在团队关系网络中的弱连带比例越高(关系网重复度越低),越可能从不同的信息渠道得知共青团发布的支持信息,从而合作机会也越大。并且,在访谈中我们也发现支教组织联系社会各方的渠道主要有三种:通过团队内私人关系建立联系(例如WJ大学WX支教社团去往四川的支教项目就通过家乡在成都的同学联系父母所在的企业进行资金支持)、通过高校团委或社团等组织相互提供信息、通过互联网等媒介寻找。约90%的支教组织(除研究生支教团)主要通过前两种方式来建立与合作方的沟通渠道。所以,支教组织及其成员的关系网络很大程度上决定了支教组织拥有的合作机会。在访谈中,很多支教组织都非常重视组织成员和志愿者的更替工作,因为"新鲜血液的加入可以带来更多可能性,社会关系能多一些吧"(摘自对C大学L支教组织负责人的访谈记录)。

所以,支教组织中关键人物的关系连带对于支教组织拓展合作关系也有着重要的影响。还有的支教组织得到了曾经的团队成员的支持,像CL大学青年志愿者协会的组织者K同学就介绍道:"有一个大四的同学自己发起了支教活动,自己毕业创业后又回去资助这个支教项目。"

(3) 制度环境:合法的困境

受到制度约束越强、身份合法性越高的支教组织显著地更多与企业建立合作关系(参见表6-8模型B3),显著地更少与社会组织建立合作关系(参见表6-8模型C3)。由于企业本身是营利性质的,其相对缺乏提供社

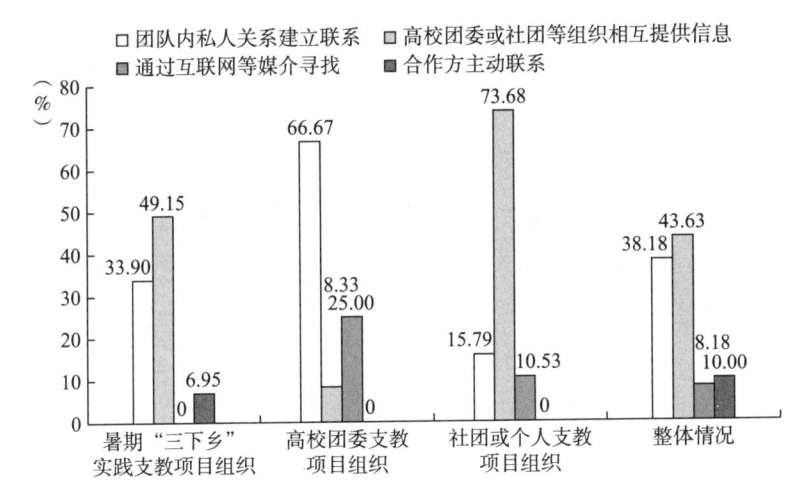

图 6-3　支教组织与合作方的沟通渠道方式的分布情况

服务的合法性，所以在选择合作对象时，就对合作支教组织的身份合法性提出了更高的要求。而社会组织显然更倾向于与受制度约束少的支教组织进行合作。这也说明，支教组织在建立合作关系的过程中面临一个"合法的困境"，一方面塑造"合法性"十分重要——支教组织可以通过制度"认证"获得建立合作关系的身份优势；但另一方面，这种"合法性"又势必影响其运转的自主性，使其失去了对某些组织与之建立合作关系的吸引力。

服务专业性方面，去往小学的支教组织比去往初中的支教组织更多地与社会组织建立了合作关系（见表 6-8 模型 C3），但去往高中的支教组织比去往小学的支教组织显著更多地与共青团合作（见表 6-8 模型 A3），去往残疾人学校的支教组织也比去往小学的支教组织显著更多地与企业合作（见表 6-8 模型 B3）。共青团系统和企业很可能基于自身的合作规划以及在制度规范的影响下偏好不同类型的服务学校，这还需要今后更深入的研究来证实。

4. "一手包办"与"袖手旁观"之间

单位制的解体使得社会资源的分配、社会福利的提供等都面临着机制的更替。完善共建共治共享的社会治理格局是维护安全、抵御风险、焕发生机的根本。支教组织既是社会治理的重要参与者，也是新时代精神文明的承载者。从对支教组织建立合作关系的过程我们可以看到，支教组织有着崇高的目标与满腔的热忱,但是它们开展活动并达成目标则往往是一个艰辛复杂的过程。首先,因为缺乏资源,支教组织必须寻求外部合作,而这些通过合作引入的资源成为它们开展活动的基础。其次,由于资源的稀缺,社会组织在寻求合作的过程中,往往根据自身的任务目标与内部结构特征,采用实用主义的策略——比如"契合"潜在合作方的合作目标或规划、通过外联逻辑来动员合作资源、促进成员更新来拓展团队的弱连带等——来达成合作。最后,在建立合作关系以后,合作的过程以及随后开展活动的过程也受到了制度环境的制约,支教组织不仅要尽力完成任务、达成最初的目标,更重要的是使自己在制度环境中保有合法性,但这种合法性有时也成为支教组织开拓资源的限制,使其陷入合法性的困境中。

"意向-机会-制度"的框架有效地概括了大学生支教组织开展志愿活动的过程,分析了支教组织为何建立合作关系、如何促成合作、如何进行合作——合作是意向引导、机会累积、制度塑造的结果,所得到的分析结果对广大的支教组织建立合作关系具有很大的启示作用,也对如何理解和建设各类志愿组织提供了有意义的参考。在当今志愿组织所处的制度环境中,"一手包办"的体制已不复存在,尤其是伴随着市场经济发展与企业社会责任理念的推广,更多的社会资源投入到包括支教组织在内的志愿组织中,相应的政策资源——税收优惠、政府购买等也越发丰富,这对于我国发展尚不成熟的志愿组织而言是十分重要的。可见,"束手旁观"的治理体制显然不适应当前的国情。社会真正需要的是既能动员社会各方力量消解社会矛盾、解决社会问题,又能切身为服务对象考虑、高质量地提供社会所需公共服务的志愿组织。所以,志愿组织迫切需要在一个互信的共识氛围内成长,其需要各方力量的支持,也需要各方对其能力的认可——合作对象要能"伸出双手"与其合作,又忌"伸手过长"完全支配志愿组织活动的开展。所以,如何建设一个多元、包容的协作治理平台极为关键。

志愿组织的合作行为实质上是我国当前动员、整合社会资源的代表性机制。在其合作的过程中,来自国家、市场、社会的资源与力量交织在一起,为志愿组织构造出一个"资源环境"。可以说,志愿组织在这个"资源环境"的约束中寻求自主,其也逐步探索出了突破资源限制、制衡制度约束环境的策略,在自发生长的基础上建设社会。

第七章

仁爱遇上效率

仁爱是传统儒家学说中的核心概念，也是我国传统福利思想的中枢。仁者爱人，仁爱从对理想的社会关系的定位出发，指向了一系列具有等差的、推己及人的、最终实现"泛爱"的行为规范。[①] 可见，发自恻隐之心的善举历来都是儒家所推崇的。儒家学说在发展中，不断吸纳了各家的思想，尤其是呈现儒释道合流的特点。因而在社会的变迁过程中，福利观念也在不断拓展，融合了各家的思想。比如，晚明的慈善家就是在儒释道各家思想的影响下，开展了各式各样的福利实践活动。[②] 再比如，《抱朴子》中发展出的功过格、佛教寺院的施善行为都在传统的福利实践中扮演着重要角色。[③]

在一开始，本书即以"仁爱"来指代蕴含于我国传统社会理想中的福利观念。仁爱背后那些多样的想法、概念汇集在一起，成为各个主体所共享的、理念和实践的坐标。当然，不同的福利提供主体在实践中有不同的做法，理念上也有差别。但通过士人的辨析、建构、开拓，这些理念和实践有所弥合和连通。明末以降，朝廷的、宗族的、善堂善会等所办的济贫、助学、实医、助葬等机构本就多有交集。士人是这些机构的主要发起人、

[①] 田毅鹏等编《中国社会福利思想史》，中国人民大学出版社，2017，第16、17页。
[②] 韩德林：《行善的艺术：晚明中国的慈善事业》，吴士勇、王桐、史桢豪译，江苏人民出版社，2015，第15页。
[③] 周秋光、徐美辉：《道家、佛家文化中的慈善思想》，《道德与文明》2006年第2期，第5页。

运行者、资金支持方、理念持有者。他们有时是官员的身份，有时是家长的身份，还有时是说教者的身份。观之各个传统时期中组织化的福利实践活动，从南北朝的六疾馆、孤独园，到明代的养济院，明清的同善会、普济堂等，尽是有多重身份的发起人，以及综合了各个学说的理念基础。在这些实践和理念中，随处可见利他和利己、义务和自愿这两对具有张力的概念。在以仁爱为中枢的传统福利观念中，既有对超越亲属关系的利他的推崇，也有对以己出发的利己的接纳，更有联结利己和利他的推己及人的塑造。而这些实践中，既有自上而下的，来自朝廷对基层、中央对地方的动员，比如清代中后期多有强制地方富商担任地方慈善机构的负责人的情况，来确保这些机构具有足够的运行资金①；也有自下而上的，地方的士人和儒商自愿地、主动地担当福利提供者角色，承担地方的慈善救济责任②；而自上而下和自下而上的两种机制并不排他，通常并行在一起。也就是说，利他和利己、义务和自愿是两对连贯的、可以转化和过渡的概念。

　　总结而言，传统社会中各个福利提供主体之间的分歧、理念上的差异，尤其是利己与利他、义务与自愿的张力，是通过士人的实践行动、对儒学的发展来化解的。而伴随着清末、民国所发生的动荡的社会变革，这种化解逐步失效。各主体在实践和理念上的差异越来越凸显。在梁其姿对清末民初广州省躬草堂的研究中就可以看到，躬草堂作为具有宗教色彩的鸾堂和承担公共救济功能的善堂的双重身份开始出现前所未有的紧张，呈现"体""用"之分和"内""外"之别，在用怎样的方法开展救济活动方面出现分歧，其公共角色和宗教角色也出现对立。③ 在这一案例中，利他和利己之间的过渡桥梁出现断裂，义务和自愿也难以恰当地衔接在一起。她基于对广州近代善堂的进一步分析，认为在社会的解体和重建中，这些善堂善会逐渐生长出现代性，尤其是越发强调"科学"的实践方式和管理方法，

---

① 夫马进：《中国善会善堂史研究》，商务印书馆，2005，第511页。
② 参见夫马进《中国善会善堂史研究》，商务印书馆，2005；梁其姿：《施善与教化：明清时期的慈善组织》，北京师范大学出版社，201；韩德林：《行善的艺术：晚明中国的慈善事业》，吴士勇、王桐、史楨豪译，江苏人民出版社，2015。
③ 梁其姿：《道堂乎？善堂乎？清末民初广州城内省躬草堂的独特模式》，载梁其姿著《变中谋稳：明清至近代的启蒙教育与施善济贫》，上海人民出版社，2017，第171~197页。

这与传统的社会文化、福利观念交杂起来。①

可见，在社会的动荡中，传统的福利观念受到来自其他地域的社会文化的影响、碰撞。尤其是以西方社会为基础而生长的现代慈善机构、以基督教会为机构的慈善活动大量出现，打破了既有的福利慈善格局。士人通过儒学所维系的仁爱的福利观念体系逐步解体，难以再将新出现的、多样的概念和元素整合到传统的框架中。各个福利提供主体基于各自的社会理想，通过各自的途径去展开行动。虽然它们都在福利的提供上显示出各自的成效，却也再难以起到统一的社会教化作用，而是从自身的理念出发来影响特定的地域和群体。直到新中国成立以后，这些纷杂的福利理念和实践开始重新合流。在对以往各色福利提供主体进行清理、整顿后，党和国家总揽起福利职责，构造了一体化的理念与实践平台，逐步形成了以单位为机制的福利提供方式。② 然而，这样的机制虽然适应国情，能够配合国家"集中力量办大事"的建设思路，但其却是通过福利提供主体的单一化而维系的，缺乏应对基层多样情况的弹性和能力。所以，在改革开放之后，单位制走向解体，这使得多元的福利提供主体再次涌现出来，逐步形成"国家-市场-社会"共同承担各类社会服务与福利提供职责的格局。

但实际上，在摸着石头过河的改革思路下，我国福利实践的转型和变迁在实践上是先于理念的。既有的福利格局打破了，多元的福利提供主体出现了，但是如何看待新的格局，如何定位新的主体，仍然还在摸索中。更重要的是，在观念上现代与传统如何承接、本土与国际的关系如何处理都亟待探讨。而如果这些问题尚未厘清，我们就很难准确、充分地判断志愿服务领域在中国语境下的意涵，既难连接其过去，也难认识其现在，更难展望其未来。

一 技术之辩的盲区

在各国社会从传统走向现代的变革、演进的过程中，福利格局都随之

---

① 梁其姿：《广州近代善堂的现代性》，载梁其姿著《变中谋稳：明清至近代的启蒙教育与施善济贫》，上海人民出版社，2017，第219~240页。
② 罗婧：《从团结型社会组织、行政型社会组织到治理型社会组织——1949年以来社会组织的变迁历史》，《清华大学学报》（哲学社会科学版）2020年第3期。

重塑。近代早期以来西欧民族国家的兴起、宗教改革运动的推进，让原本教会主导的慈善救济、封建领主维持的日常生活保障都失去了运行的社会基础。民族国家在福利提供中开始扮演越来越重要的角色。而伴随着西欧资本主义萌芽的发展，市场的手也深入福利提供领域。这一时期中的思潮，主要从人性趋利避害、自我保护的角度入手，论述一个强有力的中央集权国家或是完备的市场机制的必要性。而与此相承，国家、市场也当仁不让地需要承担起福利提供的责任。同样，世俗化的社会力量也在与传统中的宗教对慈善的宣扬、对互助习惯的继承中"另立门户"，形成了以互助组织为依托的福利提供机制。所以在西方，志愿部门实际上是国家、市场之外，与国家、市场对立的社会的代表。三者具有各自的社会理想，也就奉行不同的福利理念和实践。国家、市场基于对个体的利己定位而解决资源不均衡问题、普及社会保障，而在志愿部门看来，这样的方式会进一步加剧个体的自利倾向，难以塑造社会信任，更难培育促使社会成员彼此友爱、相互守候的社会道德。所以，各种各样的志愿组织都从其生长的社会文化土壤出发，构建了一套自成体系的社会理想作为实践所依存的理念。

当然，志愿部门的理念中不乏对传统宗教所推崇的仁慈、地方习俗中的互助等理念的继承，也多有对国家和市场提供福利的机制和理念的借鉴，比如对救济者的跟踪制度、家访制度、保险的精算体系等。但由于其塑造的社会理想的差异，在福利格局的变迁中，充斥着不同的福利提供主体——国家、市场、志愿部门之间，以及其各自的组织之间——的道路之争。也就是说，不同的部门、机制，甚至不同的组织、实践者在福利观念和实践上都致力于构建一个最优越的、最有效率的、从过程到结果实现闭环的体系。虽然各个福利提供主体生长的土壤、聚焦的问题不乏共通之处，可在对具体的概念解读、整合各种元素中就极为不同。比如，在看待利己和利他的关系上，有的主体从完全接纳利己的正当性出发，试图通过设计相应的制度避免利己可能带来的问题；而有的主体则着力构建能够鼓励个体利他行为的机制，让利他和利己从相互对立走向相互促进；还有的主体侧重于在认知上敦促个体的利他倾向。再比如，在对待帮助行为的态度上，有的主体单从认知上对社会成员的帮助行为进行肯定；有的主体则认为应当通过有力的制度保障来给予帮助行为正面的反馈，从而塑造公平的互助机制；有的主体认为不应当对帮助行为进行干预；等等。在社会的变迁与发展过程中，这些认识和行动并未统一，各个国家、地域基于不同的时代背景、文化情境等，也形成了不断变动的、单一或复合的福利格局。

我国在改革开放以后，福利提供主体日益多元。在福利实践中，既有国家的架构，也有市场的机制，更有不断释放和动员出的社会力量。尽管各个机制和组织也在不断的探索中，但这种探索背后并非以各自特有的社会理想为基础，而是各方在统一的社会理想和目标下的尝试和探寻。所以，在我国福利格局的变迁中，并未有道路之争。而在改革开放后，配合以经济建设为中心的发展思路，提升效率成为推进国家治理的重要目标。这也使得，效率成为各类政策的核心原则之一，形塑了各个福利提供主体的实践目标——不仅要着力为实现社会理想探寻方式方法，还要提升这些方式方法的效率。那么，围绕怎样提升福利提供的效率，各个主体也在尝试中展开技术之辩。

当前在我国语境下开展的福利研究中，不论是以国家福利体系、政策等为对象，以市场机制在福利提供中的应用为对象，还是以社会组织为对象，都十分关注各方能否实现预期成效、实现技术是否具有效率，以及如何让不同的主体形成合力。比如将多样的主体、机制以某种方式结合起来，或者通过专业的分工、健全相关法律来明确各自的责任等。并且，这些研究还引入其他国家和地域的做法，作为新技术为各个主体实现目标、提升效率拓展思路。然而，这些停留在技术层面的争辩也忽略了对道路的思考、探讨。尽管各方共享社会理想和福利道路，但是福利道路本身如何在理念和实践上建立通路，如何将历来就具有张力的元素整合在一起，才是当前各个福利提供主体发展的基础，才是促使各种技术在追求自身效率中实现整体效率提升的根本支撑。

我国语境中的"志愿"与西方语境中的志愿部门有所不同，不仅其与其他福利提供主体的关系不同，而且其所指涉的范围也更为具体。我国语境中的"志愿"即志愿服务，其主要是指志愿者，或者将志愿者统筹起来的志愿组织向社会提供公共服务和福利的行动，一般不包含其他类型的社会组织。本书对我国志愿服务事业展开的探讨，始终立足于我国整个福利格局的变迁和对其本土特色的定位，试图以其为线索，探究当前福利道路中理念和实践究竟存在怎样的断裂，并期望对此带来一些有价值的反思。

这一探讨以青年支教、青年支教者为案例。作为受教育的教育者，青年支教者不仅自己时常陷入迷惑和困扰，整个社会对支教的讨论也处处充满了不解与矛盾。这些对现状的迷思、对发展的困扰凸显在对利己与利他、义务和自愿的理解上。实际上，不论是对青年支教者志愿动机的探索，还是活动对支教者产生的影响，都是既有利他的，也有利己的。而在支教的启动、落地和再生产中，国家自上而下的推动、支持必不可少，来自制度环境的引导更是贯穿始终，因而志愿服务本就兼容自愿性和义务性。但是，为何在志愿者的理解、公众的认知，以及具体的实践中，这两重关系却总是对立起来？在对支教的全面呈现中，我们可以初步展开分析。利他和利己、义务和自愿的张力折射出，我国当前的福利格局尚未将理念与实践紧密地衔接、勾连起来。国家、市场、社会本具有相同的理想和目标，但在技术的应用上却遵循不同的机理。利他和利己的对立，显示了市场机制应用于志愿服务领域而彰显出的不调。市场机制以利己为出发点，比如通过前置的奖励或优待来动员志愿者，将志愿时间进行礼品或服务的兑换等。这样的方式与并重利他和利己、旨在关联利他与利己的志愿服务不相适应。而义务和自愿的对立，则反映出当前国家在对志愿服务的治理上尚未寻找到合适的干预手段。志愿服务对于社会成员而言既应当是自发之举，也应当是道德义务。如果志愿动员的强制性制度缺乏必要的逻辑，尽管能够让志愿服务在行为上迅速普及开来，却容易让义务和自愿越发对立起来，在志愿精神的建设上事倍功半。

所以，当前志愿服务所遭遇的发展困扰，根植于我国福利格局中普遍存在的理念与实践的断裂。从志愿服务的理念入手来看，奉献、互助、友爱、进步的志愿服务精神不仅存在于当代，也可以在传统中寻找到共通的源头，那么如何辨析这四者在当代的意涵、它们的社会基础何在，换言之，如何将这四个概念与人们的日常生活关联起来、通过怎样的机制促使其深入人心，这些问题都尚未解决。而对这些问题的厘清，将会让福利观念走向具体化、可操作化，促使多元的福利提供主体运用不同的技术形成合力。

二　重任的相承与分割

当前，志愿服务担当了三项重任，即新时代精神文明建设、参与社会治理和促进社会健康转型。这三者之间相辅相成。新时代精神文明建设的重任指向的是以志愿服务为平台，对社会道德的塑造和维系；参与社会治理则聚焦于其作为公共生活的面向，给予社会成员互助机会，满足社会成员的福利需求。前者是后者得以持续的基础，而后者是前者的动力来源。新时代精神文明建设和参与社会治理这两者的实现，则是促进社会健康转型的前提。社会健康转型既需要稳定的社会秩序，也需要健全的公共服务体系，以此来消解社会飞速发展中的矛盾、满足社会成员多元的福利需求。所以，这三项重任在内在上是相互关联和促进的。这种内在的关联在从传统到现代的转向中一以贯之。在我国步入当代以前，当朝代的更替、制度的革新等带来社会的激变时，社会自发的组织，尤其是其中具有福利功能的组织扮演了重要的角色，其既是社会道德的维系者，也具有提供福利的功能，力图促使社会实现平稳的过渡。当前的志愿服务事业也是如此，要在新时代尽己所能地担当起这三项具有内在关联的重任。但也正如导论部分所分析的，这三项重任在理念和实践上具有不同的偏好。而对支教的调查分析也鲜明地展现出这三项重任的分割。

不同的支教发起方、参与者都会从自身的理解出发，侧重于以不同的重任为定位来展开实践。期望支教能够充分发挥新时代精神文明建设作用的主体以志愿者为聚焦，更关注支教的启动，以及如何促使支教走向再生产，比如政府、高校等对支教活动的大力宣传，对表现突出的支教者的褒奖，对实践中感人事迹的传播等。再比如，高校中的基层团组织也十分注重以支教为平台，通过以点带面的方式来引导大学生乃至整个社会树立正确的道德观念。关注支教的服务效果的主体以服务对象为聚焦，力求提升活动对于欠发达地区、人口的教育支持作用，关注实践的筹备和具体开展。比如长期参与和组织支教的大学生、专门开展支教的社会组织等，都会致力于丰富支教内容、拓展支教的形式，像在课堂教学外"拉赞助"建图书馆等。而侧重于让支教发挥促进社会转型重任的主体则聚焦在志愿者和服务对象所建立的关系，比如一些支教组织以建立志愿者和支教对象"一对一"的关系为目标，促成两者建立长期的联系。

可见，不同的重任在各方的理解中会形成具体而各异的目标。这就使得如何看待支教的成效，是万人万解的。正如本书在支教的再生产中所阐述的，支教在行动上的持续、志愿者继续支教的意愿、志愿者和支教体系能否达成一致性，都是在考量支教的成效。但三者的出发点却也大相径庭。从支教在行动上的持续来理解支教成效时，显然我们更关注支教在参与社会治理、提供社会服务上能否承担起重任。而从志愿者持续参与的意愿，即使命是否养成时，我们不只关注支教在提供公共服务时的功能，还看重其能否在新时代精神文明建设上发挥作用。而从支教的常态化，也就是志愿者与支教体系能否达成一致入手，我们将三项重任都考虑在内。此外，基于"启动－落地－再生产"的框架，我们看到了盘根错节的志愿过程，志愿者的个人背景、其所处的制度环境、志愿组织的规模情况、志愿活动的各个组织环节如何开展、志愿者在认知和行为上的投入等大大小小的因素紧密地关联在一起，互相影响又共同影响着支教的各色目标的实现。

三　盘根错节的志愿过程

志愿服务的启动、落地、再生产可谓是环环相扣。在青年支教案例中，各方资源以怎样的渠道汇集，志愿者具有怎样的动机，各种筹备工作能否将志愿者凝聚起来，能否建立让人、财、物衔接得当的制度等，都直接形塑了支教的组织形态、实践内容，也影响着志愿者在其中的认知和行为。支教是如何"动"起来的，很大程度上已经奠定了支教的价值基础和行动路径。

在分析中我们看到，志愿活动的动员并不局限于"自上而下"或"自下而上"的二元范畴，而是各种资源以多样的逻辑和机制合力发起的。政策资源、媒体资源、社会资源带着不同的目标——比如以新时代精神文明建设为内涵的塑造"模范"、达成教育支持目标等——推动、发起、运行、维系着支教。而各种资源的具体内容、投入机制也会进一步塑造志愿者对支教的认识和预期，就相应地形成了不同类型的志愿动机。志愿者对活动内容越了解、知晓的信息越充分，他们的志愿动机就越明确。而当志愿者认为其付出和参与能够为社会带来更多价值、发挥改变作用时，他们也倾向于具有利他的动机。而当志愿者所处的环境更注重对志愿者模范的塑造、对志愿者的鼓励时，他们更倾向于具有利己的动机。在这样的联立分析中，蕴藏了一个有趣的悖论：当各项资源越是以新时代精神文明建设为目标，期望通过褒扬志愿者、树立典型的方式来鼓舞社会成员帮助他人时，志愿者越倾向于从自身的角度出发来理解志愿服务的意义，抱着利己的动机投入到志愿活动中，而志愿动机能否得到满足也更受到自身能力的成长、外界对其评价等的影响；当各项资源更关注志愿活动的服务对象，以志愿服务能否带来改变为聚焦时，志愿者反而更多地从服务对象或领域出发来认识志愿活动，形成利他的动机，而活动开展是否顺利、对自身服务能否带来改变的判断等就会影响其志愿动机的满足程度。也就是说，在志愿服务领域的治理中，任务目标难以通过线性的、单向的工作机制而实现。并且，不论是理念中的利己、利他，还是实践中的各种任务导向，本就是内在关联的，不应只是片面地、孤立地集中于某个方面的目标或价值。

各种资源、各个主体在志愿启动上的合力，实质上是一种合作关系的建立。在"意向－机会－制度"分析框架下可以发现，各方从自身的理解和考虑出发，形成了是否与特定对象建立合作关系的意向，而是否有机会沟通这些意向、受到怎样的制度约束影响着合作的想法能否成真。在志愿活动中，各方的合作是十分普遍的，甚至是必不可少的。从青年支教的案例来看，少有支教项目、支教组织、支教团队只有单一的参与主体。社会各界都以自身的方式对支教或者特定的支教项目予以支持、参与其中的某个环节。不同的主体具有各自的认知体系和惯用的治理技术。这些各异的体系在应对特定的问题上具有自身的优势，与此同时，它们有时也并不相融，会产生碰撞。所以，合作的关系究竟能否带来"合力"的结果，还取决于多元的主体能否"齐心"。并且，不只是服务的提供者、政策的引导者、资源的供给者之间需要"齐心"，各个主体的内部成员，以及各个服务对象也需要对整个志愿体系——具有什么目标、活动如何开展等——达成共识，也就是形成认知的"共同体"。在支教的案例中，各种筹备工作——各方的沟通、培训、团队制度的形成、活动方案的制定等——都是构建这种认知"共同体"的渠道。

　　表面上看，谈起志愿活动时，人们通常所联想到的主要是志愿的具体实践行动，即志愿服务的落地。但实际上，各方在落地过程中抱有怎样的想法、采取怎样的行为、具有怎样的互动等，却在志愿服务的启动中业已确定。即便有新的情况和突发事件出现，如何应对和处理也受制于已确立的制度、商定的预案、各方关系和互动模式等的影响。对青年支教的调查让我们看到，志愿服务对象的具体情况是十分多样的。为了应对多样的情况，志愿项目、志愿组织、志愿团队会进行各种尝试，对原本单一的服务思路进行拓展。而且，在支教的落地中，非常鲜明地呈现了作为受教育的教育者的志愿者，一方面尽己所能地奉献、服务，另一方面也如饥似渴地体验、学习、成长。

　　正如志愿服务的开启并不以实践的落地为标志，志愿活动也并不因服务的完成而终结。不论是否有正式的总结活动，志愿者都会基于实践的经历进行反思，志愿团队也会在成员的交流中进行集体的省思。并且，志愿服务也有可能以不同的方式持续下去。从支教来看，有的志愿者与服务对象——主要是自己教过的学生——建立了长久的联系；有的活动从临时的项目走向常设的项目，建立了固定的支教基地；有的志愿者对支教产生极大的认同，继续投身于更多的支教项目中；而有的志愿者则在参与支教后对其他类型的志愿活动也产生了尝试的兴趣；等等。对于任何特定的志愿活动，不论是注重新时代精神文明建设、参与社会治理的作用，还是以促进健康转型为己任，都要促使自身在价值和行动上走向再生产。因而，本书也结合对青年支教的调查所得的数据，从不同的角度探讨了志愿再生产。具体而言，即从支教项目的持续、志愿者的持续志愿意愿、志愿者与支教体系的一致性展开分析，探索和检证了影响这三者的因素。这些不同维度的讨论让我们看到，不管是特定志愿活动的延续，还是使命感养成、常态化的实现，都具有复杂的机制。制度环境、个体的背景与解读、各个环节的因素等都贯穿其中、相互影响。尤其是在从志愿者与支教体系的一致性出发来探索志愿常态化的尝试中，我们力图贴近这一实际的情况，借助随机森林模型考虑了各个自变量的非线性的、往复的、多重的交互作用，不再将某个自变量与因变量的关系进行孤立的检证，而是从整体的视角出发，基于对各个自变量影响力的比较来展现常态化的全貌。

可见，整个志愿过程是盘根错节的。不同的因素相互交织，因地、因时、因人而异地影响着志愿活动的一步步发展。尽管本书在具体呈现和分析支教时，以启动、落地、再生产为划分，但这三个阶段是连贯、一体的。

四　走向效率

改革开放以来，我国基层社会释放出巨大的活力。志愿服务正是以此为养分，得到了跨越式的发展。党和国家、人民群众都对志愿服务寄予厚望，期望志愿服务能够迅速地发展为社会道德的中流砥柱、成熟的治理技术，成为应对社会矛盾、解决社会问题的一剂良方。而伴随着体制的变革、福利格局的转型，我国的志愿服务事业通过努力尝试和摸索，从单纯依靠国家力量开始转向社会建立自身可持续的循环，服务领域从单一走向多元、涉及的服务对象越发广泛，在各个方面都发挥出不容忽视的作用。尤其是在2008年针对"5·12"汶川地震的灾后救助与重建、北京奥运会的举办中，不论是具有官方背景的志愿组织，还是草根志愿组织，都发挥出了巨大的动员能力，呈现了专业的治理水平。所以，如何进一步发展志愿服务事业、提升志愿者和志愿组织的能力，也就是说，让志愿服务在担当各项重任上更具效率，就成为亟待研究和回应的议题。

以往围绕志愿服务展开的讨论，一方面主要是从应用、实操的角度，既探索政府管理、公共政策应当如何看待和支持志愿服务事业，也探讨如何开展志愿活动、如何提升志愿组织的能力。另一方面，不少研究则是以挖掘志愿服务所折射出的社会机理为目标，比如从政府与志愿组织的关系去探讨国家与社会的关系，探讨什么样的人更容易成为志愿者、志愿服务对于志愿者的影响等。但是这些研究在理解我国志愿服务的发展上仍然具有较大的局限。总结实践经验的志愿研究难以进行理论建构，只能基于实务进行后置性的归纳、概括。而以探索社会机理为目标的研究又总是受制于西方的理论框架，应把中国语境下的志愿服务嵌套进去，围绕相同或不同的情况展开讨论。这样的研究路径难以触及我国志愿服务的根本，无法对其进行理念的定位，也就无从对其发展进行设想。

当然，我国志愿服务事业既进行了本土创新，积累了特色的经验，也参考、借鉴了国外的方式方法。所以在研究时，与国外理论进行对话是必要的。但对话的前提，是厘清我国志愿服务的社会基础。基于对我国从传统到现代中福利格局变迁、志愿主义在西方兴起的简明回顾，可以发现，一方面，我国语境下的志愿服务是一种福利提供的技术而非独立的福利提供道路；另一方面，与传统中社会自发的福利组织、西方的志愿部门相似，其在福利提供之外，还具有重塑和维系社会道德、促进社会平稳转型的作用。只不过我国当前志愿服务所面对的社会、制度、文化基础是不同的，所以在作用发挥、目标实现上也具有自身的特点。所以，进一步引入过程视角，本书围绕"启动-落地-再生产"的框架全面分析和呈现了青年支教，以此入手来挖掘我国语境下的志愿服务究竟有何特点，探讨其内在的机制。并且，在对支教过程的全面展现中，本书也回应了国际志愿服务研究所关切的议题，例如资源动员、志愿动机、志愿行为的持续性等，给出了基于我国语境的解读。

在青年支教的案例中，基于对不同任务的担当，各个主体为支教设定了不同的目标。从而，各个主体侧重关注支教活动组织中的不同因素或环节，通过切入一个关键的"抓手"来提升支教活动的质量。所以，尽管各个重任是内在关联的，但是由于其引申的导向在短期中并不相融，比如对专业化和普及化、物质提供和精神建设、制度化和常态化等的强调不同，所以在具体的实践中被分割开来。比如，当志愿服务被主要视为新时代精神文明建设的平台时，对志愿者的动员、培训、宣传等工作会额外得到重视。但志愿过程是盘根错节的，各项因素紧密相关、互相影响。当只是作用于某个具体的环节或工作时，往往并不能实现期望的目标，更无法让志愿服务有效地承担起重任。所以，志愿服务是一项整体性的技术，不论是要通过其树立社会成员之间相通的道德观念、促使其在社会治理中发挥长效化的作用，还是让其在社会转型中扮演安全阀和社会信任的桥梁，都要将志愿服务视为由各部分工作环环相扣而成的整体，进行通盘的考虑。

当然，志愿服务的整体性不只在于其内在的各个部门与承载的多个目标，其也联结着过去与未来，既是我国社会变迁的缩影，也是转型中兼容继承与革新的机制。从而，若要探求如何理解志愿服务的发展、提升当前我国志愿服务的效率，不能只是将志愿服务作为一个管理对象，去提升其技术效率，更重要的是将其视为道路的有机组成——福利提供和社会治理必不可少的参与者，通过促其发展而提升整体的道路的效率。那么，探寻、建构、完善具有我国特色的志愿服务理念，建立从理念到实践的通路，就是最为紧要的。当前这些研究工作的停滞不前，主要是出于理论上对西方志愿研究的依赖。也就是说，从理论上我们总是不自觉地将志愿视为一个"舶来品"，但在看待具体的志愿服务实践时，我们又不得不承认，不论是其生长的制度环境，还是依托的社会基础和文化基底，我国的志愿服务都是"土特产"，有着独特的逻辑和机制。但进一步来讲，当我们顺着这一思路总结出我国志愿服务的问题和困境，并且试图寻找解决这些问题的方法时，由于没有本土的理论支撑，只能再次不自觉地回归到西方的理论、国外的经验。可基于这样的路径，当把这些解决方法与思路套用到实际情况中时，却往往带来水土不服的结果。就这样，我国当前的志愿服务研究与实践陷入了一个彼此掣肘的循环。

　　如何跳出这一循环来开展志愿服务研究？本书以青年支教为案例进行了力所能及的突破，通过过程视角的进一步引入还原了志愿活动中各方复杂的互动，尽力归结了内在的多重机制，并且结合各方的情感、思考等认知层面的活动，一探当前志愿服务的社会基础。从志愿服务的整个过程来看，关于我国志愿服务如何发展、如何走向效率，主要有两方面的结论。其一，各方建立在目标和方式上的共识是根本的。志愿服务牵系了社会发展的各个层面和领域，直接面向社会成员，其成效、任务本就难以完全通过指标化进行测度。所以，不论是资源的提供者、组织者，还是志愿者、服务对象，只有各方的理解和预期能够相融，才能齐心合力，而非机械的分工与合作。其二，赋能志愿者和志愿组织极为关键。在我国的语境下，赋能的意涵并非要"神圣化"和独立化志愿服务的体系。促使志愿者、志愿组织发挥作用，不仅要尽力摸索和完善其技术和知识体系，而且要促使其真正扎根到基层的社会治理体系中，让志愿文化嵌入社会成员的日常生活，让志愿组织成为社会成员互动的基本单元之一。青年支教的案例也让我们进一步看到，这两个结论是相互关联的。支教是青年学习实践和对欠发达地区、人口进行教育支持的双重平台，这吸引了各方的关注和参与。

不过，各方对于支教的定位和理解有着不同的偏重。如果各方彼此形成认同，支教就能更为顺利地进行，得到作为受教育的教育者的志愿者更多的认可，将支教视为值得投入的事业，让支教成为他们生活的一部分。以支教为事业的志愿者会进一步围绕支教进行思考、开展行动，动员更多的资源，探索对服务对象更有效的支持方式，从而让支教在更大的范围内得到认同。

不过，本书给出的答案并未完全令人满意。比如，抛开支教活动这一特殊的领域，对于包罗万象的志愿服务而言，各个主体如何建立共识，如何对志愿者、志愿组织进行赋能，本书的探讨还难以触及。这需要以更宏大的背景为基点，去探讨我国特色的志愿服务的理念建构，探求理念如何指导实践。若沿用本书从开头提出的"仁爱"和"效率"的线索，实际上本书尚且难以触及的议题，正是如何在我国语境下理解和促成"仁爱"与"效率"的衔接、融合。而这需要扎实的历史梳理和分析，远非简明的回顾所能解答的。在传统家国关联的结构下，士人将恻隐之心、对祖上的崇拜、对父母的孝敬、对子孙的庇护、对国君的忠诚、对天下的大义等相结合，使得利己和利他、义务和自愿共存，进而以行善为己任，教化民众、保障福利、维系稳定。那么，在社会结构的变迁中，这些传统的元素和机制是怎样变化的？在经历种种变化的当前，我们应当如何定位新时代的志愿服务？其具有怎样的社会根系？如何能嵌入公众的日常生活？这些是我们急需直面的根基性问题。

参考文献

陈超、赵可：《国外大学实践教育的理念与实践》，《外国教育研究》2005年第11期。

陈茗、林志婉：《老年志愿者活动的理论思考和实证分析》，《人口学刊》2003年第4期。

陈天祥、徐于琳：《游走于国家与社会之间：草根志愿组织的行动策略——以广州启智队为例》，《中山大学学报》（社会科学版）2011年第1期。

陈校：《志愿服务的管理模式研究：前置承诺与后置强制》，《中国青年研究》2009年第8期。

大卫·G. 格林：《再造市民社会——重新发现没有政治介入的福利》，邬晓燕译，陕西人民出版社，2011。

戴光全、陈欣：《国际NGO在中国——艾滋病合作项目个案的社会人类学观察》，《社会科学家》2009年第9期。

邓国胜：《中国志愿服务发展的模式》，《社会科学研究》2002年第2期。

邓国胜、辛华、翟雁：《中国青年志愿者的参与动机与动力机制研究》，《青年探索》2015年第5期。

丁元竹：《发展志愿机制动员社会资源》，《当代社科视野》2013年第3期。

董文琪：《乡村文化建设中的精英动员与志愿失灵——以"屈原乡村图书馆"为例》，《中国非营利评论》2011年第1期。

夫马进：《中国善会善堂史研究》，商务印书馆，2005。

富晓星、刘上、陈玉佩：《"主位诉求"的志愿服务模式探究——以流动儿童为例》,《社会学研究》2014年第4期。

顾敏燕:《汶川大地震中的"志愿失灵"》,《社会福利》2009年第2期。

韩德林:《行善的艺术:晚明中国的慈善事业》,吴士勇、王桐、史桢豪译,江苏人民出版社,2015。

韩晶:《当代大学生参与志愿服务的障碍研究》,《青年研究》2003年第1期。

郝永红:《完善志愿服务体系优化政府公共管理》,《中国行政管理》2010年第8期。

黄晓春、嵇欣:《非协同治理与策略性应对——社会组织自主性研究的一个理论框架》,《社会学研究》2014年第6期。

江伶俐:《非营利组织与企业跨部门联盟的风险——基于组织信任演变视角的探索式案例研究》,《社团管理研究》2012年第9期。

蒋玉:《自组织型志愿活动的动机过程探赜》,《学术交流》2014年第6期。

靳利飞:《对志愿者参与志愿服务持续性的影响因素分析——对北京市1752份相关调查问卷的分析》,《广东青年干部学院学报》2009年第4期。

柯凤华:《大学生志愿服务常态化路径构建》,《人民论坛》2015年第26期。

柯文·M. 布朗、苏珊·珂尼、布雷恩·特纳、约翰·K. 普林斯:《福利的措辞:不确定性、选择和志愿结社》,王小章、范晓光译,浙江大学出版社,2010。

莱特斯·M. 萨拉蒙:《公共服务中的伙伴-现代福利国家中政府与非营利组织的关系》,田凯译,商务印书馆,2008。

李钧鹏:《行动、动机与自我概念:兼论知识分子的意识形成》,《浙江大学学报》(人文社会科学版)2010年第9期。

李强:《"丁字型"社会结构与"结构紧张"》,《社会学研究》2005年第2期。

李芹:《城市社区老年志愿服务研究——以济南为例》,《社会科学》2010年第6期。

李晓光、李黎明:《制度分割、志愿者行动与公共性再生》,《西安交通大学学报》(社会科学版),http://kns.cnki.net/kcms/detail/61.1329.C.20191218.

1653.004.html，2019 年 12 月 19 日。

梁其姿：《变中谋稳：明清至近代的启蒙教育与施善济贫》，上海人民出版社，2017。

梁其姿：《道堂乎？善堂乎？清末民初广州城内省躬草堂的独特模式》，载梁其姿著《变中谋稳：明清至近代的启蒙教育与施善济贫》，上海人民出版社，2017。

梁其姿：《广州近代善堂的现代性》，载梁其姿著《变中谋稳：明清至近代的启蒙教育与施善济贫》，上海人民出版社，2017。

梁其姿：《施善与教化：明清时期的慈善组织》，北京师范大学出版社，2013。

廖雪飞：《草根 NGO 的"公募"之路——以"农家女文化发展中心"为例》，《中国非营利评论》2007 年第 1 期。

刘俊彦：《中国青年志愿者行动机制建设研究报告》，《中国青年研究》2010 年第 1 期。

刘威：《弱关系的力量——社会关系网络理论视域中的志愿服务行动》，《学习与探索》2015 年第 9 期。

罗婧：《从团结型社会组织、行政型社会组织到治理型社会组织——1949 年以来社会组织的变迁历史》，《清华大学学报》（哲学社会科学版）2020 年第 3 期。

马迎贤：《组织间关系：资源依赖理论的历史演进》，《社会》2004 年第 7 期。

缪建红、俞安平：《非营利性组织中对志愿工作者的管理》，《科学管理研究》2002 年第 1 期。

潘修华、孙玉明：《我国志愿服务中的"失灵现象"探析》，《北京工业大学学报》（社会科学版）2012 年第 5 期。

彭文平：《日本国际教育援助的理念和政策》，《教育科学》2012 年第 3 期。

孙婷：《志愿失灵及其校正中的政府责任》，《中国行政管理》2010 年第 7 期。

孙婷：《中国式"志愿失灵"表象剖析——以北京志愿服务为例》，《中国青年研究》2011 年第 10 期。

孙莹：《服务学习——发展自我、回馈社区的青年志愿服务策略》，《社会工作》（学术版）2006年第11期。

谭建光、周宏峰：《中国志愿者：从青年到全民——改革开放30年志愿服务发展分析》，《中国青年研究》2009年第1期。

唐德龙、高阳、首一苇：《"志愿失灵"与社会组织管理体制改革》，《中国民政》2013年第10期。

陶传进：《草根志愿组织与村民自治困境的破解：从村庄社会的双层结构中看问题》，《社会学研究》2007年第5期。

田毅鹏等：《中国社会福利思想史》（第二版），中国人民大学出版社，2017。

童潇：《大学生志愿服务西部计划的法律困境及消解途径》，《当代青年研究》2015年第1期。

王诗宗、宋程成：《独立抑或自主：中国社会组织特征问题重思》，《中国社会科学》2013年第5期。

魏承帅：《志愿失灵理论视角下高校志愿者组织失灵的成因及对策分析——以驻保高校为例》，《法制与社会》2010年第24期。

吴楚斌：《志愿服务的项目化管理模式探索——以"启智模式"为例》，《青年探索》2009年第6期。

吴鲁平：《志愿者的参与动机：类型、结构——对24名青年志愿者的访谈分析》，《青年研究》2007年第5期。

谢立黎：《中国城市老年人社区志愿服务参与现状与影响因素研究》，《人口与发展》2017年第1期。

熊跃根：《论国家、市场与福利之间的关系：西方社会政策理念发展及其反思》，《社会学研究》1999年第3期。

徐步云、贺荟中：《西方志愿者行为的研究综述》，《中国青年研究》2009年第4期。

徐家良、张其伟：《地方治理结构下民间志愿组织自主性生成机制——基于D县C义工协会的个案分析》，《管理世界》2019年第8期。

徐宇珊：《非对称性依赖：中国基金会与政府关系研究》，《公共管理学报》2008年第1期。

杨帆、王诗宗：《志愿失灵的治理：一种反思》，《公共管理与政策评论》

2017年第6期。

杨团：《推进社区公共服务的经验研究——导入新制度因素的两种方式》，《管理世界》2001年第4期。

杨晓宇、仝泽民、李玲：《大学生短期支教存在的问题及解决思路——以北京市昌平区3所高校为例》，《北京教育》（德育）2015年第12期。

于海：《志愿运动、志愿行为和志愿组织》，《学术月刊》1998年第11期。

翟雁、辛华、张杨：《2018年中国志愿服务发展指数报告》，载杨团主编《中国慈善发展报告（2019）》，社会科学文献出版社，2019。

张紧跟、庄文嘉：《非正式政治：一个草根NGO的行动策略——以广州业主委员会联谊会筹备委员会为》，《社会学研究》2008年第2期。

张婧雯、邓国胜、辛华：《社区志愿者的态度及影响行为的因素分析——以北京市A街道为例》，《北京青年研究》2016年第3期。

张明锁、李杰：《政府与民间志愿组织互动合作关系探析——以洛阳市河洛志愿者协会为例》，《华东理工大学学报》（社会科学版）2013年第2期。

张萍、郭永芳：《论我国志愿行动组织管理与激励中的行政化特征》，《学习与探索》2013年第6期。

张萍、杨祖婵：《中国志愿服务事业的发展历程》，《当代中国史研究》2013年第3期。

张文礼：《合作共强：公共服务领域政府与社会组织关系的中国经验》，《中国行政管理》2013年第6期；

赵文洪：《中世纪英国公地共同体与穷人》，《安徽史学》2016年第1期。

赵希斌、邹泓：《美国服务学习实践及研究综述》，《比较教育研究》2001年第8期。

赵秀梅：《基层治理中的国家—社会关系——对一个参与社区公共服务的NGO的考察》，《开放时代》2008年第4期。

郑航：《社会变迁中公民教育的演进——兼论我国学校公民教育的实施》，《清华大学教育研究》2000年第3期。

周秋光、徐美辉：《道家、佛家文化中的慈善思想》，《道德与文明》2006年第2期。

朱健刚、赖伟军:《"不完全合作":NGO 联合行动策略以"5·12"汶川地震 NGO 联合救灾为例》,《社会》2014 年第 4 期。

Abramson, J. and B. Rosenthal, "Collaboration: Interdisciplinary and Interorganizational Applications", In R. Edwards (ed.), *Encyclopedia of Social Work* (*19th ed*). Washington, D. C.: National Association of Social Workers Press, 1995.

Anheier, Helmut K. and Lester M. Salamon, "Volunteering in Cross-national Perspective: Initial Comparisons", *Law and Contemporary Problems*, Vol. 62, No. 4, 1999.

Arya, Bindu and Zhiang (John) Lin, "Understanding Collaboration Outcomes From an Extended Resource-Based View Perspective: The Roles of Organizational Characteristics, Partner Attributes, and Network Structures", *Journal of Management*, Vol. 33, No. 5, 2007.

Astin, A. W. and L. J. Sax, "How Undergraduates Are Affected by Service Participation", *Journal of College Student Development*, Vol. 39, No. 3, 1998.

Austin, James E., "Strategic Collaboration between Nonprofits and Businesses", *Nonprofit and Voluntary Sector Quarterly*, Vol. 29, No. 1, 2000.

Banks, Eric, "The Social Capital of Self-help Mutual Aid Groups", *Social Policy*, Vol. 28, No. 1, 1997.

Batson, C. Daniel, Janine L. Dyck, J. Randall Brandt, Judy G. Batson, Anne L. Powell, M. Rosalie McMaster and C. A. Griffitt, "Five Studies Testing Two New Egoistic Alternatives to the Empathy-altruistic Hypothesis", *Journal of Personality and Social Psychology*, Vol. 55, No. 1, 1988.

Batson, C. Daniel, "Prosocial Motivation: Is It Ever Truly Altruistic?", *Advances in Experimental Social Psychology*, Vol. 20, 1987.

Beck, U. and E. Beck-Gernsheim, "Individualization and Precarious Freedoms Perspectives and Controversies ofa Subject-oriented Sociology", In P. Helaas, S. Lash and P. Morris (eds.), *Detraditionalization*, Oxford: Wiley-Blackwell, 1996.

Bentley B. Gilbert, "The Decay of Nineteenth-Century Provident Institutions and the Coming of Old Age Pensions in Great Britain", *The Economic History Review*, *New Series*, *Vol.* 17, No. 3, 1965.

Blau, Peter Michael, *Exchange and Power in Social Life*, New York: John Wiley & Sons Inc., 1967.

Brady, Henry E., Sidney Verba and Kay Lehman Schlozman, "Beyond SES: A Resource Model of Political Participation", *American Political Science Review*, Vol. 89, No. 2, 1998.

Bringle, Robert G. and Julie A. Hatcher, "Implementing Service Learning in Higher Education", *Journal of Higher Education*, Vol. 67, No. 2, 1996.

Burns, Leonard T., "Make Sure It's Service Learning, not Just Community Service", *Education Digest*, Vol. 64, No. 2, 1998.

Cigler, Beverly A., "Pre-conditions for the Emergence of Multicommunity Collaborative Projects", *Review of Policy Research*, Vol. 16, No. 1, 1999.

Clary, E. Gil and Mark Snyder, "The Motivations to Volunteer: Theoretical and Practical Considerations", *Current Directions in Psychological Science*, Vol. 8, No. 5, 1999.

Clary, E. Gil, Mark Snyder, Robert D. Ridge, John Copeland, Arthur Stukas, Julie Haugen and Peter Miene, "Understanding and Assessing the Motivations of Volunteers: A Functional Approach", *Journal of Personality and Social Psychology*, Vol. 74, No. 6, 1998.

Clary, E. Gil, Mark Snyder, Robert D. Ridge, Peter K. Miene and Julie A. Haugen, "Matching Messages to Motives in Persuasion: A Functional Approach to Promoting Volunteerism1", *Journal of Applied Social Psychology*, Vol. 24, No. 13, 1994.

Clary, E. Gil, Mark Snyderand Arthur A. Stukas, "Volunteers' Motivations: Findings from a National Survey", *Nonprofit and Voluntary Sector Quarterly*, Vol. 25, No. 4, 1996.

Clary, E. Giland Jude Miller, "Socialization and Situational Influences on Sustained Altruism", *Child Development*, Vol. 57, No. 6, 1986.

Cnaan, Ram A. and Robin S. Goldberg-Glen, "Measuring Motivation to Volunteer in Human Services", *The Journal of Applied Behavioral Science*, Vol. 27, No. 3, 1991.

Connor, Joseph A., Stephanie Kadel-Taras and Diane Vinokur-Kaplan, "The Role of Nonprofit Management Support Organizations in Sustaining Community Collaborations", *Nonprofit Management and Leadership*, Vol. 10, No. 2, 2003.

Day, Kathleen M. and Rose Anne Devlin, "The Payoff to Work without Pay: Volunteer Work as An Investment in Human Capital", *The Canadian Journal of Economics/Revue Canadienned' Economique*, Vol. 31, No. 5, 1998.

Eckstein, Susan, "Community as Gift-Giving: Collectivistic Roots of Volunteerism." American Sociological Review, Vol. 66, No. 6, 2001.

Flanagan, Constance A., Jennifer M. Bowes, Britta Jonsson, Beno Csapo and Elena Sheblanova, "Ties that Bind: Correlates of Adolescents' Civic Commitments in Seven Countries", *Journal of Social Issues*, Vol. 54, No. 3, 1998.

Foster, Mary K. and Agnes G. Meinhard, "A Regression Model Explaining Predisposition to Collaborate", *Nonprofit and Voluntary Sector Quarterly*, Vol. 31, No. 4, 2002.

Galaskiewicz, Joseph, "Professional Networks and the Institutionalization of a Single Mind Set", *American Sociological Review*, Vol. 50, No. 5, 1985.

Galaskiewicz, J. and B. Rauschenbach, "The Corporation-culture Connection: A Test of Inter-organizational Theories", In C. Milofsky (ed.), *Community Organizations: Studies in Resource Mobilization and Exchange*, New York: Oxford University Press, 1988.

Gallant, K., B. Smale, and S. Arai, "Civic Engagement through Mandatory Community Service: Implications of Serious Leisure", *Journal of Leisure Research*, Vol. 42, No. 2, 2010.

Gaskin, Katharine and Justin Davis Smith, *A New Civic Europe? A Study of the Extent and Role of Volunteering*, London: Volunteer Centre U. K., 1995.

Gazley, Beth, Laura Littlepage and Teresa A. Bennett, "What about the Host Agency? Nonprofit Perspectives on Community-Based Student Learning and

Volunteering", *Nonprofit and Voluntary Sector Quarterly*, Vol. 41, No. 6, 2012.

Gazley, Beth, "Whynot Partner with Local Government? Nonprofit Managerial Perceptions of Collaborative Disadvantage", *Nonprofit and Voluntary Sector Quarterly*, Vol. 39, No. 1, 2010.

Gelles, Erna, Meg Merrick, Sean Derrickson, Felesia Otis, Oscar Sweeten-Lopez and Jamaal Tripp Folsom, "Building Stronger Weak Ties among A Diverse Pool of Emergent Nonprofit Leaders of Color", *Nonprofit Management & Leadership*, Vol. 19, No. 4, 2009.

Ghose, Toorjo and Meenaz Kassam, "Motivations to Volunteer among College Students in India", *VOLUNTAS: International Journal of Voluntary and Nonprofit Organizations*, Vol. 25, No. 1, 2014.

Gioia, D. A. and K. Chittipeddi, "Sensemaking and Sensegiving in Strategic Change Initiation", *Strategic Management Journal*, Vol. 12, No. 12, 1991.

Gordon, Teresa P., Cathryn L. Knock and Daniel G. Neely, "The Role of Rating Agencies in the Market for Charitable Contributions: An Empirical Test", *Journal of Accounting and Public Policy*, Vol. 28, No. 6, 2009.

Gray, Barbara, *Collaborating: Finding Common Ground for Multiparty Problems*. San Francisco: Jossey Bass, 1989.

Grossman, Jean Baldwin and Kathryn Furano, "Making the Most of Volunteers", *Law and Contemporary Problems*, Vol. 62, No. 4, 1999.

Grube, Jean A. and Jean A. Grube, "Role Identity, Organizational Experiences, and Volunteer Performance", *Personality and Social Psychology Bulletin*, Vol. 26, No. 9, 2000.

Guo, Chao and Muhittin Acar, "Understanding Collaboration Among Nonprofit Organizations: Combining Resource Dependency, Institutional, and Network Perspectives", *Nonprofit and Voluntary Sector Quarterly*, Vol. 34, No. 3, 2005.

Haski-Leventhal, Debbie, "Altruism and Volunteerism: The Perceptions of Altruism in Four Disciplines and Their Impact on the Study of Volunteerism",

Journal for the Theory of Social Behavior, Vol. 39, No. 3, 2009.

Hasmat, R. and J. Y. Hsu, "Isomorphic Pressures, Epistemic Communities and State-NGO Collaboration in China", *The China Quarterly*, Vol. 220, 2014.

Henderson, A., S. D. Brown, S. M. Pancer, and K. Ellis-Halem, "Mandatory Community Service in High School and Subsequent Civic Engagement: The Case of the 'Double Cohort' in Ontario. Canada", *Journal of Youth and Adolescence*, Vol. 36, No. 7, 2007.

Herzog, A. Regula, Robert L. Kahn, James N. Morgan, James S. Jacksonand Toni C. Antonucci, "Age Differences in Productive Activities", *Journal of Gerontology*, Vol. 44, No. 4, 1989.

Hodgkinson, Virginia and Murray Weitzman, *Giving and Volunteering in the United States*, Washington, D. C.: Independent Sector, 1996.

House, James S., *Work Stress and Social Support*, Reading, Mass.: Addison-Wesley, 1981.

Hustinx, Lesley and Frans Lammertyn, "Collective and Reflexive Styles of Volunteering", *VOLUNTAS: International Journal of Voluntary and Nonprofit Organizations*, Vol. 14, No. 2, 2003.

Hustinx, Lesley, Femida Handy, Ram Cnaan, Jeffrey Brudney, Anne Birgitta Pessi and Naoto Yamauchi, "Social and Cultural Origins of Motivations to Volunteer a Comparison of University Students in Six Countries", *International Sociology*, Vol. 25, No. 3, 2010.

Hyde, Lewis, *Imagination and the Erotic Life of Property*, New York: Vintage, 1979.

Jacoby, Barbara and Thomas Ehrlich, *Service-Learning in Higher Education: Concept and Practice*, San Francisco: Josser-Bass, 1996.

Janoski, Thomas, March Musick and John Wilson, "Being Volunteered? The Impact of Social Participation and Pro-social Attitudes on Volunteering", *Sociological Forum*, Vol. 13, No. 3, 1998.

Jenkins, J. Craig, "Resource Mobilization Theory and the Study of Social Movements", *Annual Review of Sociology*, Vol. 9, No. 1, 1983.

Klein, Nicole Aydt, K. Ann Sondag and Judy C. Dorlet, "Understanding Volunteer Peer Health Educators' Motivations: Applying Social Learning Theory", *Journal of American College Health*, Vol. 43, No. 3. 1994.

Krebs, Dennis L. and Frank van Hesteren, "The Development of Altruism: Toward an Integrative Model", *Developmental Review*, Vol. 14, No. 2, 1994.

Larson, Andrea, "Network Dyads in Entrepreneurial Settings: A Study of the Governance of Exchange Relationships", *Administrative Science Quarterly*, Vol. 37, No. 1, 1992.

Lecky, William, and Edward Hartpole, *A History of England in the Eighteenth Century II*, London: Longmans, Green, and Co., 1898.

Lee, S. and S. Pritzker, "Immigrant Youth and Voluntary Service: Who Serves?", *Journal of Immigrant and Refugee Studies*, Vol. 11, No. 1, 2013.

Ling, W. H. and H. C. Wing, "Students' Willingness for Future Volunteering in Hong Kong", *VOLUNTAS: International Journal of Voluntary and Nonprofit Organizations*, Vol. 27, No. 3, 2016.

Luoma, Patrice and Jerry Goodstein, "Stakeholders and Corporate Boards: Institutional Influences on Board Composition and Structure", *The Academy of Management Journal*, Vol. 42, No. 5, 1999.

Maria, Edgeworth and Richard Lovell Edgeworth, *Practical Education*, Cambridge: Cambridge University Press, 2012.

Matthews, Fred, "Role Models?", *Canadian Review of American Studies*, Vol. 19, 1988.

May, Carl and Tracy Finch, "Implementing, Embedding, and Integrating Practices: An Outline of Normalization Process Theory", *Sociology*, Vol. 43, No. 3, 2009.

May, Carl, Tracy Finch, Frances Mair, Luciana Ballini, Christopher Dowrick, Martin Eccles, Linda Gask, Anne MacFarlane, Elizabeth Murray, Tim Rapley, Anne Rogers, Shaun Treweek, Paul Wallace, George Anderson, Jo Burns and Ben Heaven, "Understanding the Implementation of Complex Interventions in Health Care: The Normalization Process Model", *BMC Health*

Services Research, Vol. 7, Article 148, 2007.

McAdam, Doug, "The Biographical Consequences of Activism", *American Sociological Review*, Vol. 54, 1989.

McCarthy, John D. and Mayer N. Zald, "Resource Mobilization and Social Movements: A Partial Theory", *American Journal of Sociology*, Vol. 82, No. 6, 1977.

McPherson, J. Miller, Pamela Popielarz, and Sonja Drobnic, "Social Networks and Organizational Dynamics", *American Sociological Review*, Vol. 57, 1992.

Meyer, John W. and Brian Rowan, "Institutionalized Organizations: Formal Structure as Myth and Ceremony", *American Journal of Sociology*, Vol. 83, No. 2, 1977.

Mike Martin, *Virtuous Giving: Philanthropy, Voluntary Service, and Caring*, Bloomington: Indiana University Press, 1994.

Milne, G. R., E. S. Iyer and S. Gooding-Williams, "Environmental Organization Alliance Relationships within and across Nonprofit, Business, and Government Sectors", *Journal of Public Policy & Marketing*, Vol. 15, No. 2, 1996.

Morrow-Howell, Nancyand Ada C. Mui, "Elderly Volunteers: Reasons for Initiating and Terminating Service", *Journal of Gerontological Social Work*, Vol. 13, No. 3 – 4, 1989.

Murnighan, J. Keith, Jae Wook Kim and A. Richard Metzger, "The Volunteer Dilemma", *Administrative Science Quarterly*, Vol. 38, No. 4, 1993.

Murray, V. V., "Inter-organizational Collaborations in the Nonprofit Sector", In J. M. Shafirtz (ed.), *International Encyclopedia of Public Policy and Administration*, Boulder, C. O.: Westview, 1998.

Musick, Marc A. and John Wilson, *Volunteers: A Social Profile*, Bloomington and Indianapolis: Indiana University Press, 2008.

Oliver, Christine, "Determinants of Interorganizational Relationships: Integration and Future Directions", *The Academy of Management Review*, Vol. 15, No. 2, 1990.

Omoto, Allen M. and Mark Snyder, "AIDS Volunteers and Their Motivations:

Theoretical Issues and Practical Concerns", *Nonprofit Management and Leadership*, Vol. 4, No. 2, 1993.

Ostrander, Susan and Joan Fisher, "Women Giving Money, Women Raising Money: What Difference for Philanthropy?", *New Directions for Philanthropic Fundraising*, Vol. 8 (Summer), 1995.

Ostrower, Francie, *Why the Wealthy Give: The Culture of Elite Philanthropy*, Princeton, N. J. : Princeton University Press, 1995.

O'Regan, K. M. and S. M. Oster, "Nonprofit and For-profit Partnerships: Rationale and Challenges of Cross-sector Contracting", *Nonprofit and Voluntary Sector Quarterly*, Vol. 29, No. 1, 2000.

Park, Chisung, "Do the Boundaries Between the Nonprofit, Public and Business Sectors Blur?: Comparing 'Within the Nonprofit Sector Collaboration Networks' and 'Inter-Sector Collaboration Networks' in the Social Service Field in Pittsburgh, Pennsylvania", *International Review of Public Administration*, Vol. 13, No. 2, 2008.

Peteraf, Margaret A. , "The Cornerstones of Competitive Advantage: A Resource-Based View", *Strategic Management Journal*, Vol. 14, No. 3, 1993.

Pfeffer, Jeffrey and Gerald R. Salancik, *The External Control of Organizations: A Resource Dependency Perspective*, C. A. : Stanford University Press, 2003.

Piferi, Rachel L. , Rebecca L. Jobe and Warren H. Jones, "Giving to Others During National Tragedy: the Effects of Altruistic and Egoistic Motivations on Long-term Giving", *Journal of Social and Personal Relationships*, Vol. 23, No. 1, 2006.

Piliavin, Jane, Jean A. Grube and Peter L. Callero, "Role as Resource for Action in Public Service", *Journal of Social Issues*, Vol. 58, No. 3, 2002.

Provan, Keith G. , "Interorganizational Cooperation and Decision Making Autonomy in a Consortium Multihospital System", *The Academy of Management Review*, Vol. 9, No. 3, 1984.

Rehberg, Walter, "Altruistic Individualists: Motivations for International Volunteeringamong Young Adults in Switzerland", *VOLUNTAS: International*

Journal of Voluntary and Nonprofit Organizations, Vol. 16, No. 2, 2005.

Roberts, Michael J. D., "Head versus Heart? Voluntary Associations and Charity Organization in England, c. 1700 – 1850", In Hugh Cunningham and Joanna Innes (eds.), *Chartiy, Philanthropy and Reform: From the 1690s to 1850*, New York: St. Martin's Press, 1998.

Rochon, Thomas R., *Culture Moves: Ideas, Activism and Changing Values*, Princeton, N. J.: Princeton Univ. Press, 1998.

Saidel, J. R. and S. L. Harlan, "Contracting and Patterns of Nonprofit Governance", *Nonprofit Management and Leadership*, Vol. 8, No. 3, 1998.

Salamon, Lester M. and Helmut K. Anheier, "Social Origins of Civil Society: Explaining the Nonprofit Sector Cross-nationally", *VOLUNTAS: International Journal of Voluntary and Nonprofit Organizations*, Vol. 9, No. 3, 1998.

Saxton, Gregory D., Chao Guo and William A. Brown, "New Dimensions of Nonprofit Responsiveness: the Application and Promise of Internet-based Technologies", *Public Performance and Management Review*, Vol. 31, No. 2, 2007.

Schwartz Shalom H., "Normative Explanations of Helping Behavior: A Critique, Proposal, and Empirical Test", *Journal of Experimental Social Psychology*, Vol. 9, No. 4, 1973.

Schwartz, Shalom H., "Normative Influences on Altruism", In Leonard Berkowitz (ed.), *Advances in Experimental Social Psychology*, Vol. 10, New York: Academic Press, 1977.

Schwartz, Shalom H. and Judith A. Howard, "A Normative Decision-making Model of Altruism", In J. P. Rushton and R. M. Sorrentino (eds.), *Altruism and Helping Behavior: Social, Personality, and Developmental Perspectives*, Hillsdale, N. J.: Erlbaum, 1981.

Schwartz, Shalom H. and Judith A. Howard, "Helping and Cooperation: A Self-based Motivational Model", In Valerian J. Derlega and Janusz Grzelak (eds.), *Cooperation and Helping Behavior*, New York: Academic Press, 1982.

Schwartz, Shalom H. and Judith A. Howard, "Internalized Values as Motivators of Altruism", In Ervin Staub, Daniel Bar-Tal, Jerzy Karylowski and Janusz Reykowski (eds.), *Development and Maintenance of Prosocial Behavior: International Perspectives on Positive Morality*, M. A.: Springer, 1984.

Segal, L., "Four Essays on the Supply of Volunteer Labor and Econometrics", working paper, Evanston: Northwestern University, 1993.

Shye, Samuel, "The Motivation to Volunteer: A Systemic Quality of Life Theory", *Social Indicators Research*, Vol. 98, No. 2, 2010.

Singer, Mark I. and J. A. Yankey, "Organizational Metamorphosis: A Study of Eighteen Nonprofit Mergers, Acquisitions, and Consolidations", *Nonprofit Management and Leadership*, Vol. 1, No. 4, 2006.

Smith, David Horton, "Determinants of Voluntary Association Participation and Volunteering: A Literature Review", *Nonprofit Voluntary Sector Quarterly*, Vol. 23, No. 3, 1994.

Smock, Kristina, *Democracy in Action: Community Organizing and Urban Change*, New York: Columbia University Press, 2004.

Snavely, Keith and Martin B. Tracy, "Collaboration Among Rural Nonprofit Organizations", *Nonprofit Management and Leadership*, Vol. 11, No. 2, 2000.

Spence, Michael, "Job Market Signaling", *The Quarterly Journal of Economics*, Vol. 8, No. 3, 1973.

Stukas, Arthur A., Mark Snyder and E. Gil Clary, "The Effects of 'Mandatory Volunteerism' on Intentions to Volunteer", *Psychological Science*, Vol. 10, No. 1, 1999.

Stukas, Arthur A., Russell Hoye, Matthew Nicholson, Kevin M. Brown and Laura Aisbett, "Motivations to Volunteer and Their Associations with Volunteers' Well-being", *Nonprofit and Voluntary Sector Quarterly*, Vol. 45, No. 1, 2016.

Stukas, Arthur, Maree Daly and Martin J. Cowling, "Volunteerism and the Creation of Social Capital: A Functional Approach", *Australian Journal of Psychology*,

Vol. 10, No. 2, 2005.

Sundeen, Richard A. and Sally A. Raskoff, "Teenage Volunteers and Their Values", *Nonprofit and Voluntary Sector Quarterly*, Vol. 24, No. 4, 1995.

Tang, Fengyan, Nancy Morrow-Howell and Songiee Hong, "Institutional Facilitation in Sustained Volunteering among Older Adult Volunteers", *Social Work Research*, Vol. 33, No. 3, 2009.

Teske, Nathan, *Political Activists in America: The Identity Construction Model of Political Participation*, Cambridge: Cambridge University Press, 1997.

Turner, Jonathan H., "Toward a Sociological Theory of Motivation", *American Sociological Review*, Vol. 52, No. 1, 1987.

United Nations, "United Nations World Youth Report 2007—Young People's Transition to Adulthood: Progress and Challenges", In Chapter 7, *Opportunities for Youth Development in Developed Market Economies: An Unequal Playing Field*. Retrieved from http://www.un.org/esa/socdev/unyin/wyr07.htm. 2007.

Wernerfelt, Birger, "A Resource-Based View of the Firm", *Strategic Management Journal*, Vol. 5, No. 2, 1984.

Wilson, John and Marc Musick, "Who Cares? Toward an Integrated Theory of Volunteer Work", *American Sociological Review*, Vol. 62, No. 5, 1997.

Wilson, John and Thomas Janoski, "The Contribution of Religion to Volunteer Work", *Sociology of Religion*, Vol. 56, No. 2, 1995.

Wilson, John, "Volunteering", *Annual Review of Sociology*, Vol. 26, 2000.

Wolff, Nancy, Burton A Weisbrod and Edward J. Bird, "The Supply of Volunteer Labor: The Case of Hospitals", *Nonprofit Management and Leadership*, Vol. 4, No. 1, 1993.

Wuthnow, Robert, *Learning to Care: Elementary Kindness in an Age of Indifference*, New York: Oxford Univ. Press, 1995.

Wuthnow, Robert, "Altruism and Sociological Theory", *The Social Service Review*, Vol. 67, No. 3, 1993.

Zerubavel, E., *Hidden Rhythms: Schedules and Calendars in Social Life*, Chicago: University of Chicago Press, 1981.

Ziemek, Susanne, "Economic Analysis of Volunteers' Motivations—A Cross-country Study", *Journal of Behavioral and Experimental Economics* (formerly *The Journal of Socio-Economics*), Vol. 35, No. 3, 2006.

Zinn, Jacqueline S., José Proença and Michael D Rosko, "Organizational and Environmental Factors in Hospital Alliance Membership and Contract Management: A Resource-dependence Perspective", *Hospital & Health Services Administration*, Vol. 42, No. 1, 1997.

Zuckerman, Howard S. and Thomas D'Aunno, "Hospital Alliances: Cooperative Strategy in A Competitive Environment", *Health Care Management Review*, Vol. 15, No. 2, 1990.

图书在版编目(CIP)数据

仁爱遇上效率：中国语境下的志愿过程/罗婧著.--北京：社会科学文献出版社，2021.4
（社会发展与志愿服务研究丛书）
ISBN 978-7-5201-8136-5

Ⅰ.①仁… Ⅱ.①罗… Ⅲ.①志愿-社会服务-研究-中国 Ⅳ.①D669.353

中国版本图书馆 CIP 数据核字（2021）第 050526 号

社会发展与志愿服务研究丛书
仁爱遇上效率：中国语境下的志愿过程

著　　者 / 罗　婧
出 版 人 / 王利民
组稿编辑 / 谢蕊芬
责任编辑 / 庄士龙　胡庆英

出　　版 / 社会科学文献出版社·群学出版分社（010）59366453
　　　　　　地址：北京市北三环中路甲 29 号院华龙大厦　邮编：100029
　　　　　　网址：www.ssap.com.cn
发　　行 / 市场营销中心（010）59367081　59367083
印　　装 / 三河市尚艺印装有限公司

规　　格 / 开　本：787mm×1092mm　1/16
　　　　　　印　张：19.75　字　数：310千字
版　　次 / 2021年4月第1版　2021年4月第1次印刷
书　　号 / ISBN 978-7-5201-8136-5
定　　价 / 128.00元

本书如有印装质量问题，请与读者服务中心（010-59367028）联系

▲ 版权所有 翻印必究